A COR DA CORAGEM

A COR DA CORAGEM

A GUERRA DE UM MENINO: O DIÁRIO DE **JULIAN KULSKI** NA SEGUNDA GUERRA MUNDIAL

Tradução
Clóvis Marques

Rio de Janeiro, 2016
1ª Edição

Copyright © 1979, 2014 *by* Julian Kulski e Aquila Polonica (U.S.) Ltd.
Publicado mediante contrato com Aquila Polonica (U.S.) Ltd.,
por intermédio de Seibel Publishing Services Ltd.

TÍTULO ORIGINAL
The Color of Courage

CAPA
Raul Fernandes

REVISÃO TÉCNICA
Tiago Starling de Mendonça

DIAGRAMAÇÃO
Kátia Regina Silva | Babilonia Cultura Editorial

Impresso no Brasil
Printed in Brazil
2016

CIP-BRASIL. CATALOGAÇÃO NA PUBLICAÇÃO
SINDICATO NACIONAL DOS EDITORES DE LIVROS, RJ

K98c

Kulski, Julian
A cor da coragem: a guerra de um menino: o diário de Julian Kulski na Segunda Guerra Mundial /
Julian Kulski; tradução Clóvis Marques. – 1. ed. – Rio de Janeiro: Valentina, 2016.
416p. : il. ; 23 cm.

Tradução de: The color of courage
ISBN 978-85-65859-72-1

1. Guerra Mundial, 1939-1945 – Narrativas pessoais. I. Título.

CDD: 940.531
CDU: 94(100)'1939/1945

16-34045

Todos os livros da Editora Valentina estão em conformidade com
o novo Acordo Ortográfico da Língua Portuguesa.

Todos os direitos desta edição reservados à

EDITORA VALENTINA
Rua Santa Clara 50/1107 – Copacabana
Rio de Janeiro – 22041-012
Tel/Fax: (21) 3208-8777
www.editoravalentina.com.br

*Para meus companheiros de armas
na IX Companhia de Comandos*

Qual é a cor da coragem?

Vermelho, é claro.
Pois em tempo de guerra
coragem é arriscar o próprio sangue.

Nossa bandeira é vermelha e branca.
E o que me vem é:
vermelho de coragem, branco de honra.

Afinal, o que fica para um homem,
além da sua honra… e da coragem de viver por ela?

Julian Kulski

O Levante de Varsóvia em 1944: pela primeira vez, soldados do Exército da Pátria marcham abertamente pelas ruas, depois de quase cinco anos de ocupação alemã.

[SUMÁRIO]

Lista de Mapas	11
Lista de Extras Digitais	12

Introdução do rabino Michael Schudrich, rabino-chefe da Polônia	15
Apresentação de Lech Walesa, Prêmio Nobel da Paz	17
Prefácio	21

Capítulo 1	10 anos: 1939 – Começa a guerra	25
Capítulo 2	11 anos: 1940 – Minha guerra particular contra os alemães	67
Capítulo 3	12 anos: 1941 – Recrutado para o Exército da Resistência	117
Capítulo 4	13 anos: 1942 – Missão secreta no Gueto	147
Capítulo 5	14 anos: 1943 – Levante no Gueto: capturado pela Gestapo	181
Capítulo 6	15 anos: 1944 – O Levante de Varsóvia	245
Capítulo 7	16 anos: 1945 – Prisioneiro de guerra dos alemães; fuga para a liberdade	363

10 • SUMÁRIO

Epílogo   375

Posfácio do capitão Mieczyslaw Morawski,
comandante da IX Companhia de Comandos   379

Apêndice 1: Família, amigos e líderes poloneses   381

Apêndice 2: Ocupantes alemães   385

Horizonte Histórico:
A Polônia na Segunda Guerra Mundial – Resumo   389

Questões para debate   405

Biografia do autor   409

Crédito das fotografias   411

[Lista de Mapas]

Europa – 1939	16
Polônia – 1939	24
Invasão da Polônia – setembro de 1939	34
A Polônia ocupada, 1939-1941	66
Varsóvia, 1939-1944	72
Arredores de Varsóvia – 1940	103
Gueto de Varsóvia – 1940	104
Gueto de Varsóvia – Levante de 1943	194
Levante de Varsóvia em 1944: O começo, início de agosto de 1944	269
Levante de Varsóvia em 1944: Zoliborz, 21 a 22 de agosto de 1944	306
Levante de Varsóvia em 1944: Zoliborz, 14 a 16 de setembro de 1944	325
Levante de Varsóvia em 1944: O fim, início de outubro de 1944	336

[Lista de Extras Digitais]

Extras Digitais são vídeos curtos produzidos a partir de filmes históricos originais e material de áudio para acompanhar *A cor da coragem*. Esses vídeos podem ser acessados on-line: para assisti-los, escaneie os códigos QR ou digite a URL que aparece sob cada imagem.

Capítulo 1 – 1939

Varsóvia será reconstruída!   64
     Stefan Starzynski, prefeito de Varsóvia
     Discurso radiofônico
     17 de setembro de 1939

Cerco: Tem início a Segunda Guerra Mundial   64
     Trecho de um cinejornal indicado ao Oscar de 1940

Varsóvia se rende   65
     Setembro de 1939

Desfile da vitória alemã   65
     Varsóvia
     5 de outubro de 1939

13 • LISTA DE EXTRAS DIGITAIS

Capítulo 2 – 1940

Adam Czerniakow 116

 Gueto de Varsóvia

 Maio de 1942

Capítulo 5 – 1943

Massacre da Floresta de Katyn 244

 Propaganda alemã

 Abril de 1943

Massacre da Floresta de Katyn 244

 Depoimento de mascarado

 Comissão do Congresso dos EUA

 Fevereiro de 1952

Capítulo 6 – 1944

Levante de Varsóvia, 1944 360

 Exército da Resistência Polonesa

 Transmissão radiofônica

 Trechos

 24 de agosto de 1944

14 • LISTA DE EXTRAS DIGITAIS

Levante de Varsóvia, 1944   360

    Rendição dos poloneses

Levante de Varsóvia, 1944   361

    Propaganda alemã

Levante de Varsóvia, 1944   361

    Noticiário norte-americano

[Introdução]

Descendente de um rabino-chefe de Varsóvia no século XIX e de um rei da Polônia no século XVIII, Julian Kulski é um exemplo vivo da coexistência das religiões na Polônia antes da convulsão provocada pela Segunda Guerra Mundial e da tragédia do Holocausto orquestrado pelo nazismo alemão.

Com uma maturidade e uma compaixão surpreendentes para a sua idade, Kulski enfrenta corajosamente o mal, ao mesmo tempo que tenta entendê-lo. Talvez não tenha consciência de que entre as suas armas estão uma invisível mas potente força de caráter e um claro norte moral que se irradia por todo o seu diário. A inabalável devoção de Kulski aos mais elevados ideais de liberdade e dignidade humanas — assim como a disposição de lutar para defendê-los frente a dificuldades insuperáveis — constitui leitura altamente inspiradora.

A cor da coragem destina-se a todos — mas especialmente aos jovens, que estão amadurecendo e em busca do significado da vida e de forças para se posicionar pelo que é bom e importante. Kulski nos lembra que a liberdade e a dignidade humanas transcendem raça, religião e idade, e que a nossa vigilância não pode jamais esmorecer.

Rabino Michael Schudrich
Rabino-chefe da Polônia

EUROPA – 1939

[Apresentação]

A história da Polônia é uma sucessão de acontecimentos maravilhosos e nobres, mas também trágicos e catastróficos. Em nossos sonhos, assim como nos sonhos de nossos antepassados, esses acontecimentos sempre foram elos numa cadeia conduzindo à liberdade. Ao longo do tempo, esse desejo de liberdade, profundamente enraizado em nós, definiu a Polônia como nação, inspirou poetas e fortaleceu o espírito dos que combatiam. Hoje, desfrutamos dessa liberdade ao mesmo tempo que nos lembramos da jornada, dos sacrifícios que foram feitos e dos heróis que lutaram para recuperar tal liberdade no passado.

A bandeira polonesa orgulhosamente desfraldada num tanque alemão capturado pelo Exército da Pátria durante o Levante de Varsóvia, 1944.

No processo de construção da Polônia moderna, democrática e livre, com frequência nos remetemos à história recente. Na juventude, eu liderei os milhões que se mobilizaram no movimento libertário do Solidariedade. O Solidariedade acabaria provocando a queda do comunismo na Europa Oriental e na União Soviética — pondo fim à Guerra Fria. Mas não poderíamos ter saído vitoriosos não fosse o espírito de liberdade forjado através das eras na trágica história da Polônia.

Os ideais pelos quais o povo polonês lutou na Segunda Guerra Mundial — liberdade, dignidade humana e o direito à autodeterminação — são os mesmos que inspiraram o movimento Solidariedade. A luta enfrentada pelos poloneses naquela guerra foi uma lição de patriotismo e dedicação ao nosso país. Sem a geração da Segunda Guerra Mundial, não teria havido a geração do Solidariedade.

A Segunda Guerra Mundial destruiu milhões de famílias em todo o mundo, entre elas a minha. Meu pai foi detido pelos alemães e mandado para um campo de prisioneiros. Sobreviveu, mas tão alquebrado que não resistiu e veio a morrer dois meses depois da libertação. Tinha 33 anos, e eu nem cheguei a conhecê-lo.

Essa guerra deixou sua marca trágica na configuração mundial e na condição das nações por muitos anos. O mundo surgido da guerra era um mundo que nós, poloneses, não podíamos aceitar, ainda que tenhamos sido forçados a viver nele por quase 50 anos. Embora a Polônia tenha combatido valorosamente ao lado dos Aliados, veio a ser traída por eles, quando, depois da guerra, entregaram-na ao totalitarismo comunista.

Milhares de livros foram escritos sobre a guerra — mas muito poucos, se é que existem, por um soldado ainda menino. Este livro notável, escrito quando Julian Kulski era um soldado de 16 anos no Exército Polonês, confere vida a uma parte da guerra praticamente desconhecida no Ocidente.

Este diário, escrito com o coração e pela mão de um adolescente, nos proporciona uma visão única e comovente da Segunda Guerra Mundial. Ao descrever suas experiências durante a guerra, inacreditáveis do ponto de vista de um adolescente de hoje, esse jovem polonês demonstra incríveis emoções — medo, mas também orgulho, determinação e força de caráter. Uma magnífica lição de humanidade e patriotismo.

19 • APRESENTAÇÃO

Obrigado por seu posicionamento corajoso na época e por este testemunho para as futuras gerações! Honra aos nossos heróis!

Lech Walesa
Presidente da Polônia (1990-1995)
Prêmio Nobel da Paz (1983)

O autor, Julian Kulski — 1944 (aos 15 anos).

[Prefácio]

Quando os alemães invadiram a Polônia no dia 1º de setembro de 1939, eu tinha 10 anos e meio. Era um entusiástico e ousado escoteiro,* ansioso por ser tratado como um homem. Eu não sabia que era o início da Segunda Guerra Mundial... e o fim do mundo tal como o conhecia.

Eu já tinha uma namorada, Zula. Ela era judia e eu, cristão. Outras pessoas importantes para mim e que eu amava, como meu pai e meu mestre de escotismo, Ludwik Berger, tinham antepassados judeus. A religião não era importante para nós, mas, tragicamente, os alemães pensavam diferente.

Ao ter início a guerra, meu pai era vice-prefeito de Varsóvia. Eu morava com meus pais, minha irmã menor e minha tia numa casa na zona norte da cidade, no encantador e arborizado bairro de Zoliborz.

Este livro é a história do meu crescimento durante os cinco anos brutais da ocupação alemã, em meio à catastrófica destruição da minha amada cidade. Como se verá, resisti aos alemães — inicialmente, com pequenos atos de sabotagem, e depois, recrutado por meu mestre de escotismo, alistei-me como soldado no Exército da Resistência.

Combati no Levante de Varsóvia de 1º de agosto a 30 de setembro de 1944, quando finalmente fomos forçados a nos render. A guerra acabou para mim aos 15 anos e meio de idade, como prisioneiro de guerra no Stalag XI-A, perto de Dörnitz, Alemanha, cerca de 80 quilômetros a sudoeste de Berlim. Eu estava

---

* O Movimento Escoteiro Internacional surgiu durante as Guerras dos Bôeres, na África do Sul (1880-1881 e 1899-1902), da experiência do general britânico Robert Baden-Powell e do norte-americano Frederick Russell Burnham, veterano das guerras indígenas no Oeste americano e experiente batedor. Em 1910, o Movimento Escoteiro já se disseminara do Império Britânico para uma série de países, entre eles a Polônia, logo sendo seguido pela organização de um movimento similar para meninas.

terrivelmente doente, gravemente desnutrido e não tinha a menor ideia do que acontecera a minha família.

Depois da libertação, eu me vi sozinho aos 16 anos, na Inglaterra, sofrendo do que hoje é conhecido como transtorno do estresse pós-traumático. Minha saúde física ainda era frágil. Na minha cabeça, eu revivia constantemente as batalhas, a morte e toda aquela devastação. De repente, estava atirando granadas em meio a um pavoroso tiroteio... para descobrir, então, que tinha jogado o abajur da mesa de cabeceira durante um violento pesadelo.

Finalmente, um sábio médico militar me recomendou redigir minhas experiências com a maior precisão possível, como uma forma de deixar a guerra para trás e começar uma nova vida. Assim teve início a minha crônica da Segunda Guerra Mundial.

Página do diário de guerra de Julian Kulski, aos 16 anos.

23 • PREFÁCIO

Muitas vezes me perguntam como eu podia me lembrar das coisas com tanta clareza. Comecei a escrever este diário no verão de 1945, cerca de dois meses depois do fim da guerra. Minhas experiências, do primeiro ao último dia da guerra, ficavam se reproduzindo repetidamente na minha cabeça, um caleidoscópio de cenas que se precipitavam sem fim na minha consciência. Minhas recordações eram tão vívidas, presentes e intensas, tão causticantes em sua clareza, que aqueles seis longos anos de guerra ganharam vida novamente nos três meses seguintes, à medida que os lançava no papel. Mais tarde, com a ajuda de um calendário e consultando os poucos documentos que cito, pude acrescentar detalhes e datas aproximativas, nos casos em que as específicas se tinham apagado de vez da memória. Escrevi à mão, em polonês, naturalmente, guardei o manuscrito numa gaveta e segui adiante, tratando de construir uma nova vida.

Setenta e cinco anos se passaram desde o início da Segunda Guerra Mundial, e hoje acho mais difícil que nunca aceitar ou mesmo compreender a desumanidade daquela época. Quando se teve pela primeira vez a ideia de publicar meu relato, dei-me conta de que isso deveria mesmo ser feito, por dois motivos: primeiro, por conter um registro contemporâneo dos acontecimentos, ao qual os historiadores possam se referir (o que vários já fizeram), e também, o que é mais importante ainda, para que as minhas experiências fiquem na memória dos meus companheiros e das inúmeras outras pessoas corajosas de Varsóvia que simbolizam o triunfo do espírito humano sobre a opressão e o terror.

Julian Kulski

Washington, D.C.
1º de agosto de 2014
(70º aniversário do Levante de Varsóvia)

POLÔNIA — 1939

10 anos

1939

Começa a guerra

Se vai haver uma guerra,
não quero perdê-la.

Prudential Building, bombardeado pelos alemães durante o Levante de Varsóvia, 1944.

A família do autor, Julian Kulski (sentado) — 1939.
Da esquerda para a direita: a irmã, Wanda;
a mãe, Eugenia; o pai, Julian.

QUINTA-FEIRA, 24 DE AGOSTO

Hoje, papai, mamãe, minha irmã, Wanda, e eu chegamos a Kazimierz. Nosso bassê, Szkut, veio conosco. Meu pai diz que a guerra é iminente, e está muito preocupado com a nossa segurança. Não sabe, é claro, por quanto tempo poderá continuar ao nosso lado.

SÁBADO, 26 DE AGOSTO

Kazimierz é uma velha cidade à margem do Vístula, famosa por seu mercado, sua antiga sinagoga e seus prédios históricos. Estamos na pensão dos Filipkowski, entre belas e variadas árvores numa colina verdejante perto do Centro da cidade. Não longe da pensão ficam casinhas ocupadas por judeus ortodoxos. Ontem à noite, sexta-feira, os homens judeus, trajando longas túnicas negras e com solidéu na cabeça, comemoraram o dia sagrado. Os cômodos eram iluminados com velas, e os homens faziam reverências, orando em voz alta. O filho dos Filipkowski, Jedrek, e eu ficamos olhando pela janela, batucamos nela e saímos correndo.

DOMINGO, 27 DE AGOSTO

O tempo está magnífico. Temos saído para caminhar e nadar no Vístula. Na noite passada, contudo, chegou um carro com uma carta do prefeito de Varsóvia, Stefan Starzynski, ordenando que papai voltasse à capital imediatamente. Meu pai nos disse que temos de ficar em Kazimierz até que ele volte ou mande nos chamar. Eu pedi para ir junto com ele. Se vai haver uma guerra, não quero perdê-la. Além disso, minha escola vem coletando dinheiro para a defesa da Polônia e contribuindo para a compra de um barco torpedeiro a motor, de modo que eu acho que tenho de ser autorizado a combater. Papai disse que eu sou jovem demais para o combate, pois tenho apenas 10 anos, e que preciso cuidar de mamãe e Wanda. Eu lembrei a ele que meninos da minha idade desarmaram alemães nas ruas de Varsóvia durante a Primeira Guerra Mundial, mas ele é categórico, eu tenho de obedecer. Fiquei muito desapontado.

SEGUNDA-FEIRA, 28 DE AGOSTO

Jedrek, o filho menor do Sr. Filipkowski, tem 8 anos. Hoje, ele e eu jogamos sapos no poço, e estamos em maus lençóis. Minha mãe, junto com as outras mulheres, está cuidando da nossa vaca, do jardim e dos campos. Diz que pela primeira vez na vida plantou batatas, levou a vaca para o pasto e carregou água do poço, mas parece estar gostando.

Não tenho a menor dúvida de que a Polônia vai vencer a guerra, mas tenho muito medo de que ela acabe sem que eu possa participar.

SEXTA-FEIRA, 1º DE SETEMBRO

Hoje, sexta-feira, eu estava no bosque, colhendo cogumelos com uma amiga. Uma águia branca sobrevoava tranquilamente o profundo desfiladeiro, mas, de repente, ela desapareceu e ouvimos barulho de motores. Vimos aviões passando por cima, a pouca distância das copas das árvores. Tinham cruzes negras nas asas e, por baixo, enormes objetos em forma de tubo. O barulho que faziam nos assustou. Saímos correndo de volta para a velha cidade ao pé da colina, e, como era dia de mercado, fomos para a praça principal.

A praça estava cheia de carroças e cavalos sarnentos com o dorso coberto de moscas. Havia porcos e galinhas por todo lado. Camponesas com suas *babushkas* coloridas se debruçavam nas carroças, vendendo seus produtos para judeus vestidos de negro, enquanto o falatório em polonês-iídiche se misturava com os guinchos e cacarejos. Decidimos sair dali e começamos a escalar de volta a colina, passando pela sinagoga. Na metade do caminho, deixei minha amiga, Zula, em casa e tomei uma trilha pelo bosque para voltar para a minha casa.

Minha mãe estava à minha espera quando cheguei. Disse que estava ficando preocupada com o que acontecia em Varsóvia. Não ficara sabendo muito pelo noticiário do rádio e estava pensando em papai. Mas uma coisa nós sabemos: a Alemanha invadiu a Polônia, e a guerra começou. Não tenho a menor dúvida de que a Polônia vai vencer a guerra, mas tenho muito medo de que ela acabe sem que eu possa participar.

Papai e mamãe — 1919.

DOMINGO, 10 DE SETEMBRO

Hoje, os alemães bombardearam a cidade. Fiquei com medo e perguntei à mamãe se isso estava acontecendo em toda a Polônia, ou se era apenas em Kazimierz. Ela disse que não tinha como saber, e eu queria que papai estivesse aqui, para perguntar a ele. Ele saberia a resposta. Muita gente foi para o desfiladeiro, levando comida e roupa de cama e passando várias horas lá. A sinagoga pegou fogo.

SEXTA-FEIRA, 15 DE SETEMBRO

Os alemães chegaram com seus uniformes e capacetes verdes sujos, carregando fuzis. Não parecem nem um pouco com o que eu tinha imaginado — na verdade, não fiquei nada impressionado, mas mamãe não tem o mesmo sentimento. O barulho das suas motocicletas no calçamento sacudia as ruas. Eles foram para a praça principal e lá instalaram uma peça de artilharia, enquanto carros com alto-falantes percorriam a cidade comunicando aos moradores de Kazimierz que tinham sido libertados pelos exércitos do Terceiro Reich. Uma banda militar começou então a tocar, e eles hastearam a bandeira da Alemanha.

32 • A COR DA CORAGEM – CAPÍTULO 1

Tropas invasoras alemãs avançam pela floresta.

Tropas alemãs entrando em Kazimierz.

INVASÃO DA POLÔNIA – SETEMBRO DE 1939

------------------------- Linha de demarcação germano-soviética.

1º de setembro de 1939 — Forças alemãs invadem a Polônia pelo norte, oeste e sul.

17 de setembro de 1939 — Forças soviéticas invadem a Polônia pelo leste.

28 de setembro de 1939 — A Alemanha e a União Soviética estabelecem uma linha de demarcação para a partilha da Polônia.

QUINTA-FEIRA, 21 DE SETEMBRO

Hoje, Zula e sua família deixaram Kazimierz. Vou sentir falta dela, mas eles querem voltar para Varsóvia.

SEXTA-FEIRA, 22 DE SETEMBRO

Na noite passada, quando eu já devia estar dormindo, voltei ao andar de baixo. O Sr. Filipkowski e alguns outros estavam sentados à mesa numa discussão acalorada sobre as notícias da guerra. Sabíamos que alguns dos nossos soldados estavam escondidos na casa, e mamãe perguntou o que eles iriam fazer. O Sr. Filipkowski disse que, como a União Soviética também invadiu a Polônia — desta vez, do leste —, os soldados terão de tentar escapar pela Hungria. Em seguida, tentarão juntar-se a suas unidades, que estão se reagrupando e se organizando para voltar à guerra. Essa notícia me deixou completamente desnorteado. Eu sei por que os alemães estão nos combatendo, mas fiquei me perguntando o que os russos tinham a ver com isso, já que eles, como nós, tradicionalmente são inimigos da Alemanha.

SÁBADO, 23 DE SETEMBRO

Esta tarde, ouvimos uma transmissão radiofônica de Varsóvia. Era o prefeito Starzynski falando:

> (...) Eu queria que Varsóvia fosse grande (...) e Varsóvia é grande. Aconteceu mais cedo do que esperávamos. Posso vê-la pela janela em sua plena grandeza e glória, cercada de nuvens de fumaça, avermelhada pelas chamas dos incêndios, soberba, indestrutível, a grande Varsóvia Combatente.
>
> Embora agora haja destroços onde deveria haver belas casas; embora se encontrem hoje barricadas, cobertas de montes de corpos, onde deveria haver parques; embora nossas bibliotecas estejam em chamas — nem em cinquenta anos, nem em cem anos, mas *hoje* Varsóvia está no auge de sua grandeza e glória.

As palavras foram interrompidas de repente. A Rádio Varsóvia foi calada. Espero que papai esteja bem, e gostaria de estar com ele em Varsóvia.

DOMINGO, 24 DE SETEMBRO

Começou a fazer frio, e então minha mãe teve de pedir roupas quentes emprestadas para nós. Era verão quando nós chegamos aqui em Kazimierz, e agora já é quase inverno.

Estamos esperando, ansiosos. Ouvimos no rádio que Varsóvia caiu, e estamos cada vez mais preocupados com papai.

Stefan Starzynski — 1933.

A Polônia não estará perdida enquanto vivermos.

DOMINGO, 1º DE OUTUBRO

Papai chegou hoje num carro oficial para nos levar, e eu disse que já estava mesmo na hora. Entretanto, quando me acalmei um pouco, percebi como ele estava magro e cansado. Na estrada, os únicos outros carros eram alemães, e a volta a Varsóvia foi num clima muito estranho, embora, por incrível que pareça, sem nenhuma surpresa. No caminho, meu pai nos contou da rendição de Varsóvia, que ocorreu no dia 28 de setembro.

As unidades de combate entraram na Praça Krasinski vindas da Rua Bonifraterska. Com bandeiras desfraldadas, marchando pelas ruas Slowacki e Mickiewicz, vindos do subúrbio de Bielany, feridos e não feridos chegaram à base da estátua de Kilinski, ainda de pé, com a espada na mão.

No meio da praça, eles depuseram as armas. Alguns poucos civis ficaram por perto, em lágrimas. Um coronel em uniforme de combate, exausto mas firme, entrou na praça. Papai tinha uma cópia do discurso de rendição que o coronel então proferiu:

Soldados de Varsóvia!

Nosso infortúnio é temporário.

A vitória está do nosso lado.

A Polônia não estará perdida enquanto vivermos.

E o que foi tomado pela força haveremos de recuperar pela força.

O país agradece a vocês, soldados de todas as patentes, pelas dificuldades que enfrentaram, por sua audaciosa e firme atitude nessa heroica batalha.

Lembrem-se de que haveremos de deixar este mundo, mas a fama e a lembrança dos nossos feitos viverão para sempre.

Ao chegar à cidade, vimos escombros, carros incendiados e cavalos mortos. Prédios ainda de pé tinham as janelas escancaradas dando para o nada. As únicas pessoas nas ruas eram os alemães, mas, por algum motivo, não interceptaram a nossa limusine.

—⧹⧸⧹⧸—

É a nossa casa,
mas diferente.

—⧹⧸⧹⧸—

A nossa casa, em Zoliborz, perdeu a metade do telhado no ponto onde caiu uma bomba. Não há mais vidraças nas janelas, e a escada está coberta de sujeira e cacos de vidro que estalam quando eu piso. Os móveis estão no lugar, mas os cômodos estão cheios de poeira e folhas secas. As plantas da estufa murcharam e morreram, e meus animais de estimação se foram. Apenas silêncio, exceto pelo vento soprando pelos quartos.

É a nossa casa, mas diferente.

Cena **10** gr.

Czwartek   Dnia 28 września 1939 r.

KURJER WARSZAWSKI

ROK SETNY DZIEWIĘTNASTY

WARSZAWO!

Po 28 dniach zmagań po nie prawdopodobnych Ofiarach i poświęceniach uratowałaś swój honor do ostatniej chwili.

Uratowałaś Warszawo Honor Polski.

Tysiące rannych i zabitych z pośród ludności cywilnej, całe ulice w gruzach, najpiękniejsze, najwspanialsze, najdawniejsze gmachy świadczące o niezniszczalności ducha Polski — nie istnieją.

Wojska nasze po bohatersku broniły swych murów zmagając się z przeważającą liczebnie i technicznie armią niemiecką. Cokolwiekbądź się stanie i jakie nas dni czekają, musimy pamiętać o tym, że miasto nasze, stolica Polski, musi się z tych gruzów podnieść. Aby to osiągnąć, potrzebne nam są niezwykłe siły ducha energii i wytrwałości fizycznej.

Nie dajmy upaść swej woli i nie ulegajmy często roztrzęsionym wskutek ostatnich przeżyć nerwom. Zimna krew, wytrwałość i praca to program nasz na dni najbliższe.

Stawajmy wszyscy na swoje posterunki pracy. Starajmy się jaknajprędzej zaleczyć ciężkie rany stolicy i jej życia społecznego.

Ciężkie być może czekają nas dni i ciężka praca. Niechaj nas krzepi w tych godzinach próby pamięć na bohaterstwo przeszłych pokoleń polskich. Niechaj nas krzepi wiara Ojców naszych.

Niech żyje Polska.

Nie ma miejsca na swary

Polska przeżywa ciężkie, tragiczne dni. Dziś nie ma miejsca ani czasu na wypominanie sobie win wzajemnie. Dziś musimy żądać od każdego Polaka, aby wszystkie urazy partyjne zapomniał. Cały wysiłek musi skierować do jednego celu:

dla POLSKI.

Każdy z nas musi spełniać swe obowiązki z wytężoną siłą. Nie wolno nam tracić nadziei, ale też trzeba zapomnieć o winach przeszłości. Gdy nadejdzie dzień, odpowiedni, wówczas zbadawszy i dobrze rozsądziwszy może będzie trzeba powołać tego czy innego do odpowiedzialności. Dziś jednak nie ma winnych i nie ma tych, którzy mieli rację. Są tylko Polacy karni, posłuszni, z poczuciem odpowiedzialności za przyszłość.

NIECH ŻYJE POLSKA

Niech żyje Prezydent Mościcki. Niech żyje Rząd Rzeczypospolitej.

28 de setembro de 1939 — Varsóvia se rende.

VARSÓVIA!

Depois de 28 dias de luta, depois de inacreditáveis sacrifícios e atos de abnegação, você defendeu sua honra até o fim.

Varsóvia, você defendeu a honra da Polônia.

Milhares de civis feridos e mortos, ruas inteiras em ruínas, os mais belos, os melhores e mais antigos prédios, testemunhas da indestrutibilidade do espírito polonês, já não existem.

Nossas Forças Armadas defenderam heroicamente suas posições frente à superioridade numérica e técnica do exército alemão. O que quer que aconteça e o que quer que nos espere, devemos lembrar que a nossa cidade, capital da Polônia, haverá de se erguer dessas ruínas. Para isso, precisamos demonstrar excepcional coragem, energia e resistência física.

Que a nossa resolução não esmoreça e a nossa coragem não nos falte. Cabeça fria, capacidade de recuperação e trabalho duro são nossas metas imediatas.

Devemos todos comparecer a nossos locais de trabalho. Devemos nos apressar a sanar as dolorosas feridas sofridas pela capital e sua vida cotidiana.

Dias difíceis podem estar pela frente, e também trabalho muito duro. Nessas horas de provação, devemos extrair força da lembrança de outras heroicas gerações de poloneses. Devemos extrair força da fé de nossos antepassados.

Vida longa à Polônia!

NÃO É HORA DE DISPUTAS

A Polônia está passando por dias difíceis e trágicos. Hoje não é o momento nem o lugar de jogar a culpa nos outros. Hoje, devemos exigir que cada polonês esqueça toda ofensa político-partidária. Todo o nosso empenho deve estar voltado para um único objetivo:

A POLÔNIA

Cada um de nós deve cumprir o seu dever com toda a energia. Não devemos perder a esperança, e também devemos esquecer os erros do passado. Quando chegar o dia, então, após cuidadosa investigação e reflexão, poderemos acertar as contas com os que o merecerem. Hoje, contudo, não existem culpados, tampouco inocentes. Apenas poloneses disciplinados e obedientes que se sentem responsáveis pelo futuro.

VIDA LONGA À POLÔNIA

Vida longa ao presidente Moscicki.
Vida longa ao Governo da República.

Tradução da proclamação publicada no *Kurjer Warszawski* em 28 de setembro de 1939 (ao lado).

O prefeito de Varsóvia, Stefan Starzynski (terceiro a partir da esquerda), entrega a cidade aos alemães.

As armas depostas pelos defensores de Varsóvia.

41 • 10 ANOS: 1939 - COMEÇA A GUERRA

Equipamentos capturados ao Exército Polonês ao pé da estátua de Kilinski, na Praça Krasinski.

O belo Castelo Real, no coração de Varsóvia desde o século XVII, é reduzido a escombros nas quatro primeiras semanas da guerra.

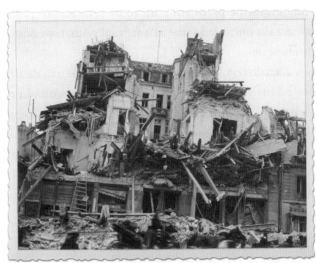

Quase metade das construções de Varsóvia
foi danificada ou destruída.

QUINTA-FEIRA, 5 DE OUTUBRO

Contrariando ordens da minha mãe, fui encontrar Zula esta tarde. Andando por uma rua cheia de escombros, vi soldados e policiais alemães evacuando quase toda a extensão da Avenida Ujazdowskie — não só os prédios de apartamentos do próprio bulevar, mas também as ruas laterais. Homens, mulheres e crianças eram obrigados a sair dos prédios e levados. Não carregavam nada. Notei que as venezianas estavam fechadas em todos os prédios, e fiquei me perguntando que diabos estava acontecendo.

Como ninguém tentou me deter, fui em frente. Ao chegar ao prédio de Zula, toquei a campainha, imaginando se ela também não teria sido levada. Ela abriu a porta, e subimos; ela me contou que uma hora antes os alemães haviam percorrido as ruas, anunciando que todas as cortinas e janelas tinham de ser fechadas. Qualquer pessoa vista numa varanda ou janela seria alvejada sem aviso prévio. Zula estava sozinha, pois seus pais tinham ido visitar amigos na Rua Mila, e ela ficou feliz por ter companhia.

Inicialmente, ouvíamos apenas o ronco das esteiras dos tanques no calçamento. Entreabri cautelosamente as venezianas. Evoluindo em formação perfeita, fileiras e fileiras de tanques reluzentes desciam a Avenida Ujazdowskie, com soldados de uniforme preto em posição de sentido nos postigos abertos. Uma banda tocava do outro lado da rua, mas mal podíamos ouvi-la por causa do barulho dos tanques.

Veio então a artilharia, seguida das tropas em fileiras de doze com seu passo de ganso e seus capacetes de aço. Fiquei impressionado como levantavam as pernas com tão perfeita precisão. A parada dos magníficos robôs continuou por baixo das longas e sinuosas bandeiras vermelhas içadas nos postes de luz dos dois lados do bulevar. No centro de cada bandeira, um círculo branco com uma suástica negra. A impressão de movimento irregular do símbolo transmitia um inexplicável sentimento de medo e mau agouro.

Era uma parada de alemães para alemães.
Não era para nós.

A banda continuava tocando enquanto as últimas fileiras passavam pelo Palácio Belvedere, outrora residência do marechal Pilsudski. Foi quando me lembrei da parada militar na Praça Pilsudski no Três de Maio de 1938 — um desfile glorioso de tanques diferentes, cores diferentes e homens diferentes. Os esplêndidos cavalos, a cavalaria de capacetes amarelos — os Ulani, com suas espadas desembainhadas brilhando ao sol — não estavam aqui hoje. O avanço sombrio daquelas máquinas industrializadas, os soldados parecendo robôs, conquistadores de uma cidade arruinada — que contraste com a música alegre, os cavalos de rabo agitado e os orgulhosos e sorridentes Ulani, com as flâmulas vermelhas e brancas tremulando nas lanças sobre as cabeças.

Mas aquilo não era uma vitória. Era uma parada de alemães para alemães. Não era para nós. Ali, bem no coração de Varsóvia, numa praça próxima do coração de cada polonês, os tambores pulsando de um antigo inimigo atingiam um terrível *crescendo*, para logo em seguida perderem-se na distância do anoitecer de outono.

45 • 10 ANOS: 1939 - COMEÇA A GUERRA

O centro das atenções estava no Parque Lazienki, onde havia uma tribuna com generais recebendo continência. Eles se postavam atrás de uma figura solitária com o braço direito erguido em ângulo. Quando ele falava, não conseguíamos ouvi-lo.

Soldados alemães marcham no passo de ganso com os seus capacetes de aço pela Avenida Ujazdowskie, 5 de outubro de 1939.

O Führer Adolf Hitler se encaminha, em Varsóvia, para o desfile da vitória.

Oficiais alemães prestam continência na Praça Pilsudski à passagem de Hitler.

47 • 10 ANOS: 1939 - COMEÇA A GUERRA

Tanques alemães descem a Avenida Ujazdowskie, passando em frente ao Führer.

Tive de me despedir de Zula logo depois, para voltar para casa antes do toque de recolher. Ao me aproximar da Praça Lublin para pegar o bonde, senti que estava mais decidido do que nunca a dar um jeito de participar dessa guerra.

Hitler saúda suas tropas durante a parada da vitória alemã em Varsóvia, 5 de outubro de 1939.

50 • A COR DA CORAGEM – CAPÍTULO 1

Cartaz da propaganda alemã: "Inglaterra! A culpa é sua!", exclama um soldado polonês ferido para Neville Chamberlain, primeiro-ministro da Grã-Bretanha.

Num gesto de desafio, a palavra "Inglaterra" era, às vezes, rasgada ou mesmo encoberta, deixando apenas "A culpa é sua!" — ou seja, dos alemães.

Esse gesto de desafio era um delito grave, passível de punição com pena de morte — como no caso de duas jovens, Eugenia Wlodarz e Elzbieta Zahorska, executadas pelos alemães em novembro de 1939 por rasgarem um exemplar do cartaz.

SEXTA-FEIRA, 6 DE OUTUBRO

Hoje, Hitler fez um discurso em Berlim. Nós ouvimos pelo rádio, em pesado silêncio. Muita bazófia sobre a vitória; sobre a Polônia testar demais a sua paciência; sobre a maneira como os alemães e os russos colaborariam em relação à Polônia para promover a paz; sobre a solução do "Problema Judeu"; e a promessa de que os alemães combateriam e destruiriam a Europa, se a Grã-Bretanha se opusesse a eles. "Sim", disse meu pai, repetindo as últimas palavras do discurso, "'o Destino decidirá quem está com a razão'."

Soldados alemães junto à estátua do príncipe Poniatowski, na Praça Pilsudski, outubro de 1939. O Túmulo do Soldado Desconhecido Polonês fica debaixo da arcada ao fundo.

Nowy Swiat, a outrora mais elegante rua comercial de Varsóvia, no fim de setembro de 1939.

QUINTA-FEIRA, 26 DE OUTUBRO

Folhas de outono caíam das tílias enquanto eu voltava para casa esta noite pela Rua Felinski, depois de levar nosso bassê para passear. Ao entrar em casa, ouvi as vozes do papai e do tio Norbert no escritório. Eles pareciam desanimados; mas tio Norbert me recebeu como sempre, com um abraço entusiástico. E eles voltaram a falar do que estavam discutindo.

Sentei-me num canto da sala e fiquei ouvindo, mas eles quase sussurravam. Os dois estavam muito pálidos. Até que meu pai começou a ler em voz alta o *Novo Correio de Varsóvia*, o diário encampado pelos alemães. Era uma proclamação do novo governador-geral, Hans Frank, enviada do quartel-general alemão para a Polônia, no Castelo Wawel, na Cracóvia:

Tio Norbert — 1918.

Cidadãos da Polônia!

O Führer nomeou-me governador-geral dos territórios poloneses ocupados, para assegurar que, no futuro, seja garantida a paz neste país (…).

Com um governo justo, todos poderão trabalhar pelo sustento cotidiano. Entretanto, não haverá espaço nos territórios sob controle alemão para provocadores políticos, raposas econômicas e aproveitadores judeus.

Quaisquer tentativas de resistência nos territórios poloneses contra ordens baixadas ou a segurança pública serão tratadas com a maior severidade e todo o poderio do Grande Reich Alemão.

Ao terminar a leitura, meu pai ficou mortalmente calado. Tio Norbert disse apenas: "Cada palavra aí é um crime!"

Na mesma edição do *Novo Correio de Varsóvia*, havia duas outras proclamações, a primeira das quais deixou tio Norbert ainda mais furioso do que a que acabara de ser lida pelo meu pai. Meu tio leu em voz alta:

Um. Os habitantes de nacionalidade polonesa sob o Governo-Geral, dos 18 aos 60 anos de idade, assumem em caráter imediato a responsabilidade dos trabalhos forçados.

Dois. Apenas as pessoas que puderem provar que já estão engajadas em atividades úteis não são obrigadas a trabalhos forçados.

Três. Os trabalhos forçados serão efetuados especialmente na agricultura, na abertura de estradas e na construção de canais e ferrovias.

Tio Norbert prosseguiu, com a voz tensa:

Quatro. Fica proibido qualquer ato de crueldade com animais. Decido, portanto, proibir em caráter imediato os abates ritualísticos, ou seja, qualquer matança cruel de animais pela sangria gradual com a finalidade do chamado consumo *kosher* de carnes.

Cinco. Qualquer pessoa que se envolva em matança ritualística está sujeita a sentença de, pelo menos, um ano em prisão de segurança máxima.

Qualquer pessoa que seja cúmplice, estimule ou assista a matança ritualística está sujeita à mesma punição.

O cumprimento de uma pena em prisão de segurança máxima também pode ser efetuado em campos de concentração.

Eu tinha me mantido calado, mas resolvi interromper para perguntar: "Eu entendi a primeira parte, mas não a última. Significa que os judeus não poderão comer carne?"

"Exatamente", respondeu tio Norbert. "Estamos assistindo à primeira fase da política alemã de ocupação. Infelizmente, haverá mais. Nem gosto de pensar no que virá."

Tio Norbert partiu pouco depois. Uma sensação de ameaça pesava sobre a casa toda.

SEXTA-FEIRA, 27 DE OUTUBRO

Papai chegou em casa perturbado. A Gestapo prendeu Starzynski hoje na prefeitura, e agora meu pai é prefeito de Varsóvia. Papai disse que Starzynski tentou fazer com que seu assessor, o Dr. Kipa, o acompanhasse, pois não fala alemão. Mas os alemães não deixaram. Fico me perguntando o que tudo isso significará para nós.

SEGUNDA-FEIRA, 30 DE OUTUBRO

Mamãe está transtornada de preocupação. Hoje cedo, telefonaram para dizer que papai foi levado do seu escritório ao quartel-general da Gestapo para interrogatório. À tarde, ele foi trazido para casa por dois homens da Gestapo. Eles o levaram à biblioteca e disseram que ali ficasse. Eu estava brincando no chão da sala de estar com a pequena frota de navios de montar que tio Norbert me deu. Os dois homens da Gestapo vieram até onde eu me encontrava e perguntaram o que eu estava fazendo. Eu disse que estava brincando com meus barcos poloneses e alemães. Um deles, um contratorpedeiro de 60 centímetros de comprimento; o outro, um pequeno submarino. Um dos homens da Gestapo perguntou se o navio maior era alemão.

"Não, polonês!", protestei. Eles riram e foram revistar o resto da casa.

TERÇA-FEIRA, 31 DE OUTUBRO

Tio Norbert voltou para casa. Eu estava tomando chá na cozinha com tia Stacha, mas assim que ela ouviu a voz imponente do tio Norbert no corredor, deixou a xícara cair no chão. Saiu correndo para seu quarto e trancou a porta para não ser vista pelo tio.

Tio Norbert perguntou pelo meu pai, mas ele não estava em casa. Ele então deixou um exemplar do jornal, mostrando-me outra proclamação de Hans Frank, dizendo que a mostrasse a papai. Saiu apressado e disse que telefonaria mais tarde.

Peguei o jornal e fui até o quarto da tia Stacha. Ela estava com os olhos cheios d'água, parecendo velha e frágil. Sentei na ponta do sofá e perguntei se podia ler a proclamação para ela. Ela concordou, e eu li:

> **Um.** Pessoa que cometa atos de violência contra autoridades alemãs — pena de morte.
>
> **Dois.** Pessoa que danifique instalações alemãs — pena de morte.
>
> **Três.** Pessoa que incite à desobediência das leis alemãs — pena de morte.
>
> **Quatro.** Pessoa que cometa ato de violência contra alguém por ser alemão — pena de morte.
>
> **Cinco.** Pessoa que danifique propriedade de um alemão — pena de morte.
>
> **Seis.** Pessoa que tente cometer ato de violência contra integrantes das forças alemãs — pena de morte.
>
> **Sete.** Pessoa que concorde em cometer um crime — pena de morte.
>
> **Oito.** Pessoa que receba informação sobre uma tentativa de ato criminoso (...) e não informe imediatamente às autoridades — pena de morte.

Nove. Pessoa de posse de armas, munições, granadas, explosivos e outros equipamentos militares — pena de morte.

Dez. Pessoa que receba informação sobre posse ilegal de armas por parte de outro e não denuncie — pena de morte.

Tia Stacha
(foto posterior à guerra).

Enquanto eu lia, ela balançava a cabeça, como se não pudesse acreditar.

"O que isso significa?", perguntei.

"Um grande perigo e uma injustiça para com todos nós", respondeu.

Não aguento mais — fora papai, todo mundo aqui ainda me trata como criança. Não me respondem nada direito.

QUARTA-FEIRA, 1º DE NOVEMBRO

Ontem à noite, nevou muito. O inverno chegou. Aos poucos, a madeira de compensado das nossas janelas vai sendo substituída por vidro, mas a casa ainda congela, pois há escassez de carvão e temos de usar luvas. Pela primeira vez na vida, comi bife de cavalo no jantar; já está difícil conseguir comida, o que deixa mamãe terrivelmente preocupada. Eu disse que vou ajudar, que daremos um jeito.

As ruas de Varsóvia ainda estão com montes de escombros. Praças e parques foram transformados em valas coletivas.

SEXTA-FEIRA, 10 DE NOVEMBRO

Soldados alemães vieram a nossa casa hoje de manhã cedo, e, sem qualquer explicação, levaram papai. Mamãe está tentando desesperadamente descobrir por que ele foi detido e onde se encontra, mas parece que ninguém sabe o que está acontecendo. De modo que temos de esperar, simplesmente — o que é o mais difícil de tudo, especialmente para mim.

QUARTA-FEIRA, 15 DE NOVEMBRO

Papai voltou hoje. Parece que os alemães ouviram dizer que haveria alguma manifestação de protesto dos poloneses, e assim levaram papai e outros líderes como reféns. Como não aconteceu nada, os alemães os libertaram, mas advertindo que seriam constantemente vigiados. Pedi que papai me dissesse o que isso significava, mas dessa vez nem ele quis me explicar.

QUINTA-FEIRA, 16 DE NOVEMBRO

As ruas de Varsóvia ainda estão com montes de escombros, e corpos continuam sendo descobertos. Praças e parques foram transformados em valas coletivas.

Papai diz que os alemães estão ocupando muitos colégios para alojar suas forças. Já confiscaram a maioria dos automóveis, e todas as armas e rádios têm de ser entregues. Fiquei furioso de perder o meu Philips sem fio, que foi presente de aniversário no início do ano, mas papai disse para eu parar de me queixar e fazer o que era mandado.

SEXTA-FEIRA, 17 DE NOVEMBRO

Os alemães mandaram até imprimir novas cédulas e selos, que hoje eu passei adicionando ao meu álbum de figurinhas. Os alemães sobrepuseram nos selos poloneses uma águia alemã e as palavras GOVERNO-GERAL. Por que é que tinham de estragar nossos belos selos? Nem eles são deixados em paz!

SÁBADO, 18 DE NOVEMBRO

As praças Inwalidow e Wilson ficam a poucos quarteirões de casa, e eu vou lá para ler os cartazes. Sempre que vejo um ajuntamento ao redor de um deles, sei que é uma nova proclamação.

Hoje, vi meu antigo mestre de escotismo, Ludwik Berger, na Praça Inwalidow. Ele tem 1,97 de altura e se sobressai na multidão, de modo que é difícil deixar de vê-lo. Fui abrindo caminho até onde ele estava e o cumprimentei. Ele pareceu incomodado. Disse que anda muito ocupado, mas vai me informar oportunamente sobre a situação do nosso grupo de escoteiros. Tratou então de sair correndo, com sua longa capa esvoaçando.

SEGUNDA-FEIRA, 20 DE NOVEMBRO

Passei hoje pelo trecho bombardeado da Avenida do Exército Polonês para chegar à escola. Muitos dos prédios de apartamentos ao longo do bulevar foram tosquiados com precisão cirúrgica, como se tivesse sido usado um enorme bisturi. Dá para ver os cômodos abertos, os móveis e utensílios, e os papéis de parede.

As aulas serão dadas secretamente,
em dias diferentes e casas diferentes.

Ao me aproximar da escola, vi alguns colegas de pé do lado de fora. Um aviso, ESCOLA FECHADA, estava afixado nas portas. Que boa notícia! Ficamos felizes mas curiosos, pois não havia nenhuma explicação. Até que vimos nosso professor de ciências, o Sr. Lewandowski, vindo na nossa direção. Ele disse que não sabia quem tinha dado a ordem, nem por quê, mas que todas as outras escolas também tinham sido fechadas. O Sr. Lewandowski disse que entraria em contato conosco e que deveríamos voltar para casa.

TERÇA-FEIRA, 21 DE NOVEMBRO

Hoje, tive uma surpresa, quando dei com meu professor de ciências do lado de fora ao abrir a porta. Ele pediu para falar com a minha mãe, que me disse mais tarde que sou um dos escolhidos para continuar na escola. Naturalmente, minha mãe concordou, sem me consultar. As aulas serão dadas secretamente, em dias diferentes e casas diferentes. A ordem é que deveremos ir sozinhos, sem levar livros. No início, teremos apenas ciências com o Sr. Lewandowski e aulas de história com a Sra. Bernardynska. Essa parte pode não ser ruim, pois as aulas dela são maravilhosas. Ela ensina a história da Polônia da frente para trás, e assim a gente começa com o que já conhece. Minha professora é uma incrível patriota e ocupa a nossa cabeça com a história das antigas lutas pela liberdade, fazendo as figuras dos séculos passados saltarem vivas das páginas.

Esta guerra não vai acabar logo, e eu terei muito tempo para combater. A questão é saber quando e como.

QUARTA-FEIRA, 22 DE NOVEMBRO

No intervalo das aulas, eu exploro a cidade. As pessoas estão começando a consertar as janelas e a limpar os escombros. A maioria vai a pé para todos os lugares, pois os bondes estão sempre apinhados, agora que a parte dianteira é reservada exclusivamente para os alemães; os bondes também são perigosos, pois os alemães, às vezes, os interceptam e levam os passageiros como reféns, ou os mandam para campos de trabalhos forçados. Começo a me dar conta de que o receio que eu tinha em Kazimierz não se justificava. Esta guerra não vai acabar logo, e eu terei muito tempo para combater. A questão é saber quando e como.

As ruas são muito movimentadas durante o dia, mas na hora do toque de recolher ficam desertas e sossegadas, exceto pelo barulho das botas alemãs e as sirenes dos carros de polícia. Esse barulho está virando sinônimo de medo. As buscas transformam Varsóvia numa cidade de terror.

Comecei a me dar conta de que os alemães não vão tratar todos os poloneses da mesma maneira.

SEXTA-FEIRA, 24 DE NOVEMBRO

Os alemães estão afixando cada vez mais proclamações por ordem do governador-geral Frank, do general Friedrich-Wilhelm Krüger e do novo governador de Varsóvia, Ludwig Fischer. Hoje, o jornal trazia ordens sobre os judeus. A partir de 1º de dezembro, eles terão de usar no braço direito uma faixa branca com a Estrela de Davi. Comecei a me dar conta de que os alemães não vão tratar todos os poloneses da mesma maneira. Só quero saber se teremos também de usar faixas com uma cruz (dos cristãos) no braço.

TERÇA-FEIRA, 5 DE DEZEMBRO

Hoje, comemoramos os 47 anos de papai. Não foi a habitual comemoração alegre, claro, mas fizemos o possível. Dei a ele uma escultura que eu mesmo fiz.

Centro de Varsóvia, fim do outono de 1939.

61 • 10 ANOS: 1939 – COMEÇA A GUERRA

Vendedora de braçadeiras com a Estrela de Davi.

QUINTA-FEIRA, 14 DE DEZEMBRO

Voltei a me encontrar com Zula hoje, e nós lemos o *Novo Correio de Varsóvia*. Havia mais uma lista de ordens sobre trabalhos forçados. Agora, qualquer pessoa entre 14 e 60 anos está obrigada aos trabalhos forçados, mas no caso dos judeus é entre 12 e 60, e eles também têm de ser cadastrados. Algumas pessoas vão para os campos de trabalho. Zula chorou. Quase todos os seus amigos têm mais de 12 anos, de modo que serão afetados. E ela também, é claro.

SÁBADO, 16 DE DEZEMBRO

Está ficando cada vez mais difícil encontrar Zula. Nossa casa está se enchendo de parentes do país todo, eu não posso convidá-la a vir aqui, e toda vez que vou ao apartamento dos seus pais tem mais alguém lá. Bolek, um dos meus amigos escoteiros, emprestou-me a chave de um pequeno apartamento perto de Nowy Swiat, onde ele mora com a mãe. Hoje me encontrei lá com Zula, quando eles não estavam. Quando estou com Zula, fico feliz, mas também perturbado. Hoje ela estava realmente muito nervosa, e, assim que entramos no apartamento, começou a chorar. Tentei confortá-la, e, depois de algum tempo, ela parou de chorar e descansou a cabeça no meu peito. Mas não consegui que ela me dissesse o que a estava incomodando tanto.

SEGUNDA-FEIRA, 18 DE DEZEMBRO

Estamos nos preparando para o Natal. Mamãe quer que seja uma comemoração tradicional, apesar de tudo. Primeiro, achei que era uma tolice, mas, pensando melhor, me dei conta de que precisamos conservar uma certa aparência de normalidade para manter o moral. Minha irmã, Wanda, e eu estamos fazendo enfeites de papel para a árvore de Natal, e mamãe comprou comida no mercado negro, como frutas, nozes e farinha. Ela e as empregadas, Mary e Olesia, assaram longos pães de forma brancos (alguns simples e outros com sementes de papoula), pães de mel e bolos com especiarias, além do meu prato favorito, pequenos *pierogi* (almôndegas) com cogumelos. Elas ficam o tempo todo me expulsando da cozinha, pois eu não paro de me servir dessas maravilhas.

DOMINGO, 24 DE DEZEMBRO

Geralmente recebemos doze pessoas no jantar da véspera de Natal — este ano foram dez, entre elas os parentes que estão morando na nossa casa e dois amigos muito próximos dos meus pais, "tio" e "tia" Ancyporowicz, que vivem

aqui perto. A mesa foi forrada com uma toalha branca salpicada simbolica-
mente de feno. No meio da mesa, mamãe colocou o pão e uma bandeja com
biscoitos tradicionais. Enquanto as mulheres estavam preparando o jantar,
Wanda e eu enfeitamos a árvore de Natal na sala de estar. A árvore é tão
alta que chega a tocar o teto. Quando acabamos, as portas dessa sala foram
abertas.

Na mesa havia dois candelabros com seis velas cada um — no jantar da
véspera de Natal só pode haver luz de velas. Todos usavam suas melhores
roupas, e ficamos esperando pela hora de começar — só quando a primeira
estrela aparece no céu. Eu a vi e saí correndo para a sala de jantar, todo
empolgado. Mamãe, então, pegou a bandeja de biscoitos e, começando pelos
convidados, eles foram sendo quebrados e passados entre todos, desejando
que no próximo Natal a guerra tenha chegado ao fim e os alemães, ido embora. Nos anos anteriores, eu achava essa cerimônia meio sentimentaloide e
constrangedora, mas este ano, de fato, não me importei, pois agora realmente
fazia sentido expressar votos de felicidade recíproca, e dessa vez parecia tudo
mais sincero.

Já podíamos começar a comer. Primeiro foram servidos *pierogi*, depois
peixe, batata, chucrute e rolinhos de repolho recheados de arroz e cogumelo.
Veio, então, uma compota feita de frutas secas e um prato da ceia tradicional
de Natal, *kutia*, preparado com trigo cozido, sementes de papoula e mel.

Depois do jantar, ouvimos um sino tocar na sala onde fica a árvore de
Natal. Abrimos a porta e lá estava a árvore iluminada com pequenas velas
de diferentes cores. Sob a árvore, embrulhos de vários tamanhos e formatos.
Primeiro entoamos "Deus está conosco", e então me encaminhei para a árvore; fui apanhando os embrulhos um a um e os entregando de acordo com
os nomes inscritos nos cartões. Enquanto entoávamos as canções natalinas,
era a vez do jantar de Natal de Olesia e Mary, e mamãe as servia. Depois,
vieram cantar conosco e comemos mais bolos de sementes de papoula, pão
de mel e nozes com vinho ou hidromel. Às onze horas, os adultos foram para
a Igreja de São Stanislaw Kostka, perto da nossa casa, para a missa da meia-
-noite e os hinos. Até os alemães a autorizaram, nessa noite especial, mas eu
notei que, como sempre, tive de ficar para trás com a minha irmãzinha.

EXTRAS DIGITAIS

www.polww2.com/Rebuild

VARSÓVIA SERÁ RECONSTRUÍDA!

Stefan Starzynski, prefeito de Varsóvia. Discurso radiofônico, 17 de setembro de 1939

www.polww2.com/Siege

CERCO: TEM INÍCIO A SEGUNDA GUERRA MUNDIAL

Trecho de um cinejornal indicado ao Oscar de 1940

Extras Digitais são vídeos curtos produzidos a partir de filmes históricos originais e material de áudio para acompanhar *A cor da coragem*. Esses vídeos podem ser acessados on-line: para assisti-los, escaneie os códigos QR ou digite a URL que aparece sob cada imagem.

www.polww2.com/Surrender1939

VARSÓVIA SE RENDE

Setembro de 1939

www.polww2.com/GermanVictoryParade

DESFILE DA VITÓRIA ALEMÃ

Varsóvia,
5 de outubro de 1939

A POLÔNIA OCUPADA, 1939-1941

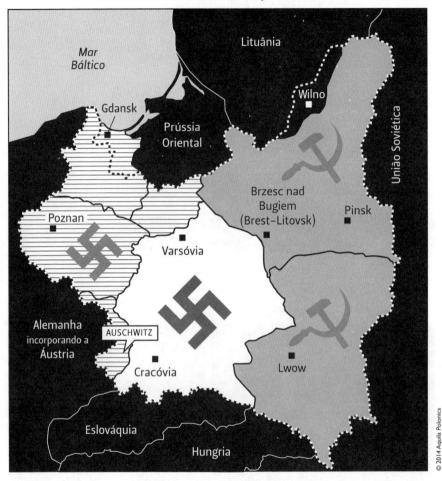

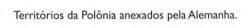
Territórios da Polônia anexados pela Alemanha.

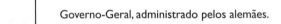
Governo-Geral, administrado pelos alemães.

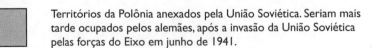
Territórios da Polônia anexados pela União Soviética. Seriam mais tarde ocupados pelos alemães, após a invasão da União Soviética pelas forças do Eixo em junho de 1941.

- - - - - - -   A Polônia antes de setembro de 1939.

11 anos

1940

Minha guerra particular contra os alemães

—∿∿∿—

Não gosto que me digam aonde posso
ou não posso ir na minha própria cidade.

Rua Felinski, com a nossa casa, no número 23,
aparecendo por trás das árvores à direita.

SEGUNDA-FEIRA, 1º DE JANEIRO

A Rua Felinski está debaixo de um espesso cobertor de neve. Nossa casa, uma grande e sólida estrutura de estuque construída pouco antes da guerra, ainda não teve completamente consertados os danos da guerra, mas mesmo no inverno a luz do sol inunda quase todos os cômodos durante o dia. Ela ainda parece espaçosa, aberta e convidativa.

A entrada principal da casa é ladeada por pinheiros prateados. O saguão, forrado de lambris, dá para uma ampla sala de estar, a sala de jantar e uma escada curva. A escada tem um macio cordame vermelho franzido, suspenso da parede por reluzentes suportes de metal.

A sala de estar, com acabamento dourado-claro, parece luminosa à luz do sol entrando por uma ampla vidraça dupla. Entre elas fica o jardim de inverno, com estatuetas distribuídas entre samambaias e palmeiras. Num dos cantos, um piano de cauda.

Nossa casa na Rua Felinski, número 23.

A sala de jantar, com uma longa mesa de mogno e imensas pinturas, dá para um terraço de pedra sobre uma garagem subterrânea. A varanda é parcialmente coberta por uma treliça de madeira, revestida no verão por polpudas e suculentas uvas.

À direita do saguão há um pequeno conjugado, e à esquerda estão a cozinha e as dependências dos criados.

No primeiro andar, os quartos se distribuem ao redor de um enorme banheiro azulejado com uma grande claraboia. Por ser ele tão grande, um cavalete de pintura foi instalado para mim debaixo da claraboia. Meus pais me veem como um futuro aquarelista. A providência supostamente se destina a me estimular nessa direção.

Entre a sala de estar e a sala de jantar fica o refúgio sagrado do meu pai — a biblioteca da família. Nas velhas e sólidas estantes por trás de portas envidraçadas de correr estão os tesouros da família: uma grande coleção de livros.

Nessa sala é que eu exploro as maravilhas do mundo. Agora que já sei que estou me tornando um homem, a literatura de Zola e Zeromski me conduz a um mundo proibido.

Mas o mundo da Batalha de Grunwald, no qual os cavaleiros poloneses de armadura prateada, com grandes e pesadas asas de aço emplumadas às costas, destroem os Cavaleiros da Cruz Negra — é o que me dá mais prazer.

Lendo as infindáveis histórias das incontáveis insurreições, lutas e agressões contra os poloneses por parte dos alemães, dos russos, dos turcos e dos tártaros, sinto uma emoção especial. Os personagens desses livros se tornaram meus amigos.

A mãe do autor sentada no jardim da casa.

71 • 11 ANOS: 1940 – MINHA GUERRA PARTICULAR CONTRA OS ALEMÃES

*Detesto dividir o meu comando e
as minhas batalhas com quem
quer que seja!*

Os quartos dos meus pais e da minha irmã dão para uma varanda que circunda toda a casa. Por cima da balaustrada se projetam árvores que, na estação das frutas, dão pêssegos macios e aveludados e suculentos damascos. Eu fico com o que sobra. No sótão e no telhado plano é que eu mantinha minha grande colônia de pombos. Fazia com que voassem em formação sobre todo o subúrbio de Zoliborz. Eles passavam por cima da Praça Wilson e depois, em cuidadosa formação, voltavam para a base. Até que começaram a destruir o jardim do meu pai, e fui obrigado a abrir mão deles.

Tive, então, de me refugiar no sótão, onde comecei a criar coelhos brancos domésticos. Eles batem com as patas quando estão com fome, e o barulho pode ser ouvido de qualquer lugar da casa. O casal original se multiplicou da noite para o dia, e agora eles são tantos que não tenho como continuar a alimentar todos, nem com a ajuda dos criados.

Uso o chão do meu quarto para encenar minhas batalhas. Tenho uma unidade inteira de tanques autopropulsados e peças de artilharia de tiro rápido. As esteiras dos tanques costumam esmagar as partes frágeis dos soldados de chumbo; preciso estar o tempo todo convocando reforços e derretendo os batalhões quebrados para fazer novos. Eu sou ao mesmo tempo o general das forças invasoras e das forças defensoras. Detesto dividir o meu comando e as minhas batalhas com quem quer que seja!

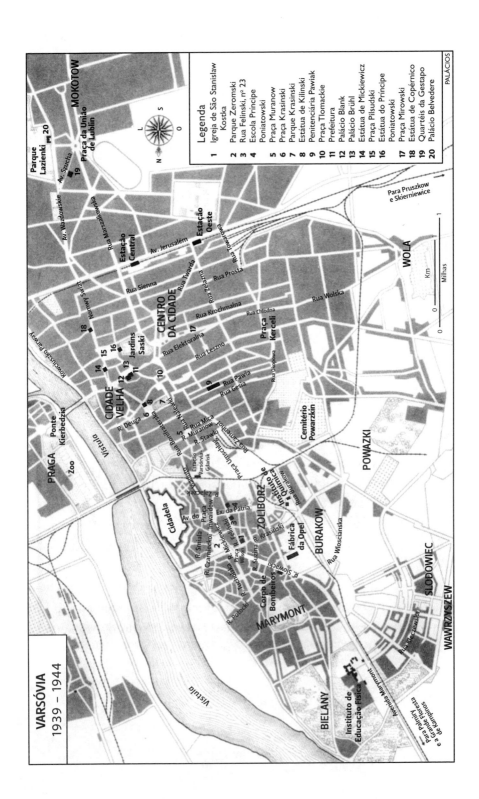

TERÇA-FEIRA, 2 DE JANEIRO

Hoje, mamãe e eu demos uma olhada nos mapas, buscando a localização da nossa casa na zona norte de Varsóvia, num subúrbio chamado Zoliborz, perto da Praça Wilson e não longe do Vístula. Examinar o mapa nos lembra que Zoliborz é um ponto estratégico para os alemães, pois domina o rio e o bairro residencial de Praga na sua margem oriental, de onde as principais estradas levam às planícies da Ucrânia e até a União Soviética. Para oeste estão o Cemitério Powazki, as avenidas que levam da cidade até as aldeias e fazendas da Polônia Central e as principais rodovias para a Alemanha. Ao norte, as dunas de areia de Bielany e a vasta extensão selvagem da Grande Floresta de Kampinos. A ferrovia Varsóvia-Gdansk, que liga a capital ao interior e aos grandes portos do Mar Báltico, constitui o limite sul do bairro.

O autor com 5 anos (à esquerda), sua mãe (sentada, no centro), a irmã, Wanda (embaixo, à direita) — 1934.

QUARTA-FEIRA, 3 DE JANEIRO

Hoje, mamãe está doente. Era a oportunidade que eu estava esperando — tê-la para mim o dia inteiro. Ela tem evocado lembranças do passado. A guerra faz isso com a gente, diz. Ela nasceu perto de Tarnow, no Sudeste da Polônia, e seu avô era um grande proprietário de terras, com muitas aldeias em sua propriedade. Seus antepassados remontam ao rei Leszczynski e ao Palácio em Baranowice. Mamãe descreveu seu elegante pátio em estilo renascentista, o belo jardim e muitos outros esplendores, mas para mim era empolgante porque ele tinha servido de fortificação contra as invasões turcas e tártaras. Mamãe é tão diferente de papai. Eu amo os dois, claro, mas cada um de maneira diferente.

Palácio Baranowice.

Hoje mesmo acharam mais restos de corpos debaixo dos escombros.

QUINTA-FEIRA, 4 DE JANEIRO

Os efeitos do bombardeio durante a invasão no outono passado são sentidos até agora. Hoje mesmo acharam mais restos de corpos debaixo dos escombros, e as pessoas ainda estão tentando conseguir vidros para consertar suas janelas. Esta tarde, os alemães interpelaram alguns judeus na rua e os detiveram por não estarem usando as braçadeiras com a Estrela de Davi.

TERÇA-FEIRA, 13 DE FEVEREIRO

Hoje é Dia de São Juliano, meu santo padroeiro e também do meu pai, mas ele só chegou em casa do escritório muito tarde. Mamãe tentou fazer algo especial, e ficamos esperando ansiosamente que ele chegasse. Depois do jantar, papai me contou a história da sua vida.

75 • 11 ANOS: 1940 – MINHA GUERRA PARTICULAR CONTRA OS ALEMÃES

Uma carroça transporta caixões pelas ruas devastadas.

Antes da Primeira Guerra Mundial, papai foi estudar na Bélgica. Ao começar a guerra, voltou para a Polônia e entrou para as Legiões Pilsudski, para combater os russos. Depois da guerra, conheceu mamãe e se casou com ela, trabalhou em nossa missão diplomática em Moscou e então foi para a França estudar política e economia na Sorbonne.

Em 1934, o amigo Stefan Starzynski, ex-legionário como ele, foi nomeado prefeito de Varsóvia, e um ano depois meu pai tornou-se um dos seus vice-presidentes. Até que, em 1938, papai foi à Alemanha comprar ônibus para o sistema de transportes de Varsóvia. Lá, pôde constatar um tremendo esforço armamentista. Ele diz que ficou muito claro na época que uma guerra estava se aproximando.

SEXTA-FEIRA, 16 DE FEVEREIRO

Tia Stacha está morando com a gente desde outubro, quando sua casa foi destruída por uma bomba alemã. Ela é irmã do meu pai, e, como ele, uma grande patriota, amaldiçoando os alemães e os russos do mesmo jeito. Como meu quarto fica ao lado do dela, não perco muita coisa.

*Hoje fui à biblioteca pegar novos livros
e fiquei sabendo que foi fechada pelos
alemães na semana passada.
O que me deixa furioso.*

O quarto de tia Stacha está todo tomado por uma grande coleção de móveis antigos do meu tio Wladek, seu outro irmão, abandonada por ele quando fugiu com a noiva juntamente com o governo polonês, passando pela Romênia para chegar à França, no início da guerra. Tio Wladek era um dos nossos delegados na Liga das Nações, em Genebra. Tia Stacha não deixa que se tire dali sequer uma única peça, e passa os dias lustrando os móveis à espera da volta do irmão. Ela também guarda uma coleção de belas pinturas, presentes do tio Norbert em dias melhores. Eu gosto de ficar com tia Stacha. Ela me dá chá e bolo de sementes de papoula, e fica se lembrando da infância e da minha avó, uma revolucionária muito conhecida na época.

TERÇA-FEIRA, 20 DE FEVEREIRO

Hoje, fui à biblioteca pegar novos livros e fiquei sabendo que foi fechada pelos alemães na semana passada. O que me deixa furioso.

SEGUNDA-FEIRA, 26 DE FEVEREIRO

Tio Norbert veio aqui em casa hoje; eu não o via desde o Dia de São Juliano. Todo mundo gosta de encontrá-lo, menos tia Stacha. Ela se refugia no quarto assim que ele entra pela porta da casa. Estão separados ou divorciados, mas ninguém me fala a respeito, de modo que não sei bem.

Tio Norbert é um homem grande. Ele parece meio desleixado, com suas roupas largas e o cabelo despenteado, mas é muito agradável e caloroso. Tem um humor afiado e uma voz imponente. Gosto muito dele, não só porque me faz rir, mas também porque não se importa de ficar conversando comigo e me trata como um adulto, e não uma criança.

DOMINGO, 3 DE MARÇO

Hoje, faço 11 anos.

À noite, papai me chamou na sua biblioteca para continuar nossa conversa sobre a família. Papai é um homem muito forte, mas gentil e paciente quase sempre. Às vezes, contudo, ele perde o controle com a minha mãe, o que me assusta. Mas agora, apesar das pressões do momento, ele olha para mim com bondade, cheio de ternura em seus olhos cinza-azulados.

Como mamãe, papai gosta de se lembrar da família. Seu avô paterno era médico, um dos cidadãos mais importantes de Radomsko, cidadezinha ao sul de Varsóvia, a caminho da Cracóvia. Ele se casou com a filha do rabino Dov Beer Meisels, conhecido patriota polonês, ficou muito rico e tinha uma casa grande e elegante em Radomsko.

Escolheu como esposa para o filho mais velho uma conhecida escritora polonesa, filha de um amigo muito próximo. Mas o filho (meu avô) preferiu escolher a própria mulher e se casou com uma vendedora, filha de um sapateiro de Varsóvia. Furioso com esse desafio a sua autoridade, meu bisavô deserdou o filho e cortou relações com a sua nova família. Papai só o viu uma vez.

Papai gostava muito do avô materno, que deixava o menino sentar a seus pés na escura loja de cômodo único onde fazia e consertava sapatos. Ele pegava uma generosa pitada de tabaco, enchia seu enorme nariz e espirrava vigorosamente. Dia após dia, meu pai escutava seu avô contar seus sonhos sobre uma Polônia independente.

DOMINGO, 10 DE MARÇO

Tio Norbert veio jantar esta noite. Depois que se foi, papai conversou comigo sobre ele. Ele diz que tio Norbert foi seu tutor e mentor, o que me surpreendeu, pois titio foi um revolucionário na juventude, tendo sido preso e interrogado várias vezes pela polícia czarista. Mais tarde, participou da mais ativa oposição política ao marechal Pilsudski, tendo sido detido e encarcerado pela polícia polonesa. Foi também ministro do Interior e mais tarde prefeito de Lodz.

Papai diz que tio Norbert é um sonhador, um idealista, um poeta, um filósofo. Mas o tempo está passando, e ele não pode demorar a concretizar seus ideais. Ele é incansavelmente movido por uma única missão na vida: combater a tirania.

TERÇA-FEIRA, 12 DE MARÇO

A casa agora está cheia de parentes e amigos, em sua maioria mulheres; vieram todos como refugiados, depois de serem forçados a deixar suas casas, às vezes debaixo de bombas. Tia Wanda é a exceção. Ela ocupa o apartamento conjugado do primeiro andar e anda pela casa com discreta elegância. É tradutora profissional e voltou do Japão, onde trabalhava no serviço diplomático. Gosto de ser convidado para ir ao seu quarto. Ela se agita em seus quimonos de cores vivas, contando-me histórias misteriosas e deixando-me tocar em sua coleção de tesouros: pássaros azuis e amarelos de madeira, globos de marfim delicadamente entalhados, uns dentro dos outros, e instrumentos musicais japoneses de sons estranhos. Tia Wanda é uma excelente pianista, e eu gosto quando ela toca para mim.

Tia Wanda, mamãe, tia Jadwiga e papai — 1919.

SEXTA-FEIRA, 15 DE MARÇO

Hoje, "tia" Hala mudou-se com a filha para o nosso apartamento no primeiro andar. Foram expulsas de Bydgoszcz pelos alemães. "Tio" Julian, amigo de papai e governador de Bydgoszcz, fugiu para o exterior. Fui conversar com tia Hala sobre o verão que passei com eles antes da guerra. Quando cheguei à mansão do governador, tia Hala estava recebendo oficiais do batalhão que fazia manobras na floresta das proximidades. Alguns deles ajudaram tia Hala a me ensinar a nadar no rio. Outros dançaram com ela no refeitório dos oficiais. Eu ficava implorando que me deixassem subir nos tanques, até que o major Rawkowski me levou com ele ao seu tanque de observação durante as manobras. Queria que papai tivesse me visto!

Quando voltamos a Bydgoszcz naquela noite, fomos ver um filme muito divertido sobre Hitler. Melhor que o circo de Varsóvia. Eu não entendia por que a grande população alemã de Bydgoszcz condenava o filme.

---

*Fico imaginando o que os alemães
podem querer de um padre.*

SEGUNDA-FEIRA, 25 DE MARÇO

É Páscoa, e Zula e eu passamos o dia visitando igrejas. O túmulo simbólico na Igreja de Santa Ana atraía uma multidão. A fila se estendia por vários quarteirões, e nós começamos ao pé do monumento a Mickiewicz. Levamos duas horas e meia para entrar na igreja e chegar à frente do túmulo, mas valeu a pena. A cena era inconfundivelmente ligada ao Cerco de Varsóvia, bem concebida e iluminada de maneira dramática. Entre as ruínas da cidade estava o corpo de Cristo, decorado com flores vermelhas e brancas. A cruz de madeira, queimada, podia ser vista através de uma janela escurecida — lembrete do último mês de setembro — na sofredora cidade de cruzes e túmulos. É uma evidente manifestação patriótica, e todo mundo — quase todo mundo — entende seu significado, exceto os dois soldados alemães à nossa frente, que viam o drama exclusivamente em seu contexto religioso, sussurrando um para o outro: "Muito bonito."

Corredor na Penitenciária Pawiak.

SÁBADO, 30 DE MARÇO

Mamãe me disse que o pároco da Igreja de Santa Ana foi detido pela Gestapo e levado para a Penitenciária Pawiak. Fico imaginando o que os alemães podem querer de um padre.

SEGUNDA-FEIRA, 1º DE ABRIL

As rações mensais foram cortadas, e agora temos de fazer os cupons durarem ainda mais. Cada pessoa tem direito, por mês, a apenas cerca de 250 gramas de pão; cerca de 250 gramas de carne e 250 gramas de açúcar; dois ovos; e uma pequena caixa de fósforos. Com isso, tivemos de comprar comida no mercado negro. Hoje, fui com mamãe à Praça Kerceli, onde se pode conseguir não só comida, mas também qualquer outra coisa — roupas, móveis, porcelanas e joias. As pessoas já estão vendendo os próprios bens para conseguir dinheiro para viver, mas os preços estão altíssimos.

Mamãe diz que muitas pessoas estão sem trabalho, e mesmo as que têm emprego não ganham salários suficientes para se sustentar. Assim, precisam encontrar outras maneiras de sobreviver. Os funcionários e soldados alemães podem ceder à tentação do dinheiro, e compram e vendem muitas coisas. Mamãe vendeu alguns objetos de prata, e nós compramos comida. Depois, fomos visitar a irmã da minha mãe, tia Zosia, que mora em Praga. Ela é enfermeira e trabalha num hospital polonês lá. Os alemães têm seus próprios hospitais.

—⟨∾∾⟩—

Um lugar perigoso para mim, mas eu gosto dessa emoção.

—⟨∾∾⟩—

SEGUNDA-FEIRA, 8 DE ABRIL

Hoje, eu fui ao Hotel Bristol, perto da Praça Pilsudski, só porque é numa zona proibida para nós, e não gosto que me digam aonde posso ou não posso ir na minha própria cidade. O hotel foi transformado em alojamento para oficiais alemães, e o restaurante e o saguão exibem a inscrição NUR FÜR DEUTSCHE (Só para Alemães). Um lugar perigoso para mim, mas eu gosto dessa emoção. O restaurante estava cheio. Sentei a uma mesa de canto e me escondi por trás do *Warschauer Zeitung* que tinha comprado no saguão. Tentei fingir uma arrogância alemã e, como sou muito alto e forte para minha idade, consegui, com meu conhecimento do alemão e as roupas certas, passar por um deles. Fiquei fascinado com os "super-homens" em seus belos uniformes, vendo-os consumir enormes canecas de cerveja e fartas porções de chucrute.

Também havia mulheres louras e altas com os soldados ou oficiais alemães, tanto no hotel quanto nas ruas próximas. Eram alemãs. Muito poucos poloneses vêm a essa região, e as garotas polonesas dificilmente confraternizam com soldados alemães.

Mas há exceções. Danusia é uma delas. Ela era da minha escola, perto do Jardim Zoológico, do outro lado do Vístula, em Praga. Era comum eu brincar no zoológico, e às vezes o diretor me deixava brincar com alguns animais. De vez em quando, Danusia ia comigo.

Hotel Bristol.

83 • 11 ANOS: 1940 – MINHA GUERRA PARTICULAR CONTRA OS ALEMÃES

Perdi Danusia de vista depois que saí da escola de Praga e só tornei a vê-la hoje, quando a encontrei por acaso no Hotel Bristol. Não acreditei no que estava vendo quando dei com ela passando pela rua de braços dados com um soldado alemão. Eles desapareceram no Jardim Saski. Eu fico revoltado de pensar que Danusia tenha se tornado uma traidora desse jeito.

—⁓—

Será que os alemães acreditam na própria propaganda?
Claro que não podem esperar que os poloneses engulam!

—⁓—

QUARTA-FEIRA, 17 DE ABRIL

No *Warschauer Zeitung*, no Hotel Bristol, vou recolhendo aqui e ali várias informações. Hoje, o jornal publicou uma entrevista com o secretário de saúde alemão da região de Varsóvia, dizendo que o bairro judeu de Varsóvia precisa ser separado do resto da cidade, pois os judeus transmitem tifo. Num futuro próximo, previu, saberemos que forma essa separação assumirá. É inacreditável... Será que os alemães acreditam na própria propaganda? Claro que não podem esperar que os poloneses engulam!

DOMINGO, 21 DE ABRIL

Antes da guerra, mamãe tinha empregadas e nós tínhamos uma governanta, de modo que sobrava muito tempo para ela se dedicar ao trabalho beneficente. Papai também participava de muitos eventos sociais, e com frequência eles iam ao teatro e à ópera. Mas agora os poloneses pararam de ir ao teatro ou mesmo a concertos, embora alguns promovam concertos em casa. Quase sempre tocam música de Chopin, que é proibida pelos alemães.

A vida de mamãe mudou completamente. Transformou-se num emprego em tempo integral só para tentar alimentar a família e os outros que passaram a viver na nossa casa. Ela começou a ir três ou quatro vezes por semana a uma cidadezinha chamada Baniocha, trazendo de lá frutas e legumes para vender.

*Eu e alguns amigos começamos hoje nossa guerra
particular contra os alemães.*

Mulheres vendendo alimentos em cestas no mercado negro.

SEXTA-FEIRA, 3 DE MAIO

Nosso feriado nacional — para marcar a data, ontem, os alemães prenderam pessoas nas praças de Zoliborz. Elas foram levadas em caminhões militares, e aparentemente ninguém sabe para onde nem por quê. Será a nova maneira de os alemães levarem pessoas para seus campos de trabalho? Hoje, a caminho da casa de Zula para visitá-la, eu notei que alguém tinha depositado flores vermelhas e brancas no Túmulo do Soldado Desconhecido, na Praça Pilsudski, e que a chama no túmulo continua ardendo.

85 • 11 ANOS: 1940 - MINHA GUERRA PARTICULAR CONTRA OS ALEMÃES

A âncora que simboliza a Resistência Polonesa — "PW" corresponde a *Polska Walczaca* (Polônia Combatente).

SÁBADO, 4 DE MAIO

Eu e alguns amigos começamos hoje nossa guerra particular contra os alemães. Fui para as esquinas de Zoliborz e, com alguma dificuldade, derrubei cinco ou seis tabuletas de madeira e as levei para casa de bicicleta. Não foi nada fácil, e também tive de ficar de olho nas patrulhas ou carros militares ou de polícia. As tabuletas que consegui hoje eram:

K.W. — KOMMANDO DER WEHRMACHT
K.L. — KOMMANDO DER LUFTWAFFE
SS.K. — KOMMANDO DER SCHUTZSTAFFELN
A.O.K. — ARMEEOBERKOMMANDO
H.G. — HEERESGRUPPE

DOMINGO, 5 DE MAIO

Hoje, voltei a uma das esquinas de onde tirei tabuletas ontem. O motorista alemão de um grande caminhão militar parou e pediu orientação, e eu fiz questão de mandá-lo na direção completamente errada. Mais tarde, muitos caminhões e automóveis percorriam as ruas, perdendo um tempo precioso, desperdiçando gasolina e maldizendo os poloneses. Mas as tabuletas de sinalização foram novamente instaladas esta tarde, de modo que teremos de repetir nossa performance esta noite, durante o toque de recolher.

DOMINGO, 12 DE MAIO

Por toda parte encontramos novas indicações de resistência: nos prédios e tabuletas, aparece o símbolo da âncora, POLSKA WALCZACA (Polônia Combatente). Outros também encontrados foram POLSKA ZWYCIEZY (A Polônia Vencerá); DEUTSCHLAND KAPUT; ou a figura da tartaruga, simbolizando lentidão no trabalho (operação padrão). Uma grande tabuleta de madeira comemorando a vitória alemã, com a inscrição DEUTSCHLAND SIEGT AN ALLEN FRONTEN (A Alemanha Vence em Todas as Frentes), foi queimada hoje. O que me deu uma ideia.

SEGUNDA-FEIRA, 13 DE MAIO

Outra grande caçada humana foi montada hoje na Praça Wilson, entre a nossa casa e a Rua Czarniecki. Os alemães interceptaram todos os bondes e mais uma vez levaram pessoas em caminhões fechados do exército.

TERÇA-FEIRA, 14 DE MAIO

Às cinco da tarde, perto da esquina da Rua Felinski com a Praça Wilson, cheguei de bicicleta com um amigo. Encostamos as duas num prédio e eu me dirigi a algumas senhoras de idade que continuavam vendendo pães sob a tabuleta de madeira. Depois de ouvirem o que eu tinha a dizer, as mulheres desapareceram. Rapidamente tirando do bolso uma garrafa cheia de líquido, meu amigo a atirou com toda força contra a tabuleta. A garrafa se espatifou e o líquido se derramou pelos cartazes. Ele então acendeu rapidamente um fósforo e de repente a Praça Wilson estava em chamas.

No mesmo instante, três alemães viraram a esquina do outro lado da praça. Assim que os vimos, meu amigo e eu pulamos em nossas bicicletas e saímos pedalando a toda velocidade. Felizmente, os alemães estavam a pé e não conseguiram nos pegar.

QUARTA-FEIRA, 15 DE MAIO

Numa ida à cidade, notei que os escombros em torno da Rua Bonifraterska estão sendo usados para erguer uma enorme muralha. Fico tentando imaginar o que está acontecendo.

QUINTA-FEIRA, 16 DE MAIO

A tabuleta de madeira perto da Confeitaria Julius Meinl, na Praça Wilson, já foi substituída, e novamente os alemães estão afixando cartazes oficiais todo dia. Os cartazes exortam a população polonesa a parar de matar os alemães ou reproduzem as ordens de Fischer sobre trabalhos forçados, as normas da polícia de Krüger a respeito dos judeus ou então trazem propaganda alemã. Mal são afixados, esses cartazes vêm a ser danificados, e hoje muitos foram empastelados com cartazes e anúncios nossos. Bom para nós!

*Estou pretendendo
conseguir uma pistola.*

O muro do Gueto sendo construído, verão de 1940.

SÁBADO, 18 DE MAIO

Hoje, meu pai fez um apelo para que a população tome todo o cuidado com as granadas que não explodiram e estão espalhadas por ruas e parques. Fico imaginando o que ele diria se soubesse o que eu ando fazendo, especialmente que estou pretendendo conseguir uma pistola.

89 • 11 ANOS: 1940 - MINHA GUERRA PARTICULAR CONTRA OS ALEMÃES

*Os alemães tentaram promover um pogrom
na região em torno da Rua Dluga.*

SEGUNDA-FEIRA, 20 DE MAIO

Hoje, papai voltou muito agitado do trabalho. Os alemães tentaram promover um pogrom na região em torno da Rua Dluga. Juntaram um bando de criminosos cumprindo pena e os usaram como agitadores antissemitas. Papai diz que, embora *essa* tentativa de voltar a violência contra os judeus e suas propriedades tenha fracassado, pois a maioria dos poloneses se recusou terminantemente a participar, será preciso tomar medidas para assegurar que novas tentativas também fracassem.

Papai diz que entrou em contato com a Resistência, pedindo que localizasse os colaboradores envolvidos, com o objetivo de puni-los severamente. Também vai mandar uma carta às autoridades municipais alemãs, exigindo o fim imediato dessas atividades criminosas organizadas.

Observando meu pai, lembrei-me de ter ouvido falar, vários anos atrás, da famosa Noite dos Cristais na Alemanha, e fiquei desejando que os alemães não estejam tentando promover outra aqui. De qualquer maneira, estou estarrecido, pois os alemães juntaram num mesmo saco todos os poloneses (sejam cristãos ou judeus), referindo-se à nossa nação como uma nação de "sub-humanos", da mesma forma que fazem com os ciganos.

Estátua de Chopin
(réplica feita no pós-guerra).

TERÇA-FEIRA, 28 DE MAIO

Frank e Fisher montaram hoje uma parada de novos destacamentos de tropas da polícia alemã. A caminho da casa de Zula, vi pessoalmente Frank desfilando num carro aberto, de pé e olhando para a estátua de Chopin no Parque Lazienki.

SEXTA-FEIRA, 31 DE MAIO

Papai me disse que os alemães tiraram a estátua de Chopin e vão derretê-la. Mais um ataque ao nosso orgulho!

Soubemos hoje que a França caiu.

SEGUNDA-FEIRA, 10 DE JUNHO

Esta tarde, eu vi a mais recente proclamação de Ludwig Leist, proibindo aulas particulares. O que não será capaz de nos deter! Mas acho que teremos de tomar mais cuidado que nunca para manter as escolas secretas.

SEGUNDA-FEIRA, 17 DE JUNHO

Soubemos hoje que a França caiu. O pátio do Palácio Brühl, quartel-general de Fischer, estava coberto de bandeiras com a suástica e cheio de alemães gritando *"Sieg Heil!"*. Como eu odeio esse brado!

SEXTA-FEIRA, 28 DE JUNHO

Que estrondo! Hoje, os alemães dinamitaram as fortificações da Cidadela perto de Zoliborz. Eu vi da Praça Wilson.

Leist ordenou que todos os avisos e cartazes sejam bilíngues — alemão e polonês, ou alemão e hebraico. "Dividir para dominar", como costuma dizer a Sra. Bernardynska.

91 • 11 ANOS: 1940 - MINHA GUERRA PARTICULAR CONTRA OS ALEMÃES

O Palácio sobre as Águas no Parque Lazienki, Varsóvia — considerado um dos mais belos exemplos da arquitetura neoclássica da Polônia no século XVIII.

O Palácio Brühl, construído no século XVII, era um dos mais belos prédios barrocos de Varsóvia no pré-guerra. Usado por Ludwig Fischer, governador alemão de Varsóvia, como quartel-general, o palácio seria demolido pelos alemães em dezembro de 1944.

SEGUNDA-FEIRA, 1º DE JULHO

Esta manhã, o jornal trazia a notícia de que somente judeus poderão se mudar para a área onde está sendo construído o muro ao redor da Rua Bonifraterska. Eu gostaria de descobrir o que isso realmente significa.

Quatro policiais alemães entraram e foram para o quarto dos meus pais. No meio das roupas de cama, encontraram um exemplar da revista Life. *Imediatamente, levaram papai para a Gestapo.*

QUARTA-FEIRA, 3 DE JULHO

Às sete horas da manhã de hoje, meu pai estava no banheiro e mamãe no quarto, penteando o cabelo, quando ouvi um barulho na escada da frente. Foi quando quatro policiais alemães entraram e foram para o quarto dos meus pais, no segundo andar. Sem dizer nada, abriram o armário das roupas de cama e jogaram tudo no chão. No meio das roupas de cama, encontraram um exemplar da revista *Life*. Imediatamente, levaram papai para a Gestapo. Por quanto tempo desta vez? Na verdade, estou tão assustado e preocupado quanto minha mãe, mas tentando ao máximo ser corajoso e ajudá-la.

QUINTA-FEIRA, 4 DE JULHO

Uma conhecida senhora polonesa que tinha escondido parte da coleção de obras de arte do tio Norbert, para que não fosse confiscada pelos alemães, veio nos ver hoje. Estava muito nervosa e nos disse que titio foi detido pela Gestapo ontem no apartamento dela e levado para a Penitenciária Pawiak.

*Os alemães supostamente
não aceitam suborno,
mas todo mundo sabe das
suas coleções de obras de arte.*

A repulsa de tia Stacha em relação a tio Norbert é total, mas não a impediu de fazer o que fez. Ela tirou duas de suas pinturas das pesadas molduras douradas, fez um embrulho e deixou a casa.

Os alemães supostamente não aceitam suborno, mas todo mundo sabe das suas coleções de obras de arte. Assim, muitas pessoas abrem mão dos seus melhores bens.

Tia Stacha foi procurar um homem "de confiança" para pedir que usasse as pinturas para libertar tio Norbert. Ao voltar para casa, ela estava abatida, como se a sua missão tivesse fracassado.

*Começo realmente a temer
pela vida do meu pai.*

SEGUNDA-FEIRA, 8 DE JULHO

Papai voltou da prisão, pálido, sério e muito calado. Lá, esteve com o tio Norbert, mas eles não o libertaram. Começo realmente a temer pela vida do meu pai, para não falar da minha preocupação com o restante da família.

SEXTA-FEIRA, 12 DE JULHO

Meus pais decidiram hipotecar nossa casa na Rua Felinski a fim de conseguir dinheiro para nos manter vivos. Enquanto são tomadas as providências, vamos passar um mês no campo.

SEGUNDA-FEIRA, 15 DE JULHO

Hoje, papai levou-nos a Radzymin, perto de Varsóvia. Estamos numa velha casa, num grande parque todo arborizado. Papai terá de voltar imediatamente a Varsóvia, claro, e eu detesto vê-lo partir.

SÁBADO, 20 DE JULHO

Este lugar me lembra a casa do tio Juzek que fica perto de Rowne, no Leste da Polônia, aonde mamãe me levou há alguns verões. Já perguntei não sei quantas vezes o que aconteceu com ele, e ela responde, triste, que não sabe.

Eu me lembro do camponês ucraniano que cuspia no monte de feno. O Velho Mikus cuspia o tempo todo; cuspia no chão, quando carregava a carroça de feno no qual estávamos sentados; cuspia no controle das rédeas e cuspia quando descarregava os fardos. O Velho Mikus nunca falava, e me fascinava com seu rosto com a barba por fazer. Cheirava a repolho azedo.

Tio Juzek — 1919.

Nunca me dava carona, se eu não lhe desse antes *machorka* (tabaco de enrolar). Stas Bimber, o cavalariço, disse-me que era a lei implícita do Velho Mikus: sem *machorka*, nada de carona. Certo dia, vindo de Rowne numa carroça sacolejante puxada por dois alegres cavalos brancos, minha mãe me disse que tio Juzek ganhara a fazenda depois da Primeira Guerra Mundial. Ele era um bom oficial, e Pilsudski lhe dera aquela enorme fazenda na Ucrânia como recompensa por sua coragem na guerra contra os russos.

Enquanto nos sacudíamos pelas estradas poeirentas, eu me perguntava por que diabos meu pai, que também tinha combatido os russos, não ganhara uma fazenda.

95 • 11 ANOS: 1940 – MINHA GUERRA PARTICULAR CONTRA OS ALEMÃES

Ao chegarmos à fazenda, meu tio e sua família nos esperavam à sombra do grande pórtico da casa pintada de branco.

Kasztan era o meu cavalo — um potro castrado da cor das reluzentes castanhas que eu costumava colher no Jardim Zoológico em Varsóvia. O subtenente de titio, Pan Pawel, levava Kasztan à varanda da frente e me ajudava a montar, sem sela. Eu cavalgava por estradas poeirentas, parando com frequência debaixo das árvores maiores para colher suculentas cerejas vermelhas e brancas.

Eu nunca vou me esquecer de um dia muito quente que parecia não ter fim, quando fiz, pelo menos, doze viagens entre os campos e a fazenda na carroça de feno de três metros de altura. Enquanto ela oscilava de um lado a outro, parecendo prestes a tombar a qualquer momento, eu contava os cigarros de *machorka* que ia dando ao Velho Mikus. Olhando para ele no assento da frente, abaixo de mim, com a cabeça envolta na ondulante fumaça negra do tabaco local, tomei uma decisão: o próximo cigarro seria para mim! Lambendo o fino papel branco, exatamente como me havia mostrado o Velho Mikus, fiz várias tentativas de acender o cigarro e dei a minha primeira tragada. A fumaça parecia ter enchido todo o meu corpo, e a minha cabeça começou a latejar. A fumaça entrou nos meus olhos, que começaram a lacrimejar. Senti-me tão mal quanto da vez em que Kasztan me deu um coice na barriga, quando me aproximei dele por trás, sem avisar.

Percebi que Stas estava olhando para mim com seus olhos bovinos, em zombeteiro silêncio. Lembrei que, quando havíamos saído no murro na semana anterior, ele correra até a sua cabana e voltara atrás de mim com um enorme machado bem afiado. Eu correra como um louco, para chegar em casa e me livrar daquele maluco ucraniano filho da mãe! E agora lá estava ele, sentado e sorrindo como um enorme sapo. Pois fiz questão de continuar fumando até chegar em casa. No palheiro, escorreguei na carroça sem a menor dificuldade, mas as minhas pernas falharam e eu caí no chão, me contorcendo de dor. Estava morrendo! Nem é preciso dizer que ninguém veio me ajudar.

—◦∾◦—

E, mais uma vez, papai me disse: "Nunca subestime os alemães."

—◦∾◦—

QUINTA-FEIRA, 15 DE AGOSTO

Voltamos hoje para Varsóvia, e foi tão bom reencontrar papai. Mais tarde, fui até a Praça Wilson e comprei um exemplar de um novo jornal, *A Gazeta Judaica*, publicado pelos alemães na Cracóvia. Parece tão anticatólico quanto o outro jornal alemão; o *Novo Correio de Varsóvia* é antissemita. Mais uma vez, fiquei me perguntando se os alemães realmente acreditam na própria propaganda, e, mais uma vez, papai me disse: "Nunca subestime os alemães."

DOMINGO, 1º DE SETEMBRO

O supremo insulto — para comemorar o primeiro aniversário da invasão da Polônia, Fisher rebatizou hoje a Praça Pilsudski de Adolf Hitler Platz, numa cerimônia com banda e bandeiras. A estátua do príncipe Poniatowski agora está coberta por uma enorme estrutura de madeira. Nenhum polonês patriota compareceu à cerimônia, claro, mas os jornais não falavam de outra coisa.

A Praça Pilsudski na cerimônia em que foi rebatizada de Adolf Hitler Platz, para marcar o primeiro aniversário da invasão alemã da Polônia.

Uma das incontáveis batidas alemãs contra cidadãos poloneses.

*Não temos a menor ideia de quantas pessoas foram levadas.
A coisa está ficando assustadora demais.*

Pelotão de fuzilamento alemão executa cidadãos poloneses.

QUINTA-FEIRA, 19 DE SETEMBRO

Outra grande caçada humana ocorreu hoje na Praça Wilson e na Rua Mickiewicz, mas não temos a menor ideia de quantas pessoas foram levadas. A coisa está ficando assustadora demais.

SEGUNDA-FEIRA, 30 DE SETEMBRO

Notei um novo aviso nos bondes: agora, alguns trazem uma placa com os dizeres *Tylko dla Zydow* (Só para Judeus). O que mais vão inventar?

A voz anunciou a divisão da cidade em três áreas habitacionais distintas e separadas: alemã, polonesa e judaica.

Bondes "Só para Judeus".

SÁBADO, 5 DE OUTUBRO

Frank está em Varsóvia para comemorar o aniversário da parada da vitória de Hitler. A cidade está cheia de bandeiras, e também de SS e tropas de polícia. Tentei ir à casa de Zula, mas as ruas estavam fechadas com cordões de isolamento e eu tive de voltar. Estou ficando cada vez mais impaciente com a restrição da minha liberdade de movimentos.

SÁBADO, 12 DE OUTUBRO

Hoje, eu estava passando pela Praça Wilson quando o alto-falante por cima da entrada principal do Parque Zeromski de repente começou a ser ouvido por toda a praça. Todo mundo se deteve para ouvir as palavras de Fischer tomando conta do lugar. A voz anunciou a divisão da cidade em três áreas habitacionais distintas e separadas: alemã, polonesa e judaica. As famílias que os alemães consideram pertencer a um desses grupos, mas que vivem em alguma das outras áreas terão apenas até o fim do mês para se mudar. As pessoas estão chocadas e com medo. Fico imaginando o que acontecerá com Zula e sua mãe; elas ainda não têm notícia do pai de Zula, um oficial do Exército que foi feito prisioneiro em setembro de 1939.

DOMINGO, 13 DE OUTUBRO

Fui até um café próximo esta manhã e telefonei para Zula. Ela também ouviu as notícias de ontem, e está tão deprimida e preocupada quanto eu.

Hoje à noite, ouvi meu pai dizendo a minha mãe que Adam Czerniakow, o chefe do Conselho Judaico, foi oficialmente informado da criação pelos alemães do Gueto de Varsóvia, e que lhe foi ordenado que constitua uma força policial judaica com mil homens para prestar serviço dentro dos muros do Gueto. Eu quis perguntar a papai a respeito, mas sabia que ele ficaria zangado por eu ter escutado atrás da porta.

Adam Czerniakow — 1942.

A mudança para o Gueto.

SEGUNDA-FEIRA, 14 DE OUTUBRO

A cidade toda está tomada por uma agitação, com as famílias cristãs e judias igualmente empacotando suas provisões de refugiados de 25 quilos por pessoa e tentando se mudar para seus novos bairros até o fim do mês. Os demais bens terão de ser deixados para trás — todos os móveis e objetos que pertencem aos poloneses cristãos que estão se mudando da zona do recém-criado Gueto, e também os pertencentes aos judeus poloneses que se mudaram para o Gueto vindos de outras partes de Varsóvia.

Certas pessoas estão carregando suas preciosas posses em carrinhos de mão ou carroças puxadas a cavalo; outras vão a pé, carregando seus pertences em lençóis e sacos pendurados nos ombros. Os alemães estão transformando os poloneses em *coolies* — agora temos até riquixás nas ruas.

SEGUNDA-FEIRA, 28 DE OUTUBRO

Perambulei pela cidade a pé e de bonde. O *Novo Correio de Varsóvia* agora relaciona as ruas que formam os limites do bairro "residencial" judeu. Eu tinha comprado o jornal de manhã e decidi passar o dia inspecionando a área por minha conta. Desci do bonde de Zoliborz na Rua Bonifraterska com a Praça Muranow e atravessei a área que conheço tão bem — pelas ruas Nalewki e Gesia, passando pelo Parque Krasinski para chegar à Praça Tlomackie, com sua grande sinagoga. As ruas residenciais são formadas sobretudo por prédios de três a cinco andares com elegantes fachadas de pedra e sacadas de ferro trabalhado. Antes, quando passava por lá, eu ficava fascinado com os vendedores de biscoitos, o aroma vindo das cozinhas e os homens de negro com barbas flutuantes reunidos em ajuntamentos e conversando com caloroso entusiasmo. Desta vez, a vida nas calçadas é diferente — as pessoas passam apressadas, olhando, nervosas, umas para as outras. Até mesmo os velhos empurram carroças. Nas ruas Chlodna, Gesia e Nalewki, e em muitas outras também, os trilhos de bonde foram arrancados nos lugares onde o muro de tijolos foi levantado.

Ao chegar à Praça do Portão de Ferro, fui em frente, e cheguei à Praça Mirowski, cercada pelos enormes prédios do mercado. E, de repente, me dei conta de que o jornal que eu havia lido em casa se referia a essa área como o "dedo" que dividiria o Gueto em duas partes. Aquela que agora é a primeira e maior parte do Gueto já contém, sobretudo, famílias judaicas de classe média baixa e operárias.

À minha frente, o longo muro chegava até a seção judaica do Cemitério Powazki e virava para a Rua Stawki e a Praça Muranow, na qual eu havia entrado cerca de duas horas antes.

Essa região estava a noroeste do ponto onde me encontrava na Praça Mirowski. Por trás de mim e à esquerda estava o Pequeno Gueto, com seus limites começando na esquina da Rua Chlodna, seguindo para sudoeste ao longo da Rua Zelazna, virando para ladear a elegante e afluente Rua Sienna e então subir pela Rua Wielka, voltando à Praça do Portão de Ferro e novamente chegando à Praça Mirowski.

Interior da Grande Sinagoga Tlomackie.
Ao ser concluída, em 1878, era a maior sinagoga do mundo.

103 • 11 ANOS: 1940 – MINHA GUERRA PARTICULAR CONTRA OS ALEMÃES

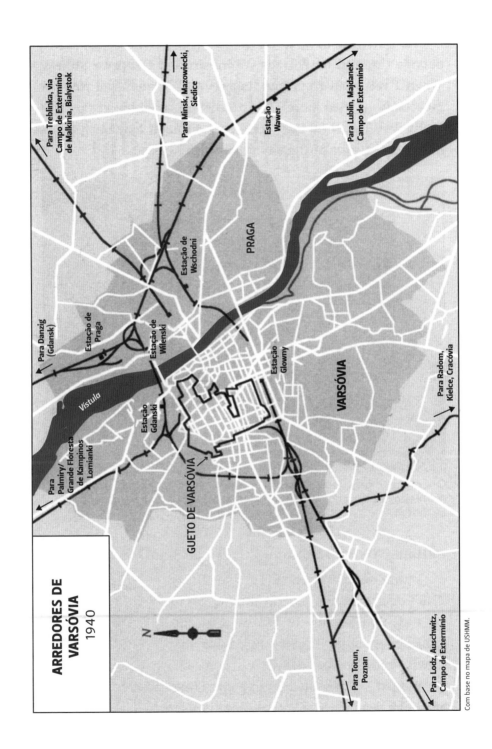

104 • A COR DA CORAGEM – CAPÍTULO 2

GUETO DE VARSÓVIA
1940

Com base no mapa de USHMM.

De pé na Praça Mirowski, eu me perguntava para onde Zula e a sua família estariam se mudando. Eu não tivera contato algum com ela desde o último telefonema; sua mãe me dissera que eu deveria me manter afastado até que elas tivessem uma nova casa e pudessem se mudar.

Ao voltar para pegar o bonde para casa, fui passando pelo lado de fora do muro nas ruas Zelazna, Wolnosci e Okopowa. Ao retornar da minha "inspeção", estava mortalmente cansado — devo ter caminhado mais de 15 quilômetros. A visão do mapa realmente me deprimia e assustava, pois deixava claro como era grande a área da cidade que estava sendo isolada.

Um dos portões do Gueto, guardado por um policial alemão (olhando para a câmera), um judeu (de pé, à esquerda) e outro da Polícia Azul polonesa (encostado no muro, à esquerda).

SEXTA-FEIRA, 15 DE NOVEMBRO

Hoje, voltei a fazer minha ronda pela cidade. O "Muro Vermelho" que cerca o Gueto já foi concluído. Passei a chamá-lo assim por causa da cor dos tijolos com que foi feito. As pessoas estão dizendo que os 10 portões são fortemente guardados, e ninguém pode entrar ou sair sem ser interrogado e revistado por soldados armados. Acho difícil de acreditar, mas posso ver perfeitamente que os guardas dos portões de fato seguram a rédeas curtas cães de guarda especialmente treinados. O tráfego por esses portões também se tornou escasso, mas fico intrigado por que os bondes da cidade continuam circulando normalmente pelo Gueto nos velhos trilhos.

QUARTA-FEIRA, 20 DE NOVEMBRO

Decidi descobrir mais sobre o que significa o isolamento do Gueto. Hoje, então, peguei o bonde e descobri que, embora continuem circulando pelo Gueto, eles entram por um dos portões e passam pelas ruas apinhadas de gente a toda velocidade, sem parar. Sem apanhar nem deixar passageiros, eles saem pelo portão do outro lado. No estribo de cada bonde vai um membro da Polícia Azul polonesa, segurando fortemente os corrimões verticais com as duas mãos. Esses policiais costumam ser chamados de "Azuis" por causa da cor do seu uniforme, e fiquei sabendo que cabe a eles impedir que alguém entre ou saia dos veículos em movimento.

—∽∾∿—

Papai deve ficar em seu cargo (…),
na verdade, só será autorizado a deixá-lo
em circunstâncias especiais. Era uma ordem.

—∽∾∿—

SÁBADO, 30 DE NOVEMBRO

Ratajski, chefe do Governo Clandestino e plenipotenciário do primeiro-ministro Sikorski, veio visitar meu pai hoje. Papai lhe relatou as terríveis condições dentro e fora do Gueto, dizendo que se perguntava se em tais circunstâncias deveria continuar no cargo.

Ratajski disse que as atividades do governo municipal polonês são absolutamente necessárias, e darão a papai excelentes oportunidades de promover atos de sabotagem e ajudar a Resistência. Seria muito bom se papai pudesse manter toda a equipe e a organização da prefeitura até a libertação. Ratajski considera que meu pai pode prestar um grande serviço à Resistência e aos cidadãos. Disse a papai que deve ficar em seu cargo e que, na verdade, só será autorizado a deixá-lo em circunstâncias especiais.

As instruções de Ratajski foram claras: era uma ordem.

QUINTA-FEIRA, 12 DE DEZEMBRO

Hoje, aniversário de Zula, foi um dia terrivelmente frio. Ela me telefonou para dizer que sua família tinha acabado de se mudar e me deu o novo endereço, de modo que fui visitá-la.

Sentado no último banco do bonde, esperei até chegarmos perto da Praça Muranow. Quando o bonde diminuiu a velocidade para dobrar a esquina da praça, o policial Azul passou do estribo para o compartimento, para aquecer as mãos. Quando ele estava acendendo um cigarro, eu me levantei rapidamente, pulei o degrau metálico e me misturei na multidão; e, então, tomei o rumo do endereço que Zula me dera.

O movimentado mercado no Gueto.

A multidão no Gueto.

110 • A COR DA CORAGEM - CAPÍTULO 2

Nunca na vida eu poderia ter imaginado ruas tão cheias. Não só as calçadas, mas também as ruas pareciam uma verdadeira colmeia de seres humanos se empurrando e se acotovelando. Em meio à multidão, viam-se carroças cheias de colchões, roupas de cama e móveis, puxadas ou empurradas por homens e mulheres, passando de rua em rua em busca de uma casa. A Rua Nalewki, uma das principais, era um verdadeiro pandemônio, com pessoas gritando e escorregando no calçamento gelado. Encontrei Zula e sua mãe terminando a refeição do meio-dia no cômodo único que agora lhes serve de quarto e sala de jantar. Elas compartilham a cozinha e o banheiro desse apartamento de terceiro andar com a proprietária, viúva de um oficial de cavalaria. Ela tem um quarto próprio, e o irmão do falecido, um advogado que trabalha com o Conselho Judaico de Czerniakow, compartilha um terceiro quarto com os dois sobrinhos.

Zula e a mãe pareceram felizes com a minha visita e me convidaram para me sentar e tomar um pouco de chá com pão. Zula pouco falou, limitando-se a olhar para mim com olhos tristes e sombrios. A mãe tentava mostrar-se otimista, dizendo que tinham muita sorte de encontrar amigos que pudessem recebê-las. Apontou para os dois janelões e o mobiliário nada desagradável do cômodo, comentando que eram um verdadeiro luxo para aquele momento.

Bateram à porta, e entrou o homem da casa, um sujeito dos seus 30 anos; ele apertou a minha mão com força, calorosamente, logo que eu fui apresentado pela mãe de Zula. Depois de dar sinceras boas-vindas, ele disse que tinha ouvido Zula falar muito de mim e estava feliz por me ver ali com eles. Sentou-se, então, e se juntou a nós na refeição frugal, mas saborosa.

Ele nos disse que já há, atualmente, mais de um quarto de milhão de pessoas nessa zona da cidade, mas apenas 140 mil cômodos. Comentou a audácia dos alemães de provocarem uma cruel debandada em nome de uma suposta proteção sanitária, alegando que a região está infestada de tifo; 113 mil pessoas (em sua maioria cristãos) tiveram de deixar suas casas aqui, e outras 138 mil (em sua maioria judeus) foram forçadas a se mudar para trás do muro. Para agravar as coisas, prosseguiu ele, os alemães agora faziam de tudo para separar os judeus da cidade, não só pelo muro — também estavam sendo espoliados de seus direitos como cidadãos poloneses e impedidos de manter contato com as autoridades municipais e nacionais. Se isso for verdade, não surpreende que meu pai se mostre cada vez mais desanimado toda vez que Czerniakow vai procurá-lo na prefeitura. Preciso perguntar a ele sobre isso quando tiver oportunidade.

A mãe de Zula balançou a cabeça, dizendo que eles não seriam capazes disso. O jovem discordou, acrescentando que Czerniakow já se queixara, em vão, às autoridades habitacionais a respeito da atual dieta de fome, combinada com a superpopulação, as instalações sanitárias grosseiramente inadequadas e a falta de calefação, tudo isso gerando condições nas quais, de fato, as epidemias podem se tornar realidade. A mãe de Zula sempre vai direto ao ponto, e foi o que fez mais uma vez: "Se alguém é capaz de enfrentar a situação,

O "Muro Vermelho" em torno do Gueto está concluído.

é Adam Czerniakow. Ele não tem medo de ninguém — nem dos alemães. Não é à toa que as pessoas se referem a ele como 'aquele judeu atrevido', pois ele não engole toda essa bobajada."

"Verdade, verdade", interrompeu o sujeito, "mas quantos Czerniakow temos aqui?".

Estava escurecendo no quarto à medida que se aproximava a hora do toque de recolher, e então me desculpei e, depois de uma afetuosa despedida de Zula, pulei no último bonde que saía pelo portão da Rua Bonifraterska, felizmente quase vazio e inexplicavelmente sem um policial. Nessa noite, eu não consegui dormir, com a mente agitada com o que tinha visto e ouvido durante o dia, e o que tudo aquilo poderia significar.

É rigorosamente contra a lei ter armas ou explosivos — passível de punição até com morte.

QUARTA-FEIRA, 18 DE DEZEMBRO

Um colega de turma de 12 anos, Jedrek, me chamou para ir à sua casa hoje, e para me distrair do que está acontecendo com Zula, eu fui. Ele é um gênio em química, e já sabe o suficiente para pôr seus conhecimentos em prática. Diz que está construindo um pequeno arsenal, e me pediu para ajudá-lo. Concordei entusiasmado, achando que finalmente teria oportunidade de fazer algo construtivo.

Jedrek mora na Rua Krasinski, longe de casa o suficiente para a minha família não ficar sabendo das minhas atividades.

SEXTA-FEIRA, 20 DE DEZEMBRO

É rigorosamente contra a lei ter armas ou explosivos — passível de punição até com morte —, e, assim, Jedrek e eu temos de tomar muito cuidado. Hoje, decidimos sair em busca de granadas que não explodiram nos parques ao redor de Zoliborz, e encontramos três — duas pequenas e uma grande; a última foi encontrada não muito longe de sua casa, no canteiro central gramado da Rua Krasinski.

SÁBADO, 21 DE DEZEMBRO

Na noite passada, nós conseguimos carregar as duas granadas menores até a garagem de Jedrek. Mas tivemos problemas com a terceira. Finalmente, arrumamos uma carroça e a conduzimos a seu destino. Hoje, tanto fizemos com as bombas que conseguimos abri-las. Tiramos a pólvora e a pusemos em vidros de geleia, cuidadosamente guardados.

DOMINGO, 22 DE DEZEMBRO

Jedrek diz que agora tem o que realmente precisamos: algo com o maior poder explosivo — nitroglicerina. Hoje, então, trabalhamos desde as primeiras horas da manhã até o fim da tarde em sua garagem. A nitroglicerina finalmente ficou pronta, para ser guardada em tubos de ensaio. Tive de voltar para casa antes do toque de recolher, e Jedrek disse que esperaria que eu voltasse para prosseguir. Prometeu que iria simplesmente fechar tudo e ir direto para seu quarto. A caminho de casa, percebi que, na empolgação, eu esquecera de perguntar a Jedrek onde, afinal de contas, tinha conseguido a nitroglicerina, para começo de conversa; vou ter de perguntar amanhã.

SEGUNDA-FEIRA, 23 DE DEZEMBRO

Nevou muito ontem à noite, e esta manhã estava tudo terrivelmente frio e claro. Eu pretendia sair ao meio-dia para ir à garagem, mas, no meio da manhã, chegou um vizinho com um recado. Mamãe deu a notícia de que tinha ocorrido uma terrível explosão. Apanhei meu casaco e saí correndo o máximo que pude, até chegar ao nosso "laboratório". A garagem estava completamente destruída.

Meu amigo já tinha sido levado para o hospital. Até chegar lá, eu não sabia o que esperar, e fiquei horrorizado quando o vi. Seu braço direito tinha sido decepado.

TERÇA-FEIRA, 24 DE DEZEMBRO

A situação de Zula e o acidente com o meu amigo me deixaram muito mal para o Natal, e não estou participando muito das atividades da família. Mamãe quer nos animar, e deu um jeito de economizar durante semanas para conseguir a tradicional *Wigilia*. Notei que ela não está mais usando seu belo anel de diamante — ela não confessa, mas tenho certeza de que o vendeu para conseguir comprar comida.

A árvore está mais linda que nunca; as velas refletem nos reluzentes enfeites; presentes são trocados, assim como cumprimentos e abraços; o biscoito é quebrado para a partilha do espírito de Cristo; e a mesa foi decorada com frutas, nozes e flores. Mamãe fez até algo especial com a geleia de beterraba que faz parte da nossa dieta ultimamente. Mas falta alguma coisa.

A tradicional cadeira vazia este ano é a do tio Norbert, de quem não temos notícia desde o verão passado, quando os portões da Penitenciária Pawiak se fecharam atrás dele. Não consigo me livrar da minha melancolia, de modo que me afastei de todos eles — papai, mamãe, minhas tias, minha irmã, os "convidados" que agora moram conosco, as empregadas e o nosso pequeno bassê, Szkut — e voltei sozinho para o sossego do meu quarto.

Nevou muito ontem à noite, e esta manhã tudo estava terrivelmente frio e claro.

EXTRAS DIGITAIS

ADAM CZERNIAKOW

Gueto de Varsóvia
Maio de 1942

www.polww2.com/WarsawGhetto

Extras Digitais são vídeos curtos produzidos a partir de filmes históricos originais e material de áudio para acompanhar *A cor da coragem*. Esses vídeos podem ser acessados on-line: para assisti-los, escaneie os códigos QR ou digite a URL que aparece sob cada imagem.

12 anos

1941

Recrutado para o Exército da Resistência

*Eu queria gritar, berrar
e sobretudo lutar.*

A vida continua em meio às ruínas de Varsóvia.

TERÇA-FEIRA, 7 DE JANEIRO

Este é um dia muito triste para nós. Papai descobriu que, bem cedo na manhã de ontem, num terrível frio e debaixo de neve pesada, 500 prisioneiros foram levados da Penitenciária Pawiak para a Estação Oeste de Varsóvia. Entre eles estava tio Norbert, além de muitas outras figuras políticas importantes. Foram jogados em vagões de gado, sem aquecimento, que saíram da cidade pelo sul, em direção à Cracóvia — provavelmente a caminho de um campo de concentração. Minha raiva é cada vez maior — os alemães levaram embora meu tio favorito. Eu queria gritar, berrar e sobretudo lutar. Mas parece que só podemos esperar e tentar controlar o medo.

Vagão de gado.

DOMINGO, 12 DE JANEIRO

Acordei com o som de sirenes à noite, aquele gemido dos infernos que gela o nosso sangue. A Gestapo parecia estar em toda parte em Zoliborz, e provavelmente muitas pessoas foram detidas. Quando voltei a dormir, tive um pesadelo, no qual tio Norbert aparecia de pé ao lado da minha cama. Parecia transtornado, doente e triste. Os olhos pareciam pedir "Venha me ajudar; tire-me daqui, Julek. Tire-me daqui!".

É um horror atrás do outro,
e o tempo todo, medo —
medo da verdade e medo
ainda maior do desconhecido.

SEGUNDA-FEIRA, 20 DE JANEIRO

Hoje, mamãe me disse que recebeu notícias do tio Norbert. Ele foi levado para o campo de concentração que os alemães construíram em Oswiecim, perto da Cracóvia — Auschwitz. Mamãe está terrivelmente preocupada, mas eu tento consolá-la com o fato de que tio Norbert, pelo menos, ainda está vivo. Mesmo assim, é um terrível choque para mim. Só ouço a respeito desses lugares histórias de pessoas morrendo de fome, gases venenosos, esquadrões de fuzilamento e enforcamentos. É um horror atrás do outro, e o tempo todo, medo — medo da verdade e medo ainda maior do desconhecido.

SÁBADO, 25 DE JANEIRO

Mamãe me apresentou hoje à corretora de imóveis que nos vendeu a casa de campo em Baniocha. A Sra. Zofia Filipkiewicz é muito amiga da minha avó, e mamãe diz que foi muita bondade dela achar um lugar tão bom assim para nós.

Beijei a mão da Sra. Filipkiewicz, e, ao contrário de outras senhoras de idade, sua pele era lisa e macia, e cheguei a tocá-la com os lábios; em geral, detesto beijar a mão manchada e enrugada de senhoras idosas, e há muito tempo aprendi a voltar o polegar para cima ao lhes pegar a mão, para beijar a minha própria pele, e não a delas!

A Sra. Filipkiewicz era diferente, e disse que esperava que eu tivesse muitos bons momentos em Baniocha, especialmente quando a guerra acabar. Uma senhora legal!

<hr/>

A cada dia, eu fico mais indignado —
será que os alemães acham que
sairão impunes disso tudo?

<hr/>

SEXTA-FEIRA, 31 DE JANEIRO

Papai nos disse hoje que o outro trem cheio de prisioneiros de Pawiak foi levado para Auschwitz.

A cada dia, eu fico mais indignado — será que os alemães acham que sairão impunes disso tudo? Como é que podem tocar adultos como se fossem gado e levá-los dessa maneira em trens? Por que eles não fogem, ou, pelo menos, tentam escapar? Acho que eu preferiria morrer lutando do que ser tratado dessa maneira. Mas quando digo isso ao meu pai, ele responde que não é tão simples assim, e que eu não devia fazer críticas sobre coisas que não entendo.

SEGUNDA-FEIRA, 3 DE FEVEREIRO

Esta manhã, vi um grande furgão avançando lentamente em frente à nossa casa. Em cima, havia uma antena girando silenciosamente, e corri até o quarto de tia Stacha para lhe perguntar a respeito. Ela disse que os alemães, provavelmente, estavam tentando localizar equipamentos de rádio clandestinos, transmissores particulares. A busca continuou o dia inteiro, com centenas de policiais alemães dando busca de casa em casa no Baixo Zoliborz. Eles passaram direto por nós. Quer dizer, então, que alguém está tentando contar ao mundo o que está acontecendo aqui! Mas por que os Aliados não vêm e bombardeiam as ferrovias, por que não bombardeiam Berlim nem fazem *alguma coisa* para acabar com esse terror, essa humilhação e essa matança dos poloneses — sejam cristãos ou judeus?

SEGUNDA-FEIRA, 24 DE FEVEREIRO

Staszek, o rapaz que vive no nosso porão e cuida do forno, foi esta manhã à mercearia, como sempre, comprar leite e pão, mas não retornou. Eu saí para procurá-lo, e uma vizinha disse que achava que ele estava entre as pessoas detidas e levadas pelos alemães da Praça Wilson. Disse que, por ele ser jovem, forte e saudável, provavelmente está a caminho de um campo de trabalhos forçados na Alemanha. Fui encontrar o pai dele, um fabricante de violinos que usa o nosso porão como oficina. Ele estava envernizando seu mais recente instrumento, e, ao receber a notícia da prisão do filho, simplesmente se sentou no banco, segurou a cabeça com as mãos e chorou em silêncio. Eu não sabia como confortá-lo, e não falei nada, mas queria dizer a ele que também sentia muito e sentiria falta de Staszek. Ele era meu amigo, e nunca me tratava como criança, embora já fosse um homem.

—◦◦◦—

*Existe aqui na Polônia uma inerente e
perpétua fidelidade à causa perdida.*

—◦◦◦—

SÁBADO, 1º DE MARÇO

Hoje, de volta da escola para casa, saltei do bonde na Praça Inwalidow e fiquei perambulando por lá. Uma nova proclamação foi afixada, exortando todos os poloneses com treinamento militar a se apresentarem como voluntários para as unidades policiais que vão montar guarda nos campos de trabalhos forçados de

123 • 12 ANOS: 1941 – RECRUTADO PARA O EXÉRCITO DA RESISTÊNCIA

judeus e nos quartéis. Que vergonha, mas também que estupidez — não vão conseguir tais voluntários por aqui!

SEGUNDA-FEIRA, 3 DE MARÇO

Hoje, comemorei meu décimo segundo aniversário e tive a habitual conversa com meu pai na biblioteca. Atualmente, ele tem muito pouco tempo livre, mas passou a tarde comigo.

Stefan Zeromski é um dos autores preferidos do meu pai, que leu para mim um trecho do livro dele, *Reflexões de um marechal de campo*:

> Existe aqui na Polônia uma inerente e perpétua fidelidade à causa perdida, desconhecida em qualquer outra parte do mundo, gerada nos corações generosos, e que só pode ser vista em um grande ato, na honra incorruptível...

Em seguida, leu um trecho de um escritor polonês contemporâneo, Adam Prochnik:

> A medida da coragem depende do grau em que tenha sido um ato de vontade consciente. A história deve distinguir os atos acidentais de bravura dos que expressam as necessidades íntimas do homem.

Mamãe veio, então, juntar-se a nós, e meu pai começou a rememorar sua amizade com o presidente Starzynski. Segundo ele, Starzynski teve amplas oportunidades de se juntar ao governo polonês no exílio durante o cerco de Varsóvia. No dia 27 de setembro de 1939, quando os combates cessaram, o marechal Smigly-Rydz enviou um avião da Romênia a Varsóvia para buscar o general Rommel (comandante em chefe do Exército polonês) e Starzynski, e tirá-los da cidade. Eles se recusaram a receber tratamento diferente do resto do exército e da população civil, embora Starzynski, sobretudo, soubesse muito bem que Hitler não o perdoaria pelos comunicados radiofônicos anunciando ao mundo inteiro que os alemães estavam bombardeando os hospitais e matando civis.

*Começo a entender melhor o meu pai,
e me orgulho cada vez mais dele.*

Mais tarde, quando dei boa-noite à minha mãe, ela disse que papai não tinha contado tudo. Era evidente que Starzynski dissera a papai que fosse no seu lugar, mas ele se recusara. Começo a entender melhor o meu pai, e me orgulho cada vez mais dele. Antes da guerra, muitas vezes zombavam de mim na escola por ser um "burguês", e acho que, inconscientemente, eu culpava meu pai por ser o verdadeiro alvo desses insultos. Agora que já estou mais crescido, percebo como me sinto sortudo e feliz por ser seu filho.

*Fico perguntando o que os judeus fizeram aos alemães
para receberem um tratamento pior que o dos outros poloneses.*

TERÇA-FEIRA, 6 DE MARÇO

Hoje, o *Boletim de Informação** traz o anúncio da Resistência de que qualquer participação de poloneses em atividades antijudaicas será uma traição passível de punição com a morte, sendo a sentença baixada pelo Tribunal da Resistência. Fico perguntando o que os judeus fizeram aos alemães para receberem um tratamento pior que o dos outros poloneses. Sei que eles são diferentes, pois usam roupas diferentes e não falam a nossa língua, mas, como me lembra papai, isso só acontece no caso dos judeus ortodoxos — são ainda mais numerosos os que se vestem e falam como nós e vivem nos mesmos bairros de Varsóvia. Mas ser antissemita *agora* significa que a pessoa não só se volta contra outros do próprio país, mas que está ajudando os alemães, o que não consigo entender.

---

* Jornal clandestino publicado pela Resistência polonesa durante a guerra.

SÁBADO, 15 DE MARÇO

Hoje, ouvi tiros na Avenida do Exército Polonês e corri até a varanda para ver o que estava acontecendo. Os tiros se aproximaram, e um rapaz correu à garagem e me pediu que o escondesse. Eu o puxei para a varanda e o levei à sala de jantar, no exato momento em que chegavam policiais. Levei-o, então, para o sótão, onde costumava criar meus pombos. Ele se acalmou e, depois de algum tempo, pediu que eu verificasse se estava tudo bem, para poder ir embora.

SEGUNDA-FEIRA, 17 DE MARÇO

Czerniakow se encontrou com meu pai em seu escritório e lhe disse que tinha recebido uma carta de Fischer nomeando-o "prefeito" do Gueto. Papai diz que é mais um passo para o isolamento do Gueto pelos alemães.

QUARTA-FEIRA, 19 DE MARÇO

Fui à cidade. Todos os portões do Gueto agora estão fechados, e os bondes tiveram seus trajetos redirecionados para fora do muro. Os alemães realmente estão querendo isolar o Gueto do resto da cidade! Mas por quê?

O muro do Gueto, com arame farpado, divide a cidade.

Bondes passam por baixo da passarela ligando o Pequeno Gueto ao Grande Gueto.

Um dos portões do Gueto.

127 • 12 ANOS: 1941 - RECRUTADO PARA O EXÉRCITO DA RESISTÊNCIA

"Área fechada por motivo de epidemia. Autorizado apenas o tráfego de passagem."

*Só poderei falar de sexo quando for mais velho,
só poderei viver por conta própria quando for mais velho,
e agora fico sabendo que só poderei combater os
alemães quando for mais velho.*

QUINTA-FEIRA, 20 DE MARÇO

Esta noite, tive outra conversa com meu pai. Ele acha mais seguro eu ir viver em outro lugar — talvez fora da cidade. Eu disse que quero juntar-me aos partisans na floresta. Sei que ele ficou feliz e orgulhoso por eu me sentir assim, mas bateu o pé e disse que ainda preciso crescer um pouco. Às vezes, penso que teria sido bom se papai *tivesse mesmo* deixado a Polônia e me levado. Talvez, no Ocidente, eu pudesse entrar para as Forças Polonesas e aprender a lutar contra os malditos alemães, em vez de ficar aqui parado, numa casa cheia de mulheres velhas. O tempo todo estão me dizendo: "Quando você for mais velho..." Só poderei falar de sexo quando for mais velho, só poderei viver por conta própria quando for mais velho, e agora fico sabendo que só poderei combater os alemães quando for mais velho.

QUARTA-FEIRA, 2 DE ABRIL

Hoje, para minha total surpresa, meu antigo mestre de escotismo, Ludwik Berger, veio aqui em casa conversar com meus pais. Está tudo acertado: eu vou morar na casa dele. Fiquei muito animado com a decisão, e vou imediatamente arrumar umas coisas e partir esta noite. Quer dizer, então, que os pais, às vezes, nos ouvem e respeitam nossos desejos! Papai realmente é especial, e fico ao mesmo tempo feliz e grato por ele entender que preciso me livrar dessa companhia sufocante de mulheres velhas.

QUINTA-FEIRA, 3 DE ABRIL

O apartamento de Ludwik fica na Rua Czarniecki; na verdade, bem perto da Rua Felinski.

Minha nova moradia é um simpático quartinho sob o telhado, com paredes inclinadas. Até o meio-dia, o sol brilha na escrivaninha, nas paredes e no aquecedor azulejado. Pombos pousam debaixo da janela do meu sótão e me acordam cedo com seus arrulhos e gargarejos. Sinto falta dos meus pombos brancos, mas esses serão meus amigos.

O apartamento é pequeno. Além de Ludwik, duas irmãs na faixa dos 20, Stefa e Ola, também moram aqui; há um menininho, filho de Ludwik, Marek, de 8 anos; e uma velhinha muito miúda,

A casa de Ludwik na Rua Czarniecki.

avó de Stefa e Ola. Perguntei à velha senhora onde estava a mãe de Marek. Ela me disse que Ludwik e sua mulher se separaram há algum tempo, e que ela agora está vivendo fora de Varsóvia.

No apartamento, também vive um lindo e divertido gato angorá. Em geral, prefiro cães, mas acho que vou gostar desse gato.

SEXTA-FEIRA, 4 DE ABRIL

Ludwik foi o meu instrutor de escotismo antes da guerra, e eu ainda o respeito.

Ludwik é alto, com fartos cabelos negros. Tem um olhar direto e nos olha bem nos olhos. Uma extraordinária coragem transparece de seus belos traços nervosos. Ele sorri pouco, mas tem uma voz imperiosa e excelente dicção, e, quando fala, é com determinação e convicção. Mas nunca para muito tempo num só lugar.

Meu mestre de escotismo, Ludwik Berger — 1942.

Ludwik, em geral, usa um longo sobretudo cintado com um par de botas de oficial polonês, mas raramente está de chapéu.

Praticamente nada sei sobre a vida pessoal de Ludwik. Ele não fala muito de si ou da família, exceto para contar que, antes da guerra, trabalhava na famosa Escola de Teatro Reduta. Stefa me conta que as peças que ele produzia se caracterizavam por um ardente patriotismo. Acho que ele é um líder nato.

SÁBADO, 5 DE ABRIL

Hoje, encontrei Ola no jantar. Stefa tinha preparado a refeição, e disse que lamentava não dispor de mais. Mas Stefa é alegre, e eu gosto muito dela. Ela me trata como adulto e como um amigo.

Stefa e Ola são filhas de um respeitado médico e líder comunitário judeu. Stefa é uma intelectual, ao passo que sua irmã Ola é mais atlética; ela dava aulas de educação física numa escola secundária de meninas. Durante o ataque de 1939, Ola demonstrou grande coragem na defesa de Varsóvia e foi para as barricadas ajudar a tratar dos ferimentos dos soldados.

Stefa — 1946.

Toda vez que me pediam orientação, eu me divertia mandando os alemães na direção errada.

Oficiais alemães conversando numa rua de Varsóvia.

131 • 12 ANOS: 1941 - RECRUTADO PARA O EXÉRCITO DA RESISTÊNCIA

Homens e mulheres poloneses enforcados pelos alemães.

QUINTA-FEIRA, 10 DE ABRIL

Continuo fazendo meus percursos diários pelas ruas da cidade. Elas parecem cada vez mais congestionadas com o tráfego militar alemão; e eu não perco uma oportunidade de desorientá-los, mexendo na sinalização das ruas. Longos comboios têm passado pela cidade, e a Polícia Militar alemã se posiciona em todos os principais cruzamentos para orientá-los. Eu me plantei hoje na Praça Wilson, e toda vez que me pediam orientação, eu me divertia mandando os alemães na direção errada, mas espero que em breve possa fazer mais contra os alemães do que desperdiçar a sua gasolina e o seu tempo!

Fuzilamento de poloneses por oficiais alemães.

SÁBADO, 3 DE MAIO

Hoje é o Três de Maio. Todo mundo está comentando sobre o discurso de Winston Churchill transmitido pela rádio da Resistência. Ele disse:

> Os pelotões de fuzilamento de Hitler estão diariamente em ação em uma dúzia de países. Às segundas-feiras, eles fuzilam holandeses; às terças, noruegueses; às quartas, os franceses e os belgas é que são postados contra o muro; quinta-feira é o dia de sofrimento dos tchecos; e agora há também os sérvios e os croatas para fazer cumprir seu repulsivo programa de execuções. Mas, todo dia, sempre há poloneses.

Se os Aliados sabem o que está acontecendo conosco, devem estar planejando vir nos ajudar em breve.

Alemães posando diante de sua obra.

Resultado de uma das inúmeras execuções em massa.

QUINTA-FEIRA, 5 DE JUNHO

Ao chegar em casa hoje, ouvi papai sussurrando com mamãe a respeito do tio Norbert. Corre um boato de que alguém fugiu de Auschwitz, e a notícia é que tio Norbert participou da organização de um grupo da Resistência no campo. Embora esteja doente e muito fraco, ele ainda desempenha um papel importante no movimento da Resistência. Ficamos sabendo que os outros prisioneiros estão fazendo o possível para ajudá-lo e cuidar dele. Fiquei feliz com essa notícia, claro, e continuo rezando para que meu tio consiga sobreviver. Mas, pelo jeito como as pessoas falam das terríveis condições nesses campos, receio que ele não consiga.

Arbeit Macht Frei (O Trabalho Liberta) — entrada de Auschwitz.

DOMINGO, 22 DE JUNHO

Os jornaleiros estão à solta pelas ruas, gritando: "Extra, Extra!" Saí correndo e chamei um deles. Ele me entregou o *Novo Correio de Varsóvia*.

PROCLAMAÇÃO DE HITLER!, exclamava a manchete. HOJE, INÍCIO DAS OPERAÇÕES MILITARES DO MAR DO NORTE AO MAR NEGRO! E mais adiante, no noticiário: "A maior concentração de exércitos na história mundial!"

Fui correndo para casa e mostrei o jornal a Ludwik. Ele ficou muito agitado, exclamou: "É o início do fim!" e saiu de casa na maior pressa.

Agora então chegou a vez dos russos, e *essa* é uma excelente notícia!

———————

Não posso dizer que, de fato, eu queira morrer,
mas agora entendo que há épocas
em que devemos estar preparados para isso.

———————

SÁBADO, 12 DE JULHO

Ludwik e eu tivemos uma longa conversa, e ele me revelou algo que eu não sabia — a existência de uma organização militar secreta, a União para a Resistência Armada (Zwiazek Walki Zbrojnej, ou ZWZ). Perguntou se eu gostaria de aderir para combater os alemães. Fiquei empolgado e imediatamente aceitei, claro.

TERÇA-FEIRA, 15 DE JULHO

Ludwik está me preparando para ser um combatente da Resistência. Hoje me introduziu no trabalho de conspiração do Exército da Resistência, enfatizando a óbvia necessidade de total segredo e disciplina, e, acima de tudo, de entregar a própria vida na luta pela liberdade. Não posso dizer que, de fato, eu queira morrer, mas agora entendo que há épocas em que devemos estar preparados para isso, para poder salvar outros dos alemães.

135 • 12 ANOS: 1941 – RECRUTADO PARA O EXÉRCITO DA RESISTÊNCIA

*A partir daquele momento, comecei a
lutar de verdade contra o inimigo.*

SÁBADO, 19 DE JULHO

Hoje foi um dos dias mais importantes da minha vida. Ludwik veio falar comigo à noite e disse que eu pegasse a minha jaqueta e o meu boné para acompanhá-lo. Como já estava em vigor o toque de recolher, evitamos as ruas iluminadas e fomos avançando silenciosamente pela Rua Czarniecki, atravessando a ampla faixa verde que divide a Rua Krasinski, passando por uma estreita rua residencial e descendo na direção do Vístula, até chegarmos à cobertura protetora do Parque Baixo, perto da margem do rio.

Em meio aos arbustos por trás dos pinheiros, éramos esperados por alguns indivíduos. Aparentemente, o grupo já sabia que eu me juntaria a ele. Para minha grande surpresa, fiquei sabendo que Ludwik, meu tutor, é o comandante.

A cerimônia teve início.

Primeiro, a senha: "Honra."

Depois, a resposta: "Serviço."

Um homem se adiantou, postou-se diante de Ludwik e comunicou: "Grupo preparado para o juramento, senhor!"

Ludwik assumiu o comando e ordenou que o grupo se perfilasse. Então, eu me dei conta de que não era o único que estava ali para prestar juramento.

No pequeno quadrado entre as fileiras de arbustos, o silêncio era quase total. Ouvia-se apenas o farfalhar das folhas, e, de vez em quando, víamos os faróis dos veículos passando por cima do dique. Vieram, então, as ordens:

"Em forma!"

"Pela direita, perfilar!"

"Sentido!"

E depois a ordem solene: "Preparar para o juramento."

A formação mantinha-se impassível, todos com a cabeça descoberta e fazendo o sinal de continência. E, então, soaram ali, bem no coração do

Governo-Geral — na Polônia Ocupada — as palavras do juramento do soldado:

> Na presença de Deus Todo-Poderoso, juro que defenderei fielmente e até o fim a honra da Polônia. Lutarei para libertar o país da escravidão com todas as minhas forças, se necessário com o sacrifício da minha vida. Obedecerei sem ressalvas todas as ordens da União e guardarei total segredo, não importa o que possa me acontecer.

E veio a resposta ao juramento:

> Eu o aceito nas fileiras dos soldados pela liberdade. Seu dever será lutar de arma em punho pelo renascimento do nosso país. A vitória será a sua recompensa. A traição será punida com a morte.

As palavras do juramento e da resposta se perderam e nós continuamos imóveis, cada um sonhando o mesmo sonho: a reconquista da liberdade e da independência da Polônia.

Os comandos militares "Companhia!" e "Descansar" subitamente nos trouxeram de volta à realidade.

Depois da ordem de dispersar, os novos combatentes da liberdade se separaram sob a proteção da noite e dos arbustos. A partir daquele momento, comecei a lutar de verdade contra o inimigo.

Voltei para casa com Ludwik, mas nenhum de nós disse uma palavra.

TERÇA-FEIRA, 22 DE JULHO

Hoje, fui à primeira reunião secreta. Subi a Avenida do Exército Polonês prestando bastante atenção em todo mundo que passava por mim. A reunião ocorreu na casa do cabo "Boruta" (Diabo), aonde cheguei no meio da tarde.

"Boruta" nos informou sobre as regras de segredo e nos transmitiu as regras básicas. Não devemos conhecer os nomes verdadeiros uns dos outros, nem os endereços ou outras formas de identificação; cada um de nós deve adotar um pseudônimo de livre escolha; e não devemos nos encontrar com outros do grupo, exceto em raras ocasiões.

A principal missão de grande parte da Resistência é treinar e preparar para o Levante — estar preparado para a luta aberta. No momento, as ações diretas contra os alemães são efetuadas apenas por grupos especiais.

Seremos treinados como infantaria, com especial atenção para o combate urbano, e preparados para as ações especiais que empreenderemos como membros da Seção de Mensageiros. De vez em quando, haverá manobras fora da cidade.

Nossa seção consiste em cinco pessoas, sem contar o comandante, o cabo "Boruta". Seu pseudônimo combina muito bem com ele. Magro, muito alto, os ombros meio curvados, nariz adunco, ele realmente parece diabólico! Adotei o pseudônimo de "Chojnacki", em homenagem a um dos meus tios feito prisioneiro pelos alemães em 1939.

Como a escolha do pseudônimo é livre, a maneira de fazê-lo depende da imaginação de cada um. Alguns o escolhem na história ou na literatura; outros usam nomes bíblicos ou estrangeiros, ou então escolhem aleatoriamente nomes de animais, lugares e batalhas.

QUINTA-FEIRA, 14 DE AGOSTO

Hoje, encontramos o comandante do nosso pelotão, o tenente "Wladyslaw"; ele nos deu informações sobre a companhia a que pertencemos. O nome do nosso pelotão é "Walecznych" (Valente), a nossa companhia é "Orzel" (Águia) e o nosso batalhão, "Baszta" (Torre), o Batalhão do Estado-Maior. O comandante da companhia é "Michal" (Ludwik), e eu fui designado como o seu mensageiro.

QUARTA-FEIRA, 20 DE AGOSTO

Ludwik está passando muito tempo no Parque Baixo, cujos jardins margeiam o Vístula, mas o rio não pode ser visto por causa do dique de terra. As ruas de Zoliborz descem até o Parque Baixo, que se divide em pequenos terrenos. Cada um deles é atribuído a uma família, geralmente vivendo nas Cooperativas de Habitação. São terrenos retangulares realmente minúsculos, mas cada um tem um pequeno galpão de ferramentas e, às vezes, também um banco.

As famílias comparecem aos domingos para lavrar seus lotes. O solo é rico e arenoso e, com um pouco de água, cada terreno pode atender às necessidades de alimentação da família. Grossos rabanetes vermelhos, tomates, repolhos, morangos — qualquer coisa que a família queira plantar parece dar.

Numa das extremidades, onde se encontram vários caminhos, os principais utensílios são guardados num galpão maior. Como administrador dos jardins, Ludwik instalou a sua base nele. É ali que ele trabalha, as pessoas o conhecem e podem verificar sua identidade. E parece que gostam dele.

DOMINGO, 24 DE AGOSTO

Hoje, fui lembrado de que os membros da Resistência só podem usar nome falso. Assim, se alguém for apanhado, torturado e não aguentar, só entregará os pseudônimos.

Ludwik lembrou que isso dificulta que sejamos localizados pelos alemães. Ele também diz que é importante mantermos nossos documentos de identidade absolutamente em dia. São poucos os integrantes da Resistência que não devem sua vida ao fato de terem sido capazes de comprovar um emprego legal ao serem interpelados.

Praticamente todos os membros da unidade de Ludwik podem comprovar um trabalho "legal", e meu pai forneceu empregos e documentos de trabalho para muitos deles. A cobertura legal é essencial tanto para civis quanto para membros da União para a Resistência Armada: na nossa companhia, há condutores de bonde, secretárias, encanadores e outros funcionários da prefeitura. Nosso coronel é um "lixeiro", nosso major, um "contador", e o cabo "Boruta" é "bombeiro".

No seu "passaporte", Ludwik aparece nos trajes adequados ao papel que deve desempenhar — supervisor de um parque. Seus documentos foram impressos e assinados sob direta supervisão alemã e carimbados pela prefeitura. Fico me perguntando se não foi meu pai que arranjou para ele.

SEGUNDA-FEIRA, 25 DE AGOSTO

Ludwik percorre a pé os três quilômetros do Parque Baixo à Rua Czarniecki em todos os tipos de ritmo. Hoje, eu notei que ele não avançava no passo de sempre, mas caminhava lentamente e com certa rigidez. Ao entrarmos em casa, ele rapidamente tirou o casaco e pegou embaixo de cada um dos braços uma pistola Colt, depositando-as na mesa. Ficamos todos pasmos e horrorizados, até o pequeno Marek. Claro que não íamos fazer nenhuma pergunta, e ele simplesmente disse: "Jogados de paraquedas."

Ludwik já tinha preparado um esconderijo para elas num vão debaixo do piso da sala de estar, que então nos mostrou. Ele está correndo um risco, mas aqui não pode haver segredos — nem mesmo diante da curiosidade do pequeno Marek.

SÁBADO, 20 DE SETEMBRO

O outono chegou. Hoje, eu fui com a minha mãe a Praga; tia Zosia nos chamou. Lá, encontramos cinco pessoas: uma família judia de Lwow — o Dr. Jan Lozinski, com seus 60 anos; sua esposa, Zofia; o filho do casal, Jan, de 20 anos; a filha Krystyna, de 24; e o marido de Krystyna, Jacek, um médico, de 28 anos. Eles estão procurando um lugar para morar, e o apartamento de tia Zosia é pequeno demais. Ela e mamãe decidiram acomodar o doutor no quarto vazio e encontraram um lugar no apartamento de cima para o filho; os outros três voltaram com a mamãe para a Rua Felinski. Minha mãe sabe que não é seguro para a família ficar na nossa casa por muito tempo, por causa das frequentes batidas da Gestapo, e assim pretende encontrar um lugar para Krystyna e Jacek junto a alguns amigos em Zoliborz. Irá então com a Sra. Lozinski para Baniocha.

---

*Parece que o mundo inteiro está
desabando ao meu redor.*

DOMINGO, 5 DE OUTUBRO

Tia Zosia veio visitar minha família esta manhã. Estava muito agitada e disse que, três dias antes, seu novo "convidado" tinha saído para caminhar com o filho, Jan. Estavam a certa distância da casa quando viram dois policiais alemães caminhando na sua direção. Jan começou a correr, e os alemães imediatamente abriram fogo e o atingiram. O doutor conseguiu fugir, e mais tarde voltou para o apartamento de tia Zosia e desmaiou.

No dia seguinte, disse ela, a Gestapo bateu de casa em casa, tentando descobrir quem vivia nelas e levando muitas pessoas. Também foram ao seu apartamento. Tia Zosia estava trabalhando no hospital, mas voltou a tempo de colocar o Dr. Lozinski numa poltrona e cobri-lo com um cobertor, para ficar parecendo um homem muito velho e doente. Quando a Gestapo entrou, tia Zosia, ainda com o uniforme de enfermeira, disse que ele estava com tifo. Os homens da Gestapo saíram apressadamente, sem incomodar, mas depois disso o Dr. Lozinski não quis mais sair.

QUARTA-FEIRA, 15 DE OUTUBRO

Um mensageiro chegou aqui em casa no início da tarde com um telegrama para tia Stacha, com notícias do tio Norbert. Era o anúncio da morte dele em Auschwitz. Sem nenhum detalhe, nem mesmo a data da morte. Meus pais e eu estamos chocados, de coração partido. Todos nós esperávamos que tio Norbert conseguisse sobreviver e recuperar a liberdade. Fui ver tia Stacha em seu quarto, e a encontrei lustrando absurdamente os móveis, ainda sob o efeito do choque.

"Tio Norbert morreu", falei, chorando.

Tia Stacha não respondeu. Não tinha a menor expressão no rosto, e seus olhos pareciam piscinas azuis vazias. Ela continuou lustrando os móveis, movendo-se calada, como se eu não estivesse ali. Sentei-me calado também por alguns momentos e depois saí, para caminhar sozinho. Parece que o mundo inteiro está desabando ao meu redor, e não consigo aceitar que titio tenha partido.

DOMINGO, 2 DE NOVEMBRO

Hoje é Dia de Finados. Um amigo do tio Norbert veio aqui em casa visitar meu pai esta noite. Conversou por pouco tempo com meu pai no escritório e se foi.

Papai saiu, pálido, segurando um envelope, e fez um gesto para que eu o acompanhasse até o quarto da tia Stacha. Entregou-lhe o envelope, contendo alguns papéis e lembranças do tio Norbert, além da informação de que ele morrera de fraqueza e desnutrição em Auschwitz. Ele tinha companheiros leais no campo, mas seu trabalho na cozinha — que haviam conseguido para ele para poupá-lo de trabalhos mais duros ao ar livre — não o protegera da brutalidade da vida ali, e ele faleceu no dia 21 de setembro.

141 • 12 ANOS: 1941 – RECRUTADO PARA O EXÉRCITO DA RESISTÊNCIA

Este ano havia mais almas a lembrar do que nunca.

Túmulos improvisados em frente à Igreja de Santo Aleksander, na Praça das Três Cruzes.

Fui para a sala de estar e me sentei junto a minha janela favorita. Os primeiros flocos de neve caíam sobre o tapete de folhas douradas. O inverno chegava antes mesmo do fim do outono, e eu já estava gelado.

Quando as lâmpadas noturnas começaram a acender, notei que as pessoas passavam diante da janela carregando pequenas lanternas. Os alemães tinham suspendido o toque de recolher no Dia de Finados. Decidi sair de casa em busca do ar da noite, e fui botar o meu chapéu e o meu casaco. A neve caía em enormes focos de cristal, suave e silenciosamente, sobre as pessoas nas ruas a caminho do Cemitério Powazki.

Fui até a Avenida do Exército Polonês. Chegando ao alto da avenida, eu me vi em meio a uma multidão se encaminhando para o Cemitério Powazki. Este ano havia mais almas a lembrar do que nunca.

Acompanhando a crescente multidão, percorri avenidas e ruas até chegar à ampla calçada junto ao alto muro de tijolos que cerca o cemitério. Em frente ao portão que dá para o campo, estavam sentadas mulheres de idade com seus lenços tipo *babushka* na cabeça, vendendo flores, coroas e velas. Milhares de velas dispostas dentro de vidros para protegê-las das lufadas de vento iluminavam os caminhos cobertos de neve, representando cada uma daquelas minúsculas chamas uma homenagem a um ente querido falecido.

No portão principal, comprei duas coroas simples de loureiro e fui caminhando até a parte do cemitério onde está o túmulo dos meus avós. Encontrei a laje de granito lavrado e nela depositei uma das coroas; a outra continuei carregando debaixo do braço enquanto andava sem rumo em meio à multidão percorrendo as aleias.

Ao sair do cemitério, fui caminhando pelas fileiras de incontáveis cruzes simples com capacetes de aço que assinalavam os túmulos dos defensores da cidade — identificando as patentes, os regimentos e os nomes dos soldados tombados. Ao lado de uma delas, depositei a outra coroa — para meu tio Norbert. Tal como os soldados, ele dera a vida em defesa do seu país.

QUINTA-FEIRA, 13 DE NOVEMBRO

Hoje, bombardeiros soviéticos furaram as defesas aéreas alemãs e despejaram bombas no centro da cidade. Atingiram os pátios da ferrovia e alguns prédios de apartamentos. Agora somos atacados também pelo ar, além de sermos atacados por terra!

QUINTA-FEIRA, 20 DE NOVEMBRO

Os alemães estão deslocando o muro, reduzindo e dividindo o Gueto. Indo hoje à igreja na Rua Leszno, vi que partes do velho muro tinham sido

143 • 12 ANOS: 1941 - RECRUTADO PARA O EXÉRCITO DA RESISTÊNCIA

derrubadas. Perguntei a alguns amigos, e eles disseram que um novo muro estava sendo levantado nessa área, para reduzir o Gueto. Ninguém sabe o que isso quer dizer, e acho que tememos saber.

QUINTA-FEIRA, 27 DE NOVEMBRO

Nosso treinamento de campo começou. Esta manhã, por volta de sete horas, saímos com mochilas e equipamentos e fomos para a Estação Ferroviária Varsóvia-Gdansk esperar o trem que nos levaria a Choszczowka, lugarejo numa área de densas florestas não longe de Varsóvia.

Nós nos reunimos debaixo do viaduto da estação. As leves rajadas de neve da noite anterior tinham parado, mas estava terrivelmente frio. Enquanto esperávamos o trem, vimos chegar um dos muitos longos trens de transporte de tropas vindos da frente russa, que agora estava congelando perto de Moscou. Quando os vagões foram parando, uma cena macabra se desenrolou diante dos nossos olhos.

O trem parecia estranhamente silencioso, e não se viam rostos pelas amplas janelas dos compartimentos de passageiros. Em vez disso, vimos pelas vidraças cobertas de geada filas e filas de camas com corpos imóveis envoltos em branco — cabeças em turbantes brancos, braços e pernas envoltos em ataduras brancas e apoiados ou suspensos em tração. Os corpos congelados dos soldados feridos, alguns ainda vestindo partes de seus uniformes de combate, sacudiam ligeiramente enquanto o trem estremecia e parava.

Nem assim, à exceção do chefe da estação, com seu boné vermelho, e de duas enfermeiras alemãs de branco, havia qualquer sinal de vida na estação. O vapor por baixo da barriga quente da máquina emitia um apito solitário. Parecia que até nós ficávamos congelados vendo aquele trem fantasma. Até que a bandeira vermelha subiu e, com um silvo de cortar o coração, o trem seguiu adiante com sua carga fantasmagórica. Ele saiu do nosso campo de visão ao passar pelo muro coberto de arame farpado do Gueto.

Depois, entramos no nosso trem para Choszczowka e seguimos em silêncio para o nosso destino.

Ao chegar, fomos direto em grupos de quatro para o local predeterminado do encontro, para dar início a nosso árduo treinamento — marchar, atacar, invadir e fazer reconhecimento de terreno. Por trás das árvores, podíamos ver aqui e ali outros grupos fazendo os mesmos exercícios.

Às quatro horas, tomamos o trem de volta para casa. Ao cair do sol, a paisagem de inverno se movia diante de nossos olhos num lento borrão, enquanto o trem parava nas muitas pequenas estações a caminho de Varsóvia. Eu repetia mentalmente a lista de disciplinas militares do dia quando meu corpo exausto levou a melhor, e adormeci.

O Japão declarou guerra à Grã-Bretanha e aos Estados Unidos. Ainda terei muitas oportunidades de lutar antes que tudo acabe.

SEGUNDA-FEIRA, 8 DE DEZEMBRO

Hoje, Ludwik voltou para casa exultante. Disse que saiu nos jornais que o Japão declarou guerra à Grã-Bretanha e aos Estados Unidos. Agora os alemães terão de se juntar a seus aliados do Extremo Oriente, o que afinal levará a guerra rapidamente ao fim!

A América parece tão distante para mim — fico tentando imaginar como será a guerra agora. Nem sei que tipos de navios e aviões americanos e japoneses têm. Não entendo o que os japoneses podem estar pensando. Será que acham que são capazes de derrotar o Império Britânico e a potência industrial americana juntos?

Perguntei a Ludwik, mas ele parece tão intrigado quanto eu. Disse que eu não me preocupasse — ainda terei muitas oportunidades de lutar antes que tudo acabe. Espero que ele esteja certo!

SÁBADO, 20 DE DEZEMBRO

Vim para a Rua Felinski por alguns dias, e mamãe voltou de Baniocha, fazendo preparativos para o Natal. Não há muita comida, embora os alemães estejam dando um quilo extra de pão e três ovos por pessoa para o feriado. Como são generosos!

QUINTA-FEIRA, 25 DE DEZEMBRO

Vou passar o Natal com a família. São várias cadeiras vazias em torno da mesa, e todo mundo está muito desanimado.

Tia Stacha se recusou a participar do jantar de Natal, mas me chamou no seu quarto e me entregou um envelope. Disse que era do tio Norbert e que queria que eu o guardasse como lembrança dele.

Depois do jantar, fui para o meu quarto e abri o envelope. Era um poema, o último escrito por tio Norbert:

Eu poderia apressar a morte
E fugir do campo
Onde o medo rasga as últimas luzes…
Mas vou esperar.
Que o destino siga seu curso
A alma não se desonrará
Nas cinzas do medo.
Depois da minha morte, do túmulo solitário
Desejo que uma flor gélida cresça
E volte a olhar orgulhosa
Para as nuvens de infortúnio
Para alturas cambiantes
Provando que não há arrependimento
No meu caixão.

Estou sozinho!
Choro em vão
Sozinho e indefeso
Como uma folha seca.
Os ventos do deserto
Estão me carregando
Estou morrendo!
Coração, tenha coragem
Nesta tribulação final.

Senti um terrível aperto no peito, como se fosse explodir. E, então, chorei.

13 anos

1942

Missão secreta no Gueto

*Estou decidido a lhes mostrar que os
mais jovens podem lutar como homens.*

Judeus detidos pela polícia alemã.

QUINTA-FEIRA, 1º DE JANEIRO

Avisos apareceram nas ruas e praças de Varsóvia. Todos os esquis e botas de esqui disponíveis no Governo-Geral devem ser entregues. Num desses avisos já foi sobreposto um enorme "1812" — todos sabem da batalha entre o poderoso Exército Alemão e o inverno russo.

SEXTA-FEIRA, 2 DE JANEIRO

A exigência de equipamentos de inverno também foi publicada hoje no *Novo Correio de Varsóvia*:

> No momento, nossos soldados precisam de esquis para suas sangrentas batalhas contra o Exército Vermelho, a ferramenta da judiaria comunista internacional. Sua cooperação no fornecimento dos necessários esquis e botas de esqui permitirá que o soldado alemão ponha fim a essa ameaça de uma vez por todas. Uma cruel ameaça pesa sobre a cabeça de cada criança, de cada mulher e de cada homem em toda a Europa civilizada...

DOMINGO, 4 DE JANEIRO

Hoje, tive de escalar um monte de neve num frio terrível a caminho da casa do professor Lewandowski, na Rua Mickiewicz. Passando pela Praça Wilson, vi um grupo de pessoas reunidas em torno dos pequenos aquecedores a carvão instalados pela prefeitura nas praças de Varsóvia. Encontrei o professor em sua sala de estar com um cachecol e luvas de lã, deixando aparecer apenas as pontas dos dedos. A casa não tinha aquecimento, pois sua magra quota de carvão acabou em dezembro. Ele tinha usado as últimas pás para se manter aquecido nas festas de fim de ano. O professor me recebeu com um sorriso e me levou para a cozinha, em cujo piso estavam os restos de cinco pares de esquis envernizados. Todos tinham sido cortados em pedaços de 50 centímetros.

Não pude deixar de rir ao me deparar com o meu sério professor bancando o travesso. E muito esperto, pois agora os alemães não ficarão com os seus esquis e ele terá o que colocar na lareira!

> *A nova função do Exército da Pátria será a guerra de libertação, culminando num Levante nacional.*

QUINTA-FEIRA, 15 DE JANEIRO

Hoje, Ludwik me mostrou seu poema favorito de Krasinski:

> Uma voz chamou no céu eterno
> Quando ao mundo dei um filho
> E a ti, Polônia, o entrego.
> Era meu único filho — e será,
> Mas em ti meu propósito com Ele vive.
> Seja a verdade, como Ele é, em toda parte
> De ti faço minha filha!
> Quando desceste ao túmulo
> Eras, como Ele, parte da espécie humana.
> Mas agora, neste dia de Vitória,
> Teu nome é: Toda a Humanidade.

Eu fiquei surpreso mas feliz, pois Ludwik raramente compartilha algo pessoal comigo.

SEGUNDA-FEIRA, 16 DE FEVEREIRO

A Imprensa da Resistência afirma que o general Sikorski reorganizou a União para a Resistência Armada (Zwiazek Walki Zbrojnej, ou ZWZ), transformando-a no Exército da Pátria (Armia Krajowa, ou AK).

Isso explica por que o Exército da Resistência alcançou uma força organizacional muito além do necessário para simples operações de resistência. A nova função do Exército da Pátria será a guerra de libertação, culminando num Levante nacional.

Ludwik me disse que o Batalhão "Baszta", originalmente apenas um grupo de combatentes da Resistência que ele ajudou a organizar logo depois da campanha de 1939 e que se tornou uma importante unidade do Exército da Pátria, ganhará mais três companhias. Ludwik está no comando de uma delas, a nossa companhia, "Orzel", e diz que agora o nosso treinamento militar será muito mais frequente e intenso.

Ludwik não mede esforços para adquirir armas de sargentos alemães e ucranianos das unidades de suprimento, com fundos fornecidos pelo Exército da Pátria. Essas armas, assim como as que são recebidas de paraquedas, são guardadas em depósitos secretos espalhados por Zoliborz.

A companhia está crescendo — novas seções, novos destacamentos, novos pelotões e muitos novos recrutas. Até agora, nossa companhia consistia apenas em antigos membros das unidades de escotismo comandadas por Ludwik antes da guerra. Pois agora inclui muita gente no fim da adolescência e no início da casa dos 20, mas todos igualmente precisamos demais de treinamento militar. Espero não decepcioná-los — e estou decidido a lhes mostrar que os mais jovens podem combater como homens.

SEXTA-FEIRA, 20 DE FEVEREIRO

Hoje, estive com mamãe. Ela me disse que a Resistência perguntou a papai se ele não deixaria o país num avião que o levaria a Londres. Papai tornou a recusar. Acha que pode servir melhor à causa da Polônia se ficar no país.

SÁBADO, 21 DE FEVEREIRO

Está frio, frio, frio. Stefa me disse que viu uma inscrição na estátua de Copérnico, em frente à delegacia da Polícia Azul, dizendo que ele era alemão. Que descaramento!

TERÇA-FEIRA, 24 DE FEVEREIRO

Hoje almocei na Rua Felinski. Na volta, vi uma nova proclamação na Praça Wilson, assinada por Fischer e dizendo que "vândalos" retiraram a inscrição da estátua de Copérnico. Em retaliação, Fischer ordenou que a estátua de Kilinski, na Praça Krasinski, seja derrubada.

152 • A COR DA CORAGEM - CAPÍTULO 4

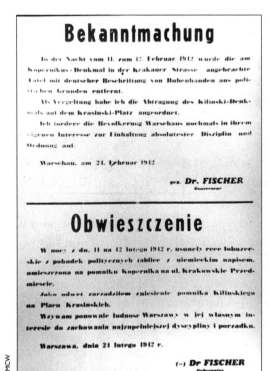 

Ordem de Fischer para retirar a estátua de Kilinski da Praça Krasinski.

SÁBADO, 28 DE FEVEREIRO

Pobre papai — com todos os seus problemas para tentar salvar o maior número possível de vidas e enfrentar as medidas de repressão dos alemães, ele agora também tem de lutar contra os alemães para preservar os monumentos da cidade, que eles ameaçam destruir. (A exceção é a estátua de Kilinski, que removeram para o porão do Museu Nacional.) Nós, poloneses, sempre nos orgulhamos de nossa herança e dos heróis da nossa história. Destruir nossos monumentos seria um severo golpe para o nosso moral.

TERÇA-FEIRA, 3 DE MARÇO

Hoje, comemorei meu décimo terceiro aniversário, e papai conseguiu passar um tempo comigo. Disse que recebeu ordens diretas da Wehrmacht — todas as estátuas da cidade terão de ser derretidas. Papai foi falar com Leist, o alemão está irritado porque a Wehrmacht está dando ordens sem consultá-lo. Tão furioso, na verdade, que autorizou meu pai a mandar listar uma a uma. Sorrindo, papai me disse: "Levará meses, talvez anos!"

*Eu me orgulho muito da maneira como mamãe
está enfrentando os tempos de guerra,
provavelmente eu a subestimava.*

TERÇA-FEIRA, 31 DE MARÇO

A situação alimentar na Polônia é terrível, e os alemães estão tomando tudo. Agora não há mais o que vender, e minha mãe tem de trazer sacos de batatas e de açúcar do interior, viajando em trens superlotados e tentando escapar de controles da polícia ao se aproximar das estações. Quando vê uma patrulha, ela tem de jogar a preciosa comida pela janela para não ser presa e deportada para um campo de concentração. Eu me orgulho muito da maneira como mamãe está enfrentando os tempos de guerra, provavelmente eu a subestimava.

SEGUNDA-FEIRA, 6 DE ABRIL

Mamãe me falou mais dos esforços que estão sendo feitos, especialmente pelas mulheres, para conseguir comida para nós. O contrabando de comida para Varsóvia é feito, principalmente, por mulheres como a minha mãe. Elas contrabandeiam bacon e outros alimentos embalados e escondidos por baixo das roupas, ou em valises e bolsas, para serem consumidos pelas famílias. Já os contrabandistas profissionais transportam entre 100 e 200 quilos de alimentos em esconderijos nos vagões ferroviários, por baixo do piso, por trás das paredes e até na própria locomotiva. Há também alguns contrabandistas em larga escala, tanto dentro quanto fora do Gueto. Em cumplicidade com alemães subornados, eles contrabandeiam comida por trem e caminhões até a cidade, e até para o Gueto. Esses poucos estão ganhando fortunas com a infelicidade dos outros.

Revista de rua.

Um grupo de contrabandistas do Gueto.

QUINTA-FEIRA, 16 DE ABRIL

Fui à cidade ver pessoalmente os resultados desse empenho todo. Existem alguns grandes mercados negros em Varsóvia, sendo o mais famoso o da Praça Kerceli. Nele, em meio a uma enorme algazarra, uma verdadeira multidão perambula entre os quiosques de madeira oferecendo alimentos e artigos a preços exorbitantes. Apesar dos lucros, é um negócio perigoso, pois, muitas vezes, a praça é cercada por policiais armados que confiscam os artigos, destroem e queimam os quiosques, detêm os contrabandistas e os deportam para a Alemanha. Mas não adianta muito: no dia seguinte, entre as ruínas fumegantes, novos quiosques e novos vendedores tomam o lugar dos que ali estavam.

—◊◊◊—

Sabemos que há soldados alemães que vendem qualquer coisa para receber algum.

—◊◊◊—

O comércio de rua é todo feito em cestos leves, agarrados e levados pelos vendedores ao receberem um sinal de que se aproxima uma patrulha policial alemã. O sinal vem, em geral, de postos avançados mantidos por crianças vendendo cigarros no mercado negro.

Soldados alemães também participam individualmente do mercado negro. Aviadores ou soldados a caminho da frente russa vendem vinhos, destilados e cosméticos com altos lucros. Ludwik compra rádios transmissores e armas de sargentos das unidades de suprimento. Sabemos que há soldados alemães que vendem qualquer coisa para receber algum.

Muitos oficiais alemães responsáveis pela distribuição de alimentos no mercado oficial aproveitam, na verdade, para vendê-los por baixo do pano. Os que são flagrados geralmente são punidos, mas o mercado negro continua.

Um dos muitos mercados negros que surgiram em meio às ruínas.

QUINTA-FEIRA, 30 DE ABRIL

Ludwik diz que a situação no Gueto está piorando. Lá, as rações são um terço das nossas e os preços, ainda mais altos. Assim sendo, a comida está completamente fora do alcance dos pobres, que literalmente morrem de fome em casa e nas calçadas. Em geral, dentro do Gueto a situação chegou a um ponto crítico. Stefa insiste que os alemães querem deixar os judeus morrerem de fome.

Dentro do Gueto a situação chegou a um ponto crítico.

Crianças famintas no Gueto.

SÁBADO, 2 DE MAIO

Amanhã é o nosso feriado nacional, o Três de Maio, um momento decisivo nos anais da liberdade, a nossa "Carta Magna". Papai me explicou que isso se deu no século XVIII, quando foi promulgada a Constituição do Três de Maio de 1791. Essa Constituição abolia a servidão, punha fim ao sistema feudal e concedia direitos humanos a todos os cidadãos.

A Constituição do Três de Maio, segundo papai, também restabelecia os direitos políticos de aldeias e cidadãos. Os habitantes das aldeias, que haviam sido privados de seus direitos por cerca de dois séculos, receberam de volta direitos e privilégios até então desfrutados apenas pela *szlachta* (a aristocracia). Para comemorar o dia, Ludwik determinou que a nossa companhia, atualmente consistindo em cerca de 200 homens, iniciasse três dias de manobras militares

Mulher e crianças abandonadas no Gueto.

na Grande Floresta de Kampinos. Devidamente armados e parcialmente uniformizados, partiremos de Bielany depois do pôr do sol. Em seguida, marcharemos em pequenos grupos durante cerca de cinco horas até o local de encontro. Espero que minhas botas aguentem.

DOMINGO, 3 DE MAIO

Estamos agora numa parte da Grande Floresta de Kampinos, a noroeste de Varsóvia e ao sul de uma curva do Vístula. Esse trecho da floresta se estende por cerca de 35 quilômetros na direção leste-oeste, e em seu ponto mais profundo cobre cerca de 14 quilômetros. A espessa floresta nativa é cheia de vida selvagem, com alguns pântanos. Há poucas aldeias, mas tirando isso ela é desabitada, representando um lugar perfeito para nossas atividades como partisans.

Ludwik, o capelão e o médico do batalhão chegaram em grande estilo a Kampinos, num Opel capturado, tendo como motorista o cabo "Boruta". Mas a bravata quase lhes custou a vida. Passando por uma aldeola sob a proteção da noite, o motor pifou — infelizmente, bem em frente a um quartel alemão. Ludwik incendiou o carro e, debaixo de uma chuva de balas, escapou com os três companheiros. Eles chegaram a nossas posições depois de enfrentar uma hora de caminhada, exaustos mas felizes por nos encontrar ali e por estarem vivos.

Depois da sua chegada, houve uma parada e todos fomos para uma missa campal. O serviço solene nos inspirou a darmos início ao nosso ataque simulado. Formando destacamentos e pelotões, correndo e nos esquivando, avançamos até cobrir pouco mais de três quilômetros.

Quase mortos de cansaço, nos vimos diante de uma colina ocupada pelo "inimigo" e começamos a investir contra o objetivo. Com gritos de "Urra, baionetas!", arremessamos para tomar a colina. Todo mundo estava empolgado, e alguns começaram a disparar as pistolas e as metralhadoras para o alto. Ao ver o comandante do nosso destacamento atirando com a sua submetralhadora Sten, não pude mais me conter. Como os outros, comecei a disparar a minha preciosa munição para o alto, com a minha pistola Vis.

O tiroteio foi ouvido em toda a região, e, ao terminar, Ludwik se aproximou de nós num acesso de raiva. Ele nos repreendeu severamente, convocou uma reunião e, como punição para o tiroteio não autorizado, ordenou uma suspensão geral. Era o pior castigo que podia ser imposto a nós, pois nos impedirá de "combater" durante 15 dias. Estou realmente furioso comigo por ter desrespeitado assim a disciplina.

SEGUNDA-FEIRA, 4 DE MAIO

Com sede e cansados da nossa longa caminhada hoje, bebemos em poças e pântanos à beira da estrada, pois não havia água limpa em lugar nenhum. Ludwik autorizou uma hora de descanso e, em seguida, determinou nova marcha, que só teria fim à noite.

TERÇA-FEIRA, 5 DE MAIO

Hoje, ao alvorecer, estávamos de novo caminhando, a essa altura nos impondo muito além de nossas forças. Passado pouco tempo no caminho, vimos alguns policiais militares alemães se aproximando de bicicleta. Eles rapidamente desapareceram ao darem conosco, e nós também tratamos de fugir — nem pensar estar ali quando eles voltassem com reforços.

Esta tarde, voltamos a Varsóvia, alguns quase se arrastando de quatro, desumanamente cansados e sujos, e agora começando a entender melhor o que é ser um soldado.

QUARTA-FEIRA, 6 DE MAIO

Outra organização da Resistência, provavelmente os comunistas, atacou um dos nossos depósitos. Nossos poucos guardas ficaram aterrorizados, e foi roubada grande quantidade de armas e munição.

O governo polonês no exílio em Londres está enviando armas para o AK (Armia Krajowa, ou Exército da Pátria), e não para o AL (Armia Ludowa, dos comunistas). Os russos, presos à frente alemã, ainda não estão em condições de constituir uma forte Resistência comunista. Nós e o AL não morremos propriamente de amores uns pelos outros, pois o AK recebe ordens do nosso governo no exílio em Londres, ao passo que as ordens do AL vêm de Moscou.

QUINTA-FEIRA, 7 DE MAIO

Ludwik está furioso com o ataque de ontem. Depois de conversar com outros oficiais, botou guardas de plantão no nosso depósito. Recebeu informações de que os ladrões provavelmente voltarão esta noite em busca do restante de nossas armas.

Outro pelotão foi destacado para nos ajudar, o que provocou um lamentável acidente. O comandante do nosso pelotão, o segundo-tenente "Wladyslaw", após assumir o serviço, foi inspecionar os sentinelas e verificar se os postos de observação estavam em ordem. Infelizmente, dirigiu-se a um posto formado por membros do outro pelotão, que não o conheciam. Talvez "Wladyslaw" tenha feito algum movimento abrupto ou simplesmente o guarda estava nervoso — ninguém sabe ao certo o que aconteceu —, mas três tiros foram disparados de um Colt .45, atingindo o tenente no peito e matando-o instantaneamente.

SEXTA-FEIRA, 8 DE MAIO

Ludwik me incumbiu de uma missão muito triste: levar um documento oficial aos pais e ao irmão do oficial que morreu ontem. Seu irmão vem a ser o cabo "Boruta".

Se possível não devo me entregar vivo.

SEGUNDA-FEIRA, 1º DE JUNHO

Hoje, Ludwik me mandou com uma mensagem em código ao número 36 da Rua Twarda, perto do Pequeno Gueto. Disse que eu deveria entregar o papel no consultório de um dermatologista. A sala onde entrei tinha um armário envidraçado do piso ao teto, cheio de jarras, garrafas e frascos contendo diferentes cremes, soluções e loções. Fui recebido por uma enfermeira de uniforme branco, que ficou com a mensagem depois da devida troca de senhas. Ela me disse que o médico estava em cirurgia e se despediu. Fico tentando imaginar do que falava a mensagem. Mas tenho certeza de que o médico deve ser um membro bem graduado da Resistência.

SEXTA-FEIRA, 5 DE JUNHO

Esta noite, Ludwik me falou da possibilidade de eu ser apanhado pela Gestapo e do que devo fazer caso isso aconteça. Se for apanhado com alguma mensagem codificada, devo transformá-la numa bolinha minúscula e engoli-la. Se eu for detido, devo dizer que não sei nada de atividades da Resistência. Quanto a minha relação com ele, devo declarar que conheço Ludwik apenas como mestre no escotismo. De maneira geral, devo assumir uma atitude de quem realmente não o suporta, por ele ser ditatorial e me impedir de fazer o que eu quero. Em outras palavras, tenho de bancar o menino mimado.

SÁBADO, 6 DE JUNHO

Hoje, fiz mais perguntas a Ludwik sobre o que fazer se for apanhado. Por exemplo, devo tentar fugir?

Ele diz que a minha responsabilidade como soldado sempre será fugir. Se não der, e se eu for apanhado com material comprometedor, se possível não devo me entregar vivo. Se tiver uma arma, devo usá-la, mas reservando a última bala para mim mesmo.

Ele me aconselhou a aprender táticas de autodefesa, como atingir o adversário na virilha ou enfiar os dedos nos seus olhos. Gostaria de começar a praticar essas táticas imediatamente!

QUARTA-FEIRA, 17 DE JUNHO

Hoje, Ludwik e eu fomos ao parque. Ficamos conversando sobre os russos, os alemães e o Levante. Ele disse que se os soviéticos conseguirem inverter a maré e entrar de novo na Polônia, poderemos perfeitamente voltar a nos defrontar com dois inimigos.

Eu disse que só estava interessado em combater os alemães, pois eles tinham tirado a nossa liberdade. "Não mais que os russos", respondeu ele.

Pedi, então, que falasse do Levante, se seria como uma guerra comum ou como as batalhas dos partisans.

Ludwik acha que será algo a meio caminho entre a guerra normal e uma revolução armada.

Lembrou-me de que o Levante deverá ser antecedido de um longo período de preparação e de um plano de ação muito preciso e detalhado. Para que tenham êxito, os primeiros ataques do Levante terão de ser extremamente intensos e disseminados.

Ele disse que teremos objetivos específicos a atacar, e que, ao longo dessas horas, cada pelotão e cada companhia estarão praticamente por conta própria.

Ludwik não sabe quantos de nós ainda estarão vivos nesse dia, mas espera ter o privilégio de conduzir todos nós quando vier a ordem.

QUARTA-FEIRA, 1º DE JULHO

Esta tarde, encontrei minha mãe e minha irmã na Praça Inwalidow; íamos visitar tia Zosia em Praga. Enquanto esperávamos o bonde de Bielany, minha irmã pulava de alegria por me ver; antigamente, ela e eu não parávamos de brigar, mas agora que estou longe de casa, é diferente. Ela deixou até a minha mãe segurar sua boneca favorita, embora também estivesse agarrada a Szkut, nosso bassê.

Um menino todo esfarrapado veio até nós e começou a cantar uma cantiga:

> Quando um alemão finca o pé,
> O chão sangra por cem anos;
> Quando um alemão bebe água,
> O poço apodrece por cem anos;
> Quando um alemão respira três vezes,
> É que haverá cem anos de doença;
> Quando um alemão estende a mão,
> É o fim de um acordo,
> Pois tudo o incomoda
> Quando não está sob seu controle.

É assim que os moleques de rua ganham a vida, e eu lhe dei as poucas moedas que tinha.

De repente, aproximou-se de nós um pequeno jornaleiro vindo da Estação Varsóvia-Gdansk. Com a voz de quem apregoa uma notícia urgente, ele gritava: "Caçada humana, caçada humana! Atenção, atenção!", e se foi. Olhei ao redor e vi os policiais alemães em seus uniformes verdes.

"*Halt, Halt, Hände Hoch!*" Foi o suficiente para eu empurrar minha irmã pela porta mais próxima, subindo uma escada íngreme. Minha mãe veio atrás com Szkut. No alto, resfolegando pelo esforço e pelo medo, toquei a campainha do apartamento. Uma mulher abriu a porta e nós fomos entrando. Dissemos que estava ocorrendo uma perseguição na rua, e ela nos levou para um pequeno quarto nos fundos. Ficamos todos em silêncio, nos entreolhando, mas Szkut latiu e minha mãe teve de segurá-lo para acalmá-lo. Ouvimos barulho de caminhões dando a partida, e depois, silêncio. A velha senhora olhou para minha mãe e disse, amedrontada, que, antes da guerra, os cães abandonados é que eram caçados nas ruas e levados em furgões — e agora chegara a vez dos seres humanos.

Uma detenção na rua.

―∽∽―

Czerniakow perguntou sem rodeios se meu pai sabia o destino dos judeus que estavam sendo deportados de Varsóvia. Papai respondeu que receia ser verdade que estejam sendo levados para a morte.

―∽∽―

QUARTA-FEIRA, 8 DE JULHO

Hoje, fui à Rua Felinski visitar meus pais. Papai disse que Czerniakow tornou a procurá-lo esta manhã em seu escritório. Czerniakow perguntou sem rodeios se meu pai sabia o destino dos judeus que estavam sendo deportados de Varsóvia. Papai respondeu que receia ser verdade que estejam sendo levados para a morte, e que já não resta grande dúvida quanto a isso. Ele achava que Czerniakow gostaria de saber a verdade, pois eles vêm trabalhando em estreita colaboração desde 1939. Czerniakow disse a meu pai que duvida que algum dos dois sobreviva à guerra. Espero que papai não pense assim.

—◦◦◦—

As notícias do outro lado do muro são ruins.

—◦◦◦—

SÁBADO, 1º DE AGOSTO

Não vejo Zula há muito tempo, e as notícias do outro lado do muro são ruins. A gente ouve relatos horríveis de fome e mortes no Gueto, e eu me sinto completamente impotente. Hoje, fui visitar a minha velha professora de história, a Sra. Bernardynska, e levei um exemplar de uma edição antiga do jornal da Resistência. O artigo na primeira página falava das condições de vida por trás do muro. Depois de trancar a porta, minha professora se sentou ao meu lado e começamos a ler juntos o noticiário:

> Miséria, fome, frio e condições incrivelmente anti-higiênicas criaram uma situação monstruosa. Numa casa da Rua Mila, ocupada por 500 pessoas, 266 morreram até agora. No número 63 da Rua Pawia, onde viviam 794 pessoas, 450 morreram, 200 delas só no último mês. No número 21 da Rua Krochmalna, ocupado por 200 pessoas, todas morreram...

A Sra. Bernardynska chorava e tremia ao ler tais notícias. Coloquei meu braço em seus ombros e ela disse: "Não consigo ler mais. Tenho tantos amigos lá."

Despedi-me e voltei para a Rua Czarniecki, onde acabei de ler o jornal:

Em tais condições, o índice de mortalidade no Gueto é enorme. Em 1941, foram os seguintes os números de mortes por mês:

Janeiro	898	Julho	5.550
Fevereiro	1.023	Agosto	5.560
Março	1.608	Setembro	4.545
Abril	2.601	Outubro	4.614
Maio	3.821	Novembro	4.801
Junho	4.290	Dezembro	4.966

No total, 44.277 pessoas, ou 10% da população, morreram (1941).

Quem sabe quantos já terão morrido *este* ano?

SÁBADO, 8 DE AGOSTO

Fiquei sabendo que a Sra. Bernardynska tentou se matar depois que eu li o jornal com ela. Felizmente, sua filha foi visitá-la nesse dia e encontrou a mãe a tempo. Levou, então, a Sra. Bernardynska para o Hospital Menino Jesus, onde vou visitá-la.

QUINTA-FEIRA, 20 DE AGOSTO

Bombardeiros soviéticos das bases russas apareceram sobre Varsóvia, atingindo os pátios das ferrovias e alguns apartamentos da área. Eles trazem sentimentos de esperança, misturados com medo e raiva — esperança porque isso significa que agora a frente está se aproximando da Polônia; raiva por mais esses atos de destruição da cidade; e medo porque os ataques e detenções diários por parte dos alemães em terra são agora agravados pela possível morte por bombas russas vindas do ar.

Nenhuma descrição das condições dentro do Gueto tinha nos preparado para essa realidade.

---

167 • 13 ANOS: 1942 – MISSÃO SECRETA NO GUETO

Uma criança do Gueto.

TERÇA-FEIRA, 1º DE SETEMBRO

Ontem, Ludwik veio me dizer que estava indo em missão ao Gueto e queria que eu fosse com ele; caso lhe acontecesse alguma coisa, eu teria de voltar e apresentar um relatório à nossa companhia. Fiquei me perguntando o que ele imaginava que poderia lhe acontecer, e por que não aconteceria comigo também. Mas achei que não deveria insistir em detalhes naquele momento, e certamente não queria que ele soubesse que, na verdade, eu estava morrendo de medo com a ideia.

Nas primeiras horas da manhã, ele me levou a uma casa muito próxima do muro. Fomos recebidos no seu interior por um jovem que seria o nosso guia. Para preservar o segredo do caminho para dentro e para fora do Gueto, fomos vendados e literalmente conduzidos pela mão ao descer, calados, as escadas até o porão e caminhar por uma série de passagens subterrâneas estreitas e interligadas.

Depois de tropeçar várias vezes, parecendo ter levado horas, nosso guia nos deteve e retirou as vendas. Ao nos acostumarmos à luz do dia, vimos que estávamos dentro do Gueto, perto da Rua Mila. Nosso guia, então, nos entregou a dois outros rapazes, que nos acompanhariam ao local do encontro, mas que primeiro nos levaram a um prédio próximo e nos fizeram tirar a roupa para vestir farrapos como os dele — nossas roupas estavam em muito bom estado e teríamos sido desmascarados instantaneamente.

Mulher moribunda numa rua do Gueto.

169 • 13 ANOS: 1942 - MISSÃO SECRETA NO GUETO

O que se via no Gueto era inacreditável. As pessoas se locomoviam como esqueletos — zumbis de olhos fundos e vidrados. Os moribundos ficavam no chão ou se recostavam nos prédios. O fedor de corpos em decomposição era pavoroso. Aquela caminhada foi um pesadelo de olhos abertos. Não parecia haver velhos; todo mundo era velho. A visão das crianças mendigando caladas e morrendo diante de nossos olhos — com os ossos apontando por baixo dos farrapos — era tão impressionante que parecia irreal. Nenhuma descrição das condições dentro do Gueto tinha nos preparado para essa realidade.

Enquanto caminhávamos pelas ruas, as pessoas, de repente, começaram a passar por nós correndo. Da esquina da Rua Zamenhof vinha um solitário soldado alemão atirando a esmo. Nossos guias nos arrastaram para uma porta enquanto ele disparava rajadas pela rua. A primeira a tombar foi uma mulher, atingida na barriga, e depois dois homens caíram no chão, sangrando. O soldado, vendo que seus outros alvos tinham conseguido escapar, voltou-se e retornou para a Rua Meisels.* Eu tinha ouvido boatos de que soldados de licença muitas vezes vinham caçar judeus famintos nas ruas do Gueto, mas até então não acreditava nessas histórias.

Um jovem cercado por outros judeus no Gueto.

---

* Em 1930, a Câmara Municipal de Varsóvia batizou essa rua em homenagem ao rabino Dov Beer Meisels, patriota polonês e rabino-chefe de Varsóvia no século XIX, trisavô do autor.

Nossos guias já viviam no Gueto havia tempo suficiente para se manterem aparentemente impassíveis diante de tal experiência, mas eu percebia que Ludwik estava horrorizado pelo que acabara de ver. Fiquei entorpecido. Simplesmente não conseguia assimilar aquilo tudo.

Agora estávamos atrasados para o nosso encontro com membros da Resistência judaica, que entraram direto no assunto assim que chegamos. Um rapaz nos disse:

"Nossa unidade de inteligência obteve a seguinte informação sobre a atual situação dos judeus poloneses em Varsóvia. Queremos que seja imediatamente transmitida a Londres. Antes das deportações em massa, a nossa população tinha chegado aproximadamente a 400 mil. A primeira ordem de 5 mil pessoas por dia chegou em julho. Supostamente, elas estavam sendo enviadas para trabalhar no interior, mas, na verdade, eram transportadas para campos de extermínio."

Adam Czerniakow escreveu um bilhete: "Não aguento mais.
Meu fim mostrará a todos o que deve ser feito."
E, então, se matou.

"Os alemães fornecem a cada voluntário esfaimado que se apresenta para deportação na Praça Umschlag — perto da Rua Stawki — dois quilos e meio de pão e um quilo de geleia. As advertências dos dirigentes não são ouvidas. A fome leva a melhor. O argumento 'Eles não nos dariam comida se pretendessem nos matar' é suficiente. Seja como for, os que não vão voluntariamente são brutalmente arrastados para os trens, gritando e chorando."

Eles também nos disseram que, no dia 23 de julho, numa tentativa desesperada de alertar a população, Adam Czerniakow escreveu um bilhete: "Três da tarde. Até agora, 3 mil prontos para partir. Às quatro horas, de acordo com as ordens, serão 9 mil. Não sei o que fazer; meu coração está cheio de dor e compaixão. Não aguento mais. Meu fim mostrará a todos o que deve ser feito." E, então, se matou.

Ludwik quebrou o silêncio: "E as pessoas entenderam a mensagem?"

"A notícia da morte de Czerniakow se espalhou como fogo na palha. Uma claríssima advertência do extermínio dos judeus de Varsóvia. Mas, ainda assim, muita gente se recusa a acreditar na verdade. O cheiro de pão fresco leva a melhor; o doce aroma tenta seus corpos famintos e confunde suas mentes. Centenas se juntam diariamente na Praça Umschlag, esperando o trem; em certos dias, são dois trens, e 12 mil os que partem."

"Qual a população do gueto atualmente?", perguntou Ludwik.

"Os números mais recentes, dignos de crédito, falam em 100 mil."

"O que aconteceu aos outros?"

Deportação.

Um velho presente na reunião se manifestou pela primeira vez: "Segundo nossos registros confirmados e mais dignos de crédito, todos os judeus poloneses deportados de Varsóvia foram assassinados, quase sempre em câmaras de gás em Treblinka. Um dos nossos oficiais de inteligência passou alguns dias lá disfarçado de oficial lituano das SS. Ele relata que leva meia hora para matar 400 pessoas com gás; diz também que até 40 dessas operações podem ser executadas em 24 horas, embora isso seja excepcional. A média diária é de cinco mil pessoas.

"A maioria dos deportados de Varsóvia, ao chegar, é levada diretamente para as câmaras de gás. Só os que não podem ser liquidados no dia da chegada são conduzidos para os alojamentos. Os cadáveres das câmaras de gás são cremados em salas especialmente construídas, sendo os ossos retirados por trás dos fornos e jogados nas máquinas de trituração.

"Há ainda outros métodos. Um deles consiste em amontoar as pessoas num vagão de transporte de gado com o piso coberto de cal viva. Joga-se, então, água lá dentro e os vagões são vedados. Ao serem abertos mais tarde, os ocupantes que não foram queimados são mortos a tiros.

"Outro método é bombear monóxido de carbono nos caminhões. Mas a maioria morre nas câmaras de gás de Treblinka."

Ludwik, parecendo tão revoltado quanto eu mesmo me sentia, disse: "Vou relatar isso palavra por palavra. Algo mais que queiram e precisem que passemos adiante?"

"Nós somos a consciência dos judeus do mundo, e se morrermos, morreremos lutando pelo futuro dos judeus."

O mais jovem voltou a falar: "Sim, é o seguinte. Achamos que a única solução é a que propusemos aos Estados Unidos e ao governo no exílio em Londres. Sugerimos que o governo polonês insista para que os Aliados tomem medidas semelhantes contra cidadãos alemães ou cidadãos de origem alemã nesses países, em retaliação pelo que está acontecendo aos judeus poloneses aqui em Varsóvia.

"Os governos polonês e aliados devem comunicar ao governo alemão essa política de retaliação. A Alemanha precisa saber que alemães residindo na

América e em outros países terão de responder pelo extermínio dos judeus. Entendemos estar pedindo ao governo polonês que proponha medidas excepcionais, mas esta é a única maneira de salvar milhões de judeus da morte certa. Sabemos o que já aconteceu a 300 mil judeus em Varsóvia.

"Também sabemos, claro, que tal iniciativa provavelmente não poderá ser tomada, mas, pelo menos, nosso pedido chamará a atenção para o sofrimento do nosso povo."

QUARTA-FEIRA, 2 DE SETEMBRO

Ludwik e eu passamos a noite no Gueto, mas muito pouco nos dissemos, e a reunião foi retomada esta manhã.

O homem mais jovem falou: "O que precisamos agora são armas e munições, para darmos início a um levante. Sabemos que deveríamos estar sendo treinados como seu exército na Resistência vem fazendo, e não quero perder tempo debatendo por que isso não aconteceu. Mas os alemães nos uniram com sua agressão descontrolada: estamos decididos a lutar, e precisamos de toda ajuda que pudermos obter. Pretendemos defender cada tijolo desta área de Varsóvia.

"Sabemos que não podemos vencer, mas queremos morrer como combatentes, e não como animais abatidos. Nós somos a consciência dos judeus do mundo, e, se morrermos, morreremos lutando pelo futuro dos judeus."

No caminho de volta para o lado ariano, vimos cartazes advertindo que quem entrasse nos trens estaria indo para campos de extermínio. Os cartazes avisavam:

ESCONDAM SEUS FILHOS, ESCONDAM-SE!
RESISTAM À DEPORTAÇÃO!
ENTREM PARA A RESISTÊNCIA!
NÃO MORRAM COM UMA TORÁ NAS MÃOS —
MORRAM COM ARMAS NAS MÃOS!

QUARTA-FEIRA, 9 DE SETEMBRO

Não consigo me livrar das lembranças do Gueto. À noite, os acontecimentos e cenas pavorosos de uma semana atrás desfilam de novo ante meus olhos. Durante o dia, para onde quer que eu olhe, continuo vendo aquelas imagens de pesadelo. Sinto cheiro de morte ao meu redor. E, no entanto, não consigo absorver realmente o que vi. Não consigo entender, compreender nem acreditar. Fico me perguntando como pode ter acontecido, e como é que continua.

Deve ser possível fazer mais alguma coisa para ajudar. Tenho de falar com Ludwik.

QUINTA-FEIRA, 10 DE SETEMBRO

Ludwik diz que tudo que pode ser feito está sendo feito. Praticamente todo judeu que conseguiu escapar do Gueto foi levado para algum esconderijo aqui ou encaminhado para um refúgio em algum lugar do interior. A "Zegota" (Unidade Judaica de Assistência), um braço da Resistência, está intensificando esforços para conseguir tirar mais pessoas do Gueto, mas o processo é lento e perigoso. Ludwik entende perfeitamente toda a minha agonia e compartilha da minha frustração.

Enquanto isso, passou as informações que recebemos no Gueto e me garante que as armas solicitadas e prometidas vão chegar.

Mas até isso parece inadequado, aumentando nossa sensação de impotência.

Entendemos a relutância da Organização Judaica de Combate em deixar o Gueto e se juntar a nós, mas o fato é que não parece haver alternativa.

QUINTA-FEIRA, 8 DE OUTUBRO

Esperamos diariamente que os bombardeiros soviéticos atinjam Varsóvia maciçamente, abrindo caminho para o avanço da frente em direção oeste. Na noite passada, achei que eles estavam chegando, pois fui acordado por pesadas explosões. Elas pareciam ocorrer em várias partes da cidade. No café da manhã, perguntei a Ludwik o que havia acontecido. Ele não acha que tenham sido bombas russas, mas ações de grupos de Comandos. Tinha ouvido dizer que planejavam descarrilhar trens que transportam tanques, aviões e munições para a frente oriental. Como eu os invejo por essas ações!

QUARTA-FEIRA, 28 DE OUTUBRO

Fui instruído a transportar armas e munição de um dos mais recentes lançamentos de paraquedas até o quartel do Corpo de Bombeiros. Ludwik supervisionou a ação executada por mim e três outros membros de nossa companhia para levar a preciosa carga do nosso esconderijo da Rua Czarniecki ao oficial encarregado da Unidade de Subida e Içamento Nº 2.

175 • 13 ANOS: 1942 – MISSÃO SECRETA NO GUETO

Alemães supervisionam o embarque de judeus em trem destinado a um campo de extermínio.

Judeus!
O Ocupante lançou a segunda fase da sua aniquilação.
Não se encaminhem voluntariamente para a própria morte...
Defendam-se.
Peguem um machado, um pé de cabra, um facão que esteja à mão,
façam barricadas em casa.
MESMO QUE ELES TENTEM PEGÁ-LOS...
Lutando, vocês terão uma chance de se salvar...
CONTINUEM LUTANDO...

Quartel do Corpo de Bombeiros de Zoliborz, Rua Slowacki, década de 1970.

A ideia é esconder as armas por baixo dos equipamentos de combate a incêndio, enviando-as dessa maneira para o Gueto, da próxima vez que os alemães convocarem o caminhão para combater um incêndio por lá.

É uma das melhores maneiras de introduzir armas no Gueto.

Ludwik vai providenciar para que a Organização Judaica de Combate seja informada a respeito assim que isso acontecer, de modo que saiba quando esperar a entrega e esteja pronta para recebê-la.

É uma das melhores maneiras de introduzir armas no Gueto e se certificar de que vão parar nas mãos das pessoas certas.

De modo que, finalmente, tenho uma oportunidade de participar do cumprimento da promessa feita por Ludwik durante a nossa missão no Gueto, no mês passado.

DOMINGO, 29 DE NOVEMBRO

Ludwik convocou uma reunião de toda a nossa companhia esta noite no Parque Zeromski. A noite estava fria quando Ludwik e eu saímos do apartamento, depois do toque de recolher. Entramos no parque por uma pequena abertura feita na cerca de arame que o separa do nosso jardim. Ludwik andava depressa, como sempre, e eu tinha dificuldade para acompanhá-lo. Ninguém dizia uma palavra.

Em frente aos bancos do parque, não longe da saída para a Praça Wilson, toda a Companhia "Orzel" já se encontrava em formação militar. Eu me juntei a minha seção, enquanto Ludwik se detinha diante da companhia e orgulhosamente nos inspecionava. Um dos comandantes de pelotão foi se postar diante de Ludwik, prestou continência e declarou que a companhia estava pronta. Ludwik deu as ordens "Sentido!" e "Descansar".

E, então, numa voz clara e sonora, dirigiu-se a nós:

> Estamos reunidos aqui hoje para comemorar a noite de 29 de novembro de 1830, quando cadetes da Escola Militar dispararam os primeiros tiros contra o Ocupante. Esses tiros pela liberdade ainda podem ser ouvidos. No momento em que nos preparamos para o acerto de contas com o Ocupante de hoje, os feitos daqueles jovens cadetes adquirem significado muito especial.
>
> Estamos unidos contra todo tipo de terror e opressão, e, como em épocas passadas, nossa luta é pela liberdade. Nosso combate é universal — nós nos opomos a qualquer forma de tirania e estamos dispostos a defender a nossa liberdade com a própria vida.

Parque Zeromski, Zoliborz.

Ludwik começou, então, a dizer os nomes de nossos companheiros mortos naquele ano. Era a primeira vez que ouvíamos uma lista completa, com seus pseudônimos e patentes. Ao terminar, Ludwik ordenou um minuto de silêncio em memória deles.

Ao assumirmos novamente a posição de sentido em solene silêncio, perdidos em nossos pensamentos e profundamente comovidos com aquele grave momento, a escuridão da noite foi subitamente rompida por luzes cegantes de caminhões que desciam a ladeira da Rua Slowacki.

As fileiras começaram, então, a se dispersar, e todo mundo, instintivamente, correu. Ficamos todos paralisados pela ordem de Ludwik: "Parem! Não se mexam!"

As luzes dos caminhões continuaram a se projetar sobre nós e, finalmente, os últimos raios se perderam além dos limites do parque fechado. Tivemos de readaptar nossos olhos à escuridão que novamente nos envolvia.

Sem perder tempo, Ludwik reassumiu o controle. E continuou: "Graduados da Escola de Oficiais, apresentem-se."

Agora ele se dirigia aos que tinham concluído a Escola de Oficiais Cadetes da Resistência, elogiando o trabalho bem-feito e desejando-lhes sorte no comando de seus homens em combate. Em seguida, passou a relatar a nossa visita ao Gueto, descrevendo a luta que lá ocorre. Ao concluir, ordenou que a companhia se dispersasse e todos nós desaparecemos em meio às árvores e arbustos próximos.

SÁBADO, 12 DE DEZEMBRO

Ola voltou depois de longa ausência. Ela nada diz sobre onde esteve nem o que fazia, mas dá a entender que haverá fortes represálias da Resistência contra destacados oficiais alemães — não apenas em Varsóvia, mas também na sede da Ocupação alemã, na Cracóvia.

14 anos

1943

Levante no Gueto: capturado pela Gestapo

*Agora sei que tenho de me dedicar a vingar,
seja como for, os crimes cometidos contra o meu país,
a minha família e os meus amigos.*

Franco-atirador num telhado — um dos Combatentes Judeus da Liberdade no Levante do Gueto de Varsóvia.

SEXTA-FEIRA, 1º DE JANEIRO

Os alemães encheram a cidade de proclamações impressas ao redor do muro, assim como em outros lugares. São assinadas pelo general Krüger das SS: QUEM AJUDAR OS JUDEUS SERÁ ABATIDO!

—⟨∿⟩—

Salvar nossos semelhantes do extermínio é uma responsabilidade maior que a morte.

—⟨∿⟩—

DOMINGO, 3 DE JANEIRO

A Imprensa da Resistência respondeu hoje com uma exortação ao povo de Varsóvia:

> Os alemães tornaram a baixar sentença de morte contra quem ajudar os judeus a fugir ou der assistência aos que já conseguiram. Toda pessoa decente deve encarar tais ameaças com repulsa! Dar assistência a nossos irmãos, salvar nossos semelhantes do extermínio é uma responsabilidade maior que a morte. É dever de honra de todo polonês ajudar todas as vítimas da opressão alemã.

QUINTA-FEIRA, 7 DE JANEIRO

Não vejo a minha família desde o Natal, que passamos de forma simples e tranquila, mas, pelo menos, felizes por estarmos vivos e juntos. Mas esta manhã, como estava perto do escritório de papai e queria ter notícias da família, fui vê-lo. Depois da espera de sempre, entrei. Ele não tinha nenhuma notícia especial para me dar, mas me confidenciou que ele e um grupo de representantes da população polonesa tinham sido convocados a uma reunião no Departamento do Trabalho alemão, na qual o governador Fischer fez um discurso. Ele tinha uma cópia em sua mesa:

184 • A COR DA CORAGEM – CAPÍTULO 5

Diariamente, os inimigos do Reich provocam tremendos estragos nesta cidade. Diariamente, alemães morrem nas ruas de Varsóvia. Não promovemos represálias por acreditar que tais atos de sabotagem são obra de comunistas e judeus escondidos fora do Gueto. Vocês já devem ter-se dado conta de que os exércitos do Reich estão defendendo o mundo do comunismo, de que estamos defendendo os poloneses e a sua liberdade. Os poloneses não se decidem a nos ajudar em nossa missão histórica. Vocês podem nos ajudar, e devem fazê-lo voluntariamente, apresentando-se para trabalhar na Alemanha, para que os nossos soldados possam levar adiante a luta contra os russos. Esses trabalhadores devem se apresentar sem mais demora. Nas próximas três semanas, precisamos que 50 mil trabalhadores se apresentem voluntariamente para ir trabalhar no Reich. É um trabalho bem-remunerado, e as condições de vida são boas.

Convoquei esta reunião hoje, pois quero lançar um apelo conjunto assinado por ambas as partes — vocês como representantes da população, e também por nós — para demonstrar a compreensão mútua de nossa missão histórica de destruir o comunismo e a ameaça que representa para o mundo. Queremos que estimulem os trabalhadores a se juntar à nossa missão, indo trabalhar no Terceiro Reich.

Meu pai me contou que teve de responder em nome dos representantes da população polonesa, e que disse:

Diariamente, poloneses são mortos. São levados para a Penitenciária Pawiak e executados. Diariamente, poloneses são caçados nas ruas e levados para campos de concentração em trens de transporte de gado. Tudo isso é do conhecimento de todos. É bem sabido que as condições enfrentadas por nosso povo na Alemanha são terríveis. O que se sabe da situação aqui na Polônia e na Alemanha não vai ajudar no seu apelo. O que peço é que libertem os poloneses dos campos de concentração e melhorem drasticamente as condições de trabalho na Alemanha. Só depois disso poderão esperar alguma mudança de atitude da parte dos poloneses. A assinatura de um apelo conjunto para o voluntariado não gerará resultados. As pessoas saberão que as assinaturas não foram apostas livremente, e de minha parte não assinarei qualquer apelo dessa natureza.

Meu pai me disse que achou que, depois de se recusar a colaborar com o Departamento do Trabalho alemão, também seria encarcerado e desapareceria, tendo o mesmo destino do seu antecessor e amigo, o presidente Starzynski.

SEGUNDA-FEIRA, 15 DE FEVEREIRO

A cidade está coberta por uma espessa camada de neve. Os soldados do nosso pelotão de fuzilamento executaram a sentença contra um colaborador, o tenente Swiecicki, da Polícia Azul — condenado à morte pelo Tribunal da Resistência por dar apoio às caçadas nas ruas.

QUARTA-FEIRA, 24 DE FEVEREIRO

Hoje, a caminho de uma reunião do nosso destacamento, vi na Praça Wilson a mais recente proclamação com detalhes sobre os limites do bairro alemão exclusivo da cidade. Os alemães começam a sentir necessidade de cerrar fileiras.

QUINTA-FEIRA, 25 DE FEVEREIRO

Hoje, Ludwik chamou-me à parte e disse que, por motivos de segurança, teve de escolher um novo pseudônimo. Dois anos atrás, ele mudou de "Golias" para "Michal", e agora é "Audaz".

---

*Como é que não veem que as suas táticas
de terror servem apenas para fortalecer
a nossa determinação de resistir?*

DOMINGO, 28 DE FEVEREIRO

Eu tinha combinado de me encontrar com Krysia, uma nova amiga, numa esquina da Praça da União de Lublin. Meio congelando no vento gelado, passamos correndo ao longo das cercas de arame farpado por casamatas e sentinelas que agora montam guarda no novo bairro residencial alemão.

O bairro alemão de Varsóvia, protegido por arame farpado e ninhos de metralhadora.

Quer dizer, então, que finalmente os alemães estão demonstrando que têm medo de nós! Foram necessários mais de três anos de luta, e eu já começava a duvidar que isso pudesse acontecer.

E, no entanto, são evidentes as provas de que também nos temem.

Eles continuam achando que vão nos submeter pelo terror com execuções diárias nas ruas de Varsóvia. Como se enganam! Como é que não veem que as suas táticas de terror servem apenas para fortalecer a nossa determinação de resistir?

QUARTA-FEIRA, 3 DE MARÇO

Ola voltou hoje, a tempo de comemorar comigo o meu décimo quarto aniversário. Ela está mais confiante e rebelde que nunca. Parece mais radiante, com seus cabelos louros e usando muita maquiagem. Como tantos outros, foi obrigada a mudar de pseudônimo e de identidade. Diz que agora é "Wladka" e faz mistério em torno disso. Fiquei sabendo que ela está numa função crucial — comandante dos Correios da Resistência e líder das mensageiras femininas de longa distância no Estado-Maior do Exército da Pátria. Ela agora está "suja" — levando documentos de natureza comprometedora e, às vezes, armas, e assim se expondo a grande perigo. Ludwik e Stefa estavam bem desanimados no jantar, e nem me provocaram a respeito das várias garotas com quem tenho me encontrado ultimamente.

SÁBADO, 6 DE MARÇO

Ola finalmente me contou algo sobre os Comandos do "Osa-Kosa". Formam uma tropa de elite — o núcleo dos Comandos da Resistência Polonesa, cujas principais responsabilidades, segundo Ola, são assediar o inimigo com táticas cada vez mais pesadas de sabotagem, promover represálias a atos de violência contra a população civil e treinar homens e mulheres para o combate no futuro Levante.

Ola faz parte do "Osa-Kosa" desde o início. Muitas das ordens de libertação dos nossos presos políticos agora passam por suas mãos.

SEGUNDA-FEIRA, 8 DE MARÇO

Estamos todos juntos de novo, eu me sinto feliz por estar "em casa" com meus amigos. Quando Ola voltou esta noite, muito animada, foi logo tirando do casaco um embrulho pesado, colocando-o cuidadosamente na mesa da sala de jantar.

"Não toquem!", ordenou.

Nos juntamos ao seu redor em silêncio e esperamos para ver o que faria.

Ola desembrulhou o pacote lentamente e mostrou duas pequenas *wanki-stanki* ("bombas de pé") — assim chamadas porque prontamente se põem eretas quando depositadas. Eram três, explicou, e tinham sido produzidas pela Resistência. A primeira acabara de ser testada numa floresta perto de Varsóvia; tinha explodido instantaneamente ao contato com um minúsculo ramo de uma árvore. Aquelas duas estavam aos seus cuidados, e ela aguardava ordens quanto ao uso que seria feito delas.

QUARTA-FEIRA, 10 DE MARÇO

Ola está se comportando de maneira muito estranha. Nos bondes, viaja na seção dianteira, reservada aos alemães, assumindo mais riscos que nunca. Fiquei sabendo que ela também anda por aí usando um nome alemão e portando documentos alemães falsos fornecidos pela Resistência.

SEXTA-FEIRA, 12 DE MARÇO

Não tenho sabido muito pela própria Ola o que está fazendo, mas "Lot" me explicou muito bem o que envolvem as suas atividades.

No fim do último mês de dezembro, Ola levou uma ordem do Estado-Maior em Varsóvia para o grupo "Osa-Kosa" da Cracóvia, instruindo-o a iniciar preparativos para uma ação de represália contra o chefe das SS e da polícia na Polônia, o general Friedrich-Wilhelm Krüger. Krüger chegou à Polônia como braço direito de Himmler em 1939, ficando aquartelado com o governador-geral, Hans Frank, no Castelo Wawel, na Cracóvia, antiga residência dos reis da Polônia.

Inicialmente, a pretendida ação de represália estaria voltada contra Frank, mas, em virtude da responsabilidade pessoal de Krüger no extermínio dos judeus poloneses e no terror perpetrado pelo Invasor contra toda a população civil, ele se tornou o alvo da Resistência polonesa em matéria de represálias. Um detalhado plano do atentado contra a vida de Krüger estava sendo preparado, e, enquanto isso, Ola recebeu ordens de transportar as bombas *wanki-stanki* para a Cracóvia.

QUARTA-FEIRA, 24 DE MARÇO

Hoje, nossos Comandos conquistaram uma nova vitória: depois de violenta batalha, conseguiram libertar 20 dos nossos soldados do Exército da Pátria dos furgões blindados e sob pesada guarda que os transportavam da Aleja Szucha[*] para a Penitenciária Pawiak.

SÁBADO, 3 DE ABRIL

Ola saiu de casa esta noite. Não me disse aonde ia, mas levava uma grande bolsa de couro, e eu adivinhei que deve ser uma viagem de, pelo menos, vários dias. Desconfio, assim, que deve estar numa importante missão.

---

[*]A Aleja Szucha ficou *manchada* como a rua onde foi instalado o quartel-general da Gestapo em Varsóvia.

189 • 14 ANOS: 1943 - LEVANTE NO GUETO: CAPTURADO PELA GESTAPO

Para me certificar de que ninguém a seguisse, fui atrás dela a razoável distância no caminho para a Estação Central de Varsóvia. Era a única usada pelos alemães de licença.

Os trens diurnos e noturnos partiam — em determinada direção, cheios de alemães alegres, festejando a volta para casa, e na direção oposta, com os vagões silenciosos dos que iam para a frente russa.

Já passavam alguns minutos das 10 da noite. As plataformas estavam tomadas por soldados com o uniforme cinza e verde da Wehrmacht, carregando mochilas pesadas. Naquele formigueiro humano, os uniformes escuros dos altos oficiais das SS se destacavam facilmente. Entre os uniformes de diferentes patentes, cores e formas, também havia grupos das legiões estrangeiras — ucranianos cantando baixinho, regimentos letões e estonianos das SS de botas negras e troncudos camponeses russos de uniforme alemão — um autêntico cadinho militar!

Ola embarcou no Expresso da Cracóvia, às 11 da noite. Afastei-me da multidão em direção à sombra e fiquei observando quando ela entrou no compartimento. Lá dentro estavam dois oficiais de cabelos dourados com a brilhante caveira e os ossos cruzados nos uniformes, que imediatamente saltaram para ajudar Ola com seu pesado saco de dormir. Depois de depositá-lo cuidadosamente no compartimento superior, eles trataram polidamente de fazê-la se sentar diante deles.

As tentativas dos oficiais de entabular conversa com a jovem revelaram-se infrutíferas. Reagindo com um sorriso educado, ela tirou o chapéu e se recostou no assento macio. Os dois, desapontados, relaxaram, como que resignados a uma conversa entre si.

Ola viajava com documentos de uma cidadã alemã, Evi Keller. Envoltas em roupa íntima de seda na sua bagagem de mão estavam as duas *wanki-stanki*, com explosivos extrafortes. A recusa de Ola de entabular conversa com os dois oficiais das SS não era apenas para fingir indiferença — ela não falava bem alemão, e seu sotaque certamente a teria traído.

SEGUNDA-FEIRA, 5 DE ABRIL

À noite, Ola tomou o trem de volta a Varsóvia, chegando em casa ao alvorecer, sem nada comentar da viagem.

SÁBADO, 10 DE ABRIL

"Lot" entrou correndo pelo apartamento esta noite — pelo barulho que fez, deve ter vindo pulando de três em três degraus. Sacudia um exemplar do jornal na nossa direção, e estava muito agitado. Quando perguntamos o que significava aquele comportamento descontrolado, ele se limitou a apontar para o jornal que tinha atirado na mesa da cozinha, sem nada dizer.

No alto da primeira página, lia-se uma gritante manchete em negrito: DESCOBERTOS TÚMULOS DE OFICIAIS POLONESES PELO EXÉRCITO ALEMÃO EM KATYN, PERTO DE SMOLENSK. Os alemães estão alegando que se trata de um crime de guerra dos russos, um crime contra a humanidade. Provavelmente, é mais um lance da propaganda alemã, mas nós tememos o pior. Estou terrivelmente preocupado com tio Juzek e com o pai de Zula.

As duas últimas páginas do jornal reproduziam os nomes e as patentes dos oficiais que tiveram seus corpos exumados e identificados até agora; o papel também diz que serão publicados mais nomes, à medida que outros túmulos forem abertos e os corpos, identificados.

DOMINGO, 11 DE ABRIL

Hoje, fui visitar papai, para tentar descobrir mais sobre Katyn. Ele disse que os oficiais mortos parecem ser os que foram capturados pelo Exército Vermelho em setembro de 1939. Aparentemente, não sabe ao certo se os oficiais foram mortos pelos russos, como alegam os alemães, ou se de fato se trata de mais uma cortina de fumaça da propaganda alemã. Mas me disse que Leist pediu-lhe nomes de médicos poloneses — os alemães querem mandá-los com a equipe da Cruz Vermelha internacional que será enviada a Katyn para investigar o massacre.

SEGUNDA-FEIRA, 19 DE ABRIL

Varsóvia foi sacudida por um acontecimento de proporções monumentais! Na madrugada de hoje, o Exército da Resistência Judaica deu início ao Levante do Gueto de Varsóvia, atacando um grupo de aproximadamente 800 homens das Waffen-SS que penetraram a fortaleza silenciosa com um tanque, dois veículos blindados e um grupo de policiais judeus, dando cobertura.

191 • 14 ANOS: 1943 – LEVANTE NO GUETO: CAPTURADO PELA GESTAPO

Cartaz do Levante do Gueto de Varsóvia, 19 de abril de 1943.

*O Exército da Resistência Judaica
hasteava bandeiras polonesas e judaicas
no telhado de um prédio de
apartamentos na Rua Muranow.*

O tanque foi incendiado, vários homens das SS morreram na batalha e os alemães se retiraram, derrotados.

Às oito horas da manhã, o Brigadeführer das SS, Jürgen Stroop, recém--nomeado por Krüger como chefe das SS e da polícia para o distrito de Varsóvia, assumiu o comando da Batalha do Gueto. Enquanto a artilharia alemã abria fogo pesado, o Exército da Resistência Judaica hasteava bandeiras polonesas e judaicas no telhado de um prédio de apartamentos na Rua Muranow.

À noite, os sapadores dos Comandos de Varsóvia, sob o comando do capitão "Chwacki", receberam ordem de fazer com explosivos uma abertura no muro da Rua Bonifraterska em frente à Rua Sapiezynska, para dar acesso direto aos combatentes cercados.

Ao se aproximar da Rua Bonifraterska, o grupo começou a disparar contra os soldados alemães que montavam guarda no muro. Imediatamente, reforços alemães chegaram correndo do Parque Krasinski. Seguiu-se uma batalha campal, e logo ficou claro que seria impossível chegar até o muro enfrentando uma força tão avassaladora. Dois membros do grupo, "Orlik" e "Mlodek", foram mortos na batalha. Três outros ficaram gravemente feridos.

"Chwacki" ordenou retirada, e a unidade recuou na direção do Vístula. Ao fazê-lo, os combatentes viram que os alemães começavam a cuidar de suas baixas. Ouvimos dizer que o primeiro dia da batalha custou mais de 100 vidas aos alemães.

TERÇA-FEIRA, 20 DE ABRIL

Hoje, um grupo de Combatentes Judeus da Liberdade travou dura batalha do lado oposto do muro, onde os Comandos tinham tentado seu ataque. Com granadas de mão, bombas incendiárias e minas, eles se defenderam do

193 • 14 ANOS: 1943 – LEVANTE NO GUETO: CAPTURADO PELA GESTAPO

ataque das unidades das SS sob o comando pessoal de Stroop. Corre o boato de que o Estado-Maior da Zydowska Organizacja Bojowa (ZOB, a Organização Combatente Judaica) rejeitou o ultimato alemão para depor armas e se entregar, transmitido aos Combatentes da Liberdade pelo Conselho Judaico. Depois disso, os alemães trouxeram tanques, artilharia de campanha e carros blindados para a batalha.

Jürgen Stroop supervisionando a destruição do Gueto de Varsóvia.

Como eu fora designado mensageiro na Rua Bonifraterska, pude ver por mim mesmo a batalha sendo travada de ambos os lados do muro.

Eu me vi no meio da multidão na calçada. Surpreendentemente, toda vez que passava um bonde pelo Gueto, os dois lados — alemães e Combatentes da Liberdade — suspendiam fogo. Eu simplesmente não acreditava no que estava vendo. Certamente, era a batalha mais irreal que eu poderia imaginar.

195 • 14 ANOS: 1943 – LEVANTE NO GUETO: CAPTURADO PELA GESTAPO

Por volta das 15h30, quando o bonde para Bielany passou pelo tiroteio, vi uma rajada de metralhadora derrubar três alemães, a equipe de uma peça de artilharia posicionada à direita da multidão. A uma só voz, a multidão comemorou o sucesso dos Combatentes da Liberdade, as mulheres, chorando de alegria, e os homens, gritando palavras de estímulo.

Os alemães, furiosos, voltaram suas armas para a multidão, e todo mundo se dispersou.

A cidade inteira se sentiu revitalizada com a ação dos Combatentes da Liberdade, e algumas igrejas chegaram a organizar serviços especiais para rezar por eles.

Eu gostaria que recebêssemos ordens para um levante amplo e total!

Famílias judias se entregam aos alemães.

QUARTA-FEIRA, 21 DE ABRIL

Duzentos e trinta Combatentes da Liberdade perderam a vida no Gueto. Os alemães estão destruindo sistematicamente casa após casa, mas pagam um preço de sangue por casamata capturada. Toda essa zona da cidade está envolta em pesada fumaça cinza e negra, e o clarão dos incêndios que consomem os prédios pode ser visto de todas as partes de Varsóvia.

Pôster: "A Polônia Pune" — advertência a traidores, colaboradores e criminosos de guerra.

Pôster: Exortação à resistência — "Pedras para o Baluarte", de um poema de Juliusz Slowacki.

QUINTA-FEIRA, 22 DE ABRIL

Hoje, os alemães intensificaram seus esforços, trazendo artilharia pesada para o Gueto e sistematicamente jogando bombas incendiárias contra os insurgentes. O inferno de chamas cresce em intensidade a cada dia. Os alemães parecem nitidamente decididos a queimar vivos todos os habitantes e reduzir o Gueto a cinzas. Enquanto isso, o chefe da Organização Combatente Judaica, Mordechaj Anielewicz, escreveu numa carta enviada para fora do muro ao segundo no comando, que está conosco:

197 • 14 ANOS: 1943 - LEVANTE NO GUETO: CAPTURADO PELA GESTAPO

(...) sobreviverão apenas alguns indivíduos, e, cedo ou tarde, o resto será morto. O futuro está selado; em todas as casamatas ocupadas por nossos soldados já é impossível até acender uma vela, por causa da falta de ar.

Ao meio-dia, Comandos poloneses atacaram os alemães fora do muro. Liderada por "Stadnicki", a unidade atacou e matou unidades de policiais das SS que montavam guarda no portão da Rua Leszno. Simultaneamente, um grupo de oficiais do Comando atacou alemães na Rua Okopowa. O capitão "Szyna" matou alguns oficiais alemães que entravam pelo portão da Rua Gesia num carro de polícia.

Combatentes Judeus da Liberdade capturados, Levante do Gueto de Varsóvia.

SEXTA-FEIRA, 23 DE ABRIL

Varsóvia ficou profundamente comovida com um enorme cartaz que acabou de ser afixado numa tabuleta na esquina da Rua Bonifraterska:

"Pela Sua Liberdade e a Nossa!"

Varsóvia, Gueto, 23 de abril de 1943

POLONESES, CIDADÃOS, SOLDADOS DA LIBERDADE!

Em meio ao barulho ensurdecedor das bombas jogadas pelos exércitos alemães em nossas casas — as casas de nossos pais, de nossos familiares e de nossas crianças;

Em meio ao estridor das metralhadoras que estamos capturando em batalhas contra os covardes das SS e os policiais militares;

Em meio à fumaça dos incêndios, à poeira e ao sangue do Gueto assassinado de Varsóvia:

Nós, os prisioneiros do Gueto, lhes enviamos fraternas e sentidas saudações. Sabemos que estão conosco na batalha que travamos há muitos dias contra o cruel Invasor — sinceramente compartilhando da nossa dor e derramando lágrimas de aflição, com admiração, mas também medo, quanto aos resultados dessa luta.

—☙—

*"Talvez venhamos todos a morrer na luta,
mas jamais nos renderemos."*

—☙—

Mas fiquem sabendo também que cada recanto do Gueto, exatamente como tem sido até agora, permanecerá como uma fortaleza, que talvez venhamos todos a morrer na luta, mas jamais nos renderemos. Saibam que, exatamente como vocês, respiramos o desejo de represálias e punição por todos os crimes do nosso inimigo comum!

A Luta está sendo travada pela Sua Liberdade e a Nossa! Pela Sua e a Nossa Honra e Dignidade — Humana, Social, Nacional!

Conseguiremos vingança por Oswiecim [Auschwitz], Treblinka, Belzec e Majdanek!

Vida longa à fraternidade de armas e sangue da Polônia Combatente!

Vida longa à Liberdade!

Morte aos carrascos e torturadores!

Vida longa à luta pela nossa vida e pela morte do Invasor!

ORGANIZAÇÃO COMBATENTE JUDAICA

SÁBADO, 24 DE ABRIL

Em meio ao que ocorre em Varsóvia, fiquei sabendo do que aconteceu na Cracóvia através de "Lot", amigo de Ludwik.

No dia 4 de abril, o chefe da "Osa-Kosa" de Varsóvia, "Jurek", chegou à Cracóvia com uma ordem escrita. Essa ordem, do Tribunal da Resistência, condenava à morte o general Krüger; a sentença deveria ser executada "imediatamente".

O dia 21 de abril era aniversário de Adolf Hitler, e naquela manhã um oficial de alta patente foi visto na escarpa do Castelo Real com vista para o rio Vístula. Ele estava a caminho da comemoração do aniversário do Führer e foi apanhado no portão principal do Castelo Wawel por um reluzente

Mercedes cinza de passeio. O carro descia devagar pela serpenteante pista de pedras arredondadas.

O veículo chegou ao pé da colina e passou pela Praça Bernardynow, ganhou velocidade e seguiu pela margem do rio até a Avenida Krasinski.

No cruzamento da Rua Wygoda, em frente ao depósito das SS da Cracóvia, um grupo de operários tentava retirar as enormes raízes de um gigantesco pedaço de tronco. Foi quando eles notaram dois jovens, cada um com um vaso de tulipas vermelhas e brancas nas mãos. O capataz bigodudo sacudiu os pesados ombros e resmungou: "Aniversário é o cacete!" E continuou puxando o tronco com seus homens.

"Stanislaw", estacionado no fim da Rua Wygoda, levou um lenço ao nariz para avisar a "Goral" e "Jedrek" que o carro se aproximava. Eram cerca de dez horas da manhã. Contra o pano de fundo da Ponte Debnicki, eles viram o Mercedes se aproximar. Quando o carro estava ao alcance, "Stanislaw" ordenou: "Joguem!"

Castelo Wawel, Cracóvia.

Os dois vasos de flores caíram na traseira do carro, e a rua foi sacudida por uma potente detonação. Enquanto colunas de fumaça cobriam a cena, "Goral" caiu no chão, mas "Jedrek" ficou de pé. A explosão estilhaçou as janelas do prédio das SS; pedras do calçamento voaram pelos ares, deixando enormes crateras; o carro perdeu o rumo e foi parar no meio-fio.

Tiros foram disparados, e "Stanislaw" ordenou a retirada. Enquanto "Jedrek" corria pela Rua Wygoda, um soldado alemão saiu de um prédio e o interceptou, mas foi derrubado por um tiro disparado por "Stanislaw". Os Comandos, então, se separaram.

Os alemães anunciaram mais tarde que a tentativa de assassinato fracassara.

Não sabemos em que acreditar. Parece-me que pode ser mais uma jogada da propaganda alemã. Depois de tanto planejamento, não podíamos deixar de matar aquele açougueiro!

Mas, apesar de tudo, estou muito inquieto, e rezo para que minhas dúvidas não tenham fundamento.

SEGUNDA-FEIRA, 26 DE ABRIL

O general Stroop informou que mais de mil judeus foram forçados a deixar as casamatas para serem imediatamente liquidados. Além disso, várias centenas foram mortos em batalha, e os alemães também capturaram muitos judeus que tinham alguma ligação com grupos "terroristas" poloneses. Ao mesmo tempo, o Estado-Maior da ZOB enviou seu mais recente comunicado:

> O número de homens, mulheres e crianças mortos nos incêndios e pelos esquadrões de fuzilamento é enorme. Nossos derradeiros dias se aproximam. Mas, enquanto tivermos armas nas mãos, continuaremos a lutar...

Homem salta de um prédio em chamas durante o
Levante do Gueto de Varsóvia.

A repressão durante o Levante do Gueto.

203 • 14 ANOS: 1943 – LEVANTE NO GUETO: CAPTURADO PELA GESTAPO

Combatentes Judeus da Liberdade capturados.

O muro.

A marcha da morte.

Soldados alemães patrulham uma rua em chamas no Gueto.

TERÇA-FEIRA, 27 DE ABRIL

As ruas de Zoliborz estão cobertas de cinzas e papel queimado. Ludwik e eu conversamos hoje sobre a situação. Do apartamento, víamos apenas o céu sombrio na direção sul; e, para ter uma ideia melhor do que estava acontecendo, demos uma caminhada. Depois de atravessar a Praça Inwalidow, subimos no viaduto Varsóvia-Gdansk.

Abaixo de nós havia espessas colunas de fumaça. Explosões reverberavam por trás do muro. Ainda estávamos ali quando o vento mudou de direção e recebemos bem no rosto o pútrido cheiro adocicado de carne humana queimada. Atiçadas pela brisa, as chamas subiram mais alto e as camadas inferiores das nuvens pesando sobre o Gueto passaram do âmbar ao vermelho.

O assobio dos jatos de ar provocados pelas bombas da artilharia era o único outro barulho. Nos últimos dias, aumentaram no Gueto as barragens de artilharia, que continuaram jogando sobre ele uma chuva de bombas incendiárias, fazendo o lugar sufocar nas chamas e na fumaça.

207 • 14 ANOS: 1943 - LEVANTE NO GUETO: CAPTURADO PELA GESTAPO

As últimas horas do Levante do Gueto de Varsóvia.

Aquilo parecia tão sem sentido, com tudo já praticamente destruído. Mas as bombas incendiárias continuavam caindo, e cada uma dava origem a uma nova língua de fogo atravessando as nuvens de fumaça cinzenta e negra. Os alemães cumpriam com fria precisão a ordem do Führer de concluir "a obra do demônio" na Polônia.

A raiva subia dentro de nós. Ficar inativos num momento desses nos deixava amargurados. Para agravar as coisas, enquanto descíamos lentamente o viaduto, passou um comboio de tanques leves e lança-chamas mecanizados, indo na direção oposta. Nos veículos, estavam sentados sorridentes membros loiros da Brigada da SS "Sangue e Cinzas".

Ludwik fizera tudo que estava ao seu alcance para ajudar o Gueto. Agora não havia mais o que fazer. Não fazia o menor sentido ficar comentando, e o que acontecia nos consumia por dentro.

A caminho de casa, paramos e nos sentamos calados e abatidos num banco do Parque Zeromski.

QUARTA-FEIRA, 28 DE ABRIL

Um grupo de cadetes poloneses sob o comando de "Szrapnel" conseguiu atacar guardas das SS na Rua Zakroczymska, mas agora o Gueto inteiro está em chamas. Os alemães fecharam o abastecimento de água da cidade, e o Gueto está completamente em chamas e sem poder fazer nada, enquanto novas barragens de fogo de artilharia despejam incontáveis cargas nos prédios a pouca distância.

QUINTA-FEIRA, 29 DE ABRIL

Com o Gueto em chamas, os alemães de outras partes da cidade estão tentando distrair a nossa atenção.

Eu voltava hoje para Zoliborz e o bonde estava lotado. Perto da divisória da parte aberta do bonde, eu observava fragmentos da cidade; a cor de Varsóvia parecia ser o cinza-escuro. As ruas, casas, bondes e partes dos muros tinham o mesmo tom.

209 • 14 ANOS: 1943 – LEVANTE NO GUETO: CAPTURADO PELA GESTAPO

Ao descer na Praça Wilson, vi uma multidão formada diante de uma tela de cinema. As imagens mostravam um gigantesco túmulo aberto; soldados alemães tiravam corpos de dentro dele, em macas, e os depositavam em mesas de madeira. Junto a essas mesas estavam oficiais de muitos exércitos. Entre os médicos alemães e os oficiais da Wehrmacht, identifiquei alguns oficiais poloneses de 1939 devidamente uniformizados. Outros usavam uniformes americanos e britânicos. Deviam ser prisioneiros de guerra trazidos de campos alemães para Katyn, que fica perto de Smolensk. A cena mudou, e em outro conjunto de mesas tinham sido depositadas lembranças encontradas nos corpos dos oficiais executados — a Virtuti Militari, a Cruz de Bravura, documentos, cartas, coberturas, cinturões e outros objetos tirados dos túmulos para identificar os mortos. Funcionários organizavam os documentos e os entregavam a voluntários da Cruz Vermelha polonesa.

A voz que emanava da tela descrevia os horrores desse inédito assassinato de milhares de prisioneiros de guerra. Afirmou, então, que as famílias dos oficiais desaparecidos deviam ler o *Novo Correio de Varsóvia* nos dias e semanas vindouros, na esperança de encontrar os nomes de pais, irmãos e tios desaparecidos. Se houvesse alguma identificação, as pessoas deveriam procurar o escritório mais próximo da Cruz Vermelha para obter maiores informações e reaver lembranças.

Ao término do filme, ouvi dois trabalhadores do serviço sanitário municipal conversando: "Jacek, estou lhe dizendo, os alemães não atiram na nuca com pistolas. Eles usam metralhadoras."

"E eu lhe digo, Kazik, quem diabos senão os alemães seriam capazes de atirar em homens desarmados, amordaçados e amarrados como porcos?" Minha mente estava num tal redemoinho depois do que eu acabara de ver, que eu não sabia o que pensar no caminho de volta para casa, mas realmente temia por tio Juzek.

Objetos encontrados nos corpos dos oficiais poloneses assassinados no Massacre de Katyn.

SÁBADO, 1º DE MAIO

Krüger, depois de escapar ao atentado na Cracóvia, visitou hoje o campo de batalha em que se transformou o Gueto. Aposto que está feliz com a destruição, mas embaraçado com o fato de os combates terem prosseguimento. Afinal, Berlim deve estar absolutamente furiosa porque as tropas de elite das SS ainda não foram capazes de acabar com o Levante do Gueto.

SEGUNDA-FEIRA, 3 DE MAIO

Fui à igreja esta tarde com Danka e Basia, irmãs gêmeas que vivem no prédio de apartamentos da Casa de Vidro perto da Praça Wilson. Embora a igreja estivesse lotada e coberta de flores para comemorar a nossa data nacional, as pessoas estavam desanimadas e com medo. Nunca foi tão grande o número de velas acesas pelos que se foram.

SÁBADO, 8 DE MAIO

Hoje, os alemães cercaram o bunker do nº 18 da Rua Mila, no Gueto. Entre os dirigentes apanhados no bunker do centro de operações estava Mordechaj Anielewicz. Para não cair nas mãos do inimigo, ele se suicidou.

A tampa de ferro fundido do esgoto na esquina das ruas Prosta e Twarda foi levantada, e de lá saiu um grupo de Combatentes da Liberdade.

DOMINGO, 9 DE MAIO

Ficamos sabendo que um punhado de sobreviventes deixou as ruínas do Gueto pelos esgotos. Parece que se foram ontem, mas até agora não tivemos outras notícias deles. Gostaria de ter notícias de Zula também!

SEGUNDA-FEIRA, 10 DE MAIO

Hoje, às dez horas da manhã, a tampa de ferro fundido do esgoto na esquina das ruas Prosta e Twarda foi levantada, e de lá saiu um grupo de Combatentes da Liberdade — incrivelmente, alguns ainda portavam armas — ante os olhos atônitos dos transeuntes. Eles embarcaram em dois caminhões do Exército da Resistência e foram levados para as florestas nas proximidades da cidade.

SÁBADO, 15 DE MAIO

Vieram à tona agora detalhes da fuga dos sobreviventes do Gueto pelos esgotos. Ficamos sabendo que havia cerca de 40 pessoas no grupo; escorregando e caindo devido à velocidade com que se movia o lodo, eles tinham de passar por barreiras de arame farpado e rastejar por baixo de granadas de mão suspensas. Algumas pessoas estavam tão enlouquecidas de sede que começaram a beber os sedimentos, morrendo pouco depois em tenebrosa agonia. Quando os demais sobreviventes chegaram ao destino, tiveram de esperar 34 horas para poder sair com segurança.

Ruínas da Grande Sinagoga Tlomackie, deliberadamente dinamitada pelos alemães no fim do Levante do Gueto de Varsóvia.

DOMINGO, 30 DE MAIO

Por um relato clandestinamente passado a Ludwik, ficamos sabendo que ontem ao amanhecer 500 homens e 25 mulheres foram levados ao pátio da Penitenciária Pawiak. Em grupos de aproximadamente 30, foram então amontoados em caminhões fechados e levados para as ruínas calcinadas no recôndito do que dias antes ainda era o Gueto de Varsóvia. Lá, foram alinhados em fileiras contra o muro negro carbonizado. Metralhadoras operadas por soldados regulares das SS alemãs e unidades de apoio ucranianas estavam prontas para o disparo. Houve longas rajadas de fogo, e a primeira fileira caiu; em seguida, a segunda e a terceira, até que restavam apenas corpos contorcidos e ensanguentados. Os corpos foram, então, arrastados pelo chão e amontoados em piras funerárias pelos soldados ucranianos. Depois de encharcar os restos humanos com gasolina, eles atearam fogo nas pilhas.

Os prisioneiros de Pawiak foram tomados de insuportável náusea com o cheiro pútrido da carne queimada.

SÁBADO, 5 DE JUNHO

Outro dos nossos mensageiros informou que hoje foi celebrado um casamento na Igreja de Santo Aleksander, na Praça das Três Cruzes. O serviço começou ao meio-dia. O noivo, Mieczyslaw Uniejewski, era tenente da Marinha polonesa e fugiu de um campo de prisioneiros de guerra na Alemanha. Tornara-se um membro ativo e popular da "Osa-Kosa"; a noiva era a linda Teofila Suchanek. Ambos tinham convidado família e amigos, entre os quais estavam muitos membros destacados da "Osa-Kosa". Um deles era Ola Sokal ("Evi Keller").

Enquanto transcorria a cerimônia, caminhões da polícia — "canis" cheios de policiais das SS alemãs com capacetes — tomaram a praça pelas ruas adjacentes. Soldados com metralhadoras cercaram rapidamente a igreja e entraram. Lá dentro, a primeira pessoa a notar a comoção foi o padre, com sua batina branca, que no momento recitava a parte da cerimônia de casamento de bênção do jovem casal. Sem alterar o tom de voz, ele disse: "Estamos cercados. Por favor, não percam a cabeça. Oremos."

Mal havia pronunciado essas palavras, e mais alemães armados entraram, apontando suas armas para os fiéis assustados e gritando: *"Hände hoch!"* Revistados, empurrados e algemados, os prisioneiros foram conduzidos pela nave até a praça, sendo então trancados nos "canis". Minutos depois, na Penitenciária Pawiak, no coração do Gueto destruído, agentes da Gestapo encontraram algo comprometedor em vários convidados do casamento.

Somente um colaborador, um traidor, poderia ter passado essa informação.

No total, cerca de 89 pessoas foram levadas para a prisão. A noiva chegou a Pawiak ainda segurando seu buquê de pequenas rosas vermelhas. Entre as 56 pessoas mantidas na prisão pela Gestapo estavam Ola e o colaborador da Gestapo — o "Homem-V", ou *Vertrauensmann*.

Os únicos que escaparam da prisão foram "Andrzejek", irmão da noiva, e "Balão", que tinha ido comprar filme pouco antes de ter início a cerimônia. Alguns sortudos também escaparam no último minuto pulando sem serem vistos nos catafalcos da igreja.

QUINTA-FEIRA, 10 DE JUNHO

Fiquei sabendo hoje por uma fonte da Resistência que os prisioneiros levados da igreja foram conduzidos ao pátio da Penitenciária Pawiak para interrogatório. No caminho, foram obrigados a passar em frente a uma janela, por trás da qual estava escondido o colaborador, dedurando para a Gestapo certos indivíduos do grupo do casamento. O "Homem-V" era um sujeito de estatura mediana, magro, de pele morena e cabelos negros lustrosos. Enquanto identificava os membros da "Osa-Kosa", ele escondia o rosto nas mãos.

SEXTA-FEIRA, 11 DE JUNHO

Agora que ficamos sabendo da detenção de Ola com os demais convidados do casamento, Ludwik decidiu que é melhor tanto para ele quanto para mim deixar a casa por um tempo. Ele se foi primeiro, embrulhando algumas coisas às pressas e saindo pelo jardim dos fundos na direção do Parque Zeromski quando começava a escurecer. Enquanto ele se despedia de Stefa, senti muita tristeza pelos dois; ela parecia tão pequena e frágil, e ele, tão cansado e desorientado, já agora com a cabeça a prêmio. Saí pouco depois na direção oposta, subindo a Rua Czarniecki para chegar à Praça Wilson e então voltar para casa, na Rua Felinski.

SEXTA-FEIRA, 18 DE JUNHO

Hoje, encontrei com Ludwik na estação de bondes de Bielany. Caminhamos juntos por uns minutos, e ele me deu alguns detalhes sobre o destino do pessoal que estava no casamento. À exceção da noiva e dos pais, que foram mandados para Auschwitz, ele ficou sabendo que quase todo o grupo foi executado nas ruínas do Gueto. Entre eles estavam os dois membros da "Osa-Kosa" que jogaram as bombas contra o carro do general Krüger na Cracóvia. Ludwik não sabia nada de Ola, e era evidente que estava perturbado demais para sequer falar dela.

QUARTA-FEIRA, 23 DE JUNHO

Esta manhã, Stefa me telefonou pedindo que eu fosse ao seu encontro assim que pudesse. Seu telefonema foi uma bem-vinda pausa, e atendi imediatamente. Mas as notícias que me aguardavam não podiam ser piores.

Stefa estava pálida e parecia mais frágil que nunca. Falava sussurrando, e suas palavras vinham misturadas a lágrimas.

Tinha sabido de Ola através dos contatos de inteligência de Ludwik. Ao ser detida no casamento, Ola levava "correspondência" e a sua carteira de identidade falsa, provas concretas, para a Gestapo, de suas ligações com a Resistência. Fora levada com os outros para o quartel-general da Gestapo em Aleja Szucha pouco depois da detenção. Lá, sob interrogatório, recusara-se a responder a qualquer pergunta. Não foi dobrada por ameaças nem espancamentos.

Como essas táticas fracassassem, os interrogadores começaram a chutá-la com suas botas. Seguiram-se outras torturas, infligidas por máquinas ou mãos humanas. Lascas de madeira eram enfiadas por baixo de suas unhas, e depois ela foi posta na "cama da morte". Ao terminar a última sessão de interrogatório e tortura, Ola aparentemente sentia que poderia acabar não aguentando e traindo seus companheiros. Em sua cela, assim, pegou a pílula de cianeto escondida em suas roupas. Aleksandra Sokal — a linda Ola — ficou calada até o fim.

Fiquei arrasado de dor e compaixão quando Stefa finalmente desmoronou e começou a chorar — só ela podia saber o quanto eram amargas essas lágrimas. Sequer sabemos a data exata da morte de Ola, mas acho que foi 20 de junho.

QUARTA-FEIRA, 30 DE JUNHO – TARDE

Depois de saber da morte de Ola, fiquei na casa dos meus pais na Rua Felinski, mas me mantive em contato com Stefa. Como nada mais aconteceu, voltei hoje para a Rua Czarniecki.

Depois do almoço, esperava a visita de um amigo, mas ele não veio. Stefa ficou comigo; entretanto, falou muito pouco. Estava triste e apreensiva — Ludwik se encontrava em algum esconderijo; Ola estava morta; e a própria Stefa corria grave perigo. O pequeno Marek brincava no chão da sala. Parecia seu único consolo.

Às três horas, bateram à porta. Perguntei: "Quem é?", e uma voz respondeu: "Amigo."

Fui em direção à porta para abri-la, mas Stefa me deteve. E sussurrou: "Não se mexa." Em seguida, disse em voz alta: "Se não se identificar, não abrirei a porta."

A resposta foi um grito áspero: "Gestapo! Abra a porta ou vou atirar." Stefa obedeceu, sabendo que não tinha escolha.

No mesmo momento, sem pensar, fui para o compartimento ao lado e tentei abrir os batentes que davam para a varanda, pois queria pular. Mas já era tarde. Ouvi um peremptório *"Hände hoch!"*, e, ao me virar, dei com a ponta de uma metralhadora voltada para mim. Levantei os braços, certo de que estava tudo perdido, e, para ser franco, morrendo de medo.

Ainda segurando a arma, o homem da Gestapo virou-me para a parede e me revistou de alto a baixo. Outros homens da Gestapo entraram e começaram uma rápida busca pela casa. Imediatamente entendi que procuravam duas coisas: Ludwik e armas.

Fiquei parado, olhando de soslaio para Marek. Ele capturou meu olhar e rapidamente se virou para o zoológico de brinquedo à sua frente no chão, como se ignorasse o drama ocorrendo ao redor. Os homens da Gestapo se reuniram na sala de estar com suas longas capas de couro. Ordenaram que Stefa e eu saíssemos, mas dois deles ficaram com vovó e Marek.

Ao deixarmos a sala, olhei para trás e tive uma última imagem do pequeno Marek. Ele estava sentado sobre o alçapão secreto que dava para o nosso esconderijo de armas, conversando com os animais espalhados no tapete.

217 • 14 ANOS: 1943 – LEVANTE NO GUETO: CAPTURADO PELA GESTAPO

Levantou, então, o olhar para mim, e, com a luz do sol batendo no seu rosto, vi lágrimas se formando em seus olhos. Foi a última vez que nos olhamos.

Eles me levaram e a Stefa pelo estreito corredor até o lado de fora, onde nos esperavam dois carros de polícia abertos. Em cada um deles havia um motorista e dois homens da Gestapo com metralhadoras apontando para fora. Os carros saíram rapidamente para o centro da cidade, até Aleja Szucha, o terrível lugar onde tantos combatentes poloneses que lutavam por liberdade encontraram seu destino.

Depois de uma hora em Aleja Szucha, onde preencheram nossas fichas, fomos levados num furgão em comboio para a Penitenciária Pawiak.

QUARTA-FEIRA, 30 DE JUNHO – INÍCIO DA NOITE

Pawiak fica no meio do Gueto calcinado e cheio de minas. Os quilômetros do muro do Gueto continuam razoavelmente intactos depois da Batalha do Gueto, mas toda a área está sob rigorosa quarentena. Não vi qualquer sinal de vida, exceto alguns poucos guardas alemães, e toda a imensa área estava envolta numa estranha calma. Tive alguns lampejos de desolação quando passávamos pelas sombrias ruas antes de atravessar os portões externos de Pawiak, e meu primeiro pensamento foi que agora tinha de reconhecer, até diante de mim mesmo, que Zula devia estar morta.

―⧼∞⧽―

Agora eu estava totalmente à mercê dos guardas da SS da Penitenciária Pawiak.

―⧼∞⧽―

A primeira coisa que eu vi ao nos aproximarmos dos portões foi um bando de criaturas atléticas e selvagens mostrando as garras por trás de uma cerca de arame farpado — cães policiais alemães. O furgão passou rápido pelo segundo e último portão, e parou em frente ao centro de recepção. Eles nos separaram, levando Stefa para o setor feminino da prisão e a mim para a seção masculina.

Antes de nos levarem, contudo, tivemos de nos perfilar de cara para a parede; movi um pouco a mão e levei uma pancada na cabeça, dada por um guarda da prisão, de tal maneira que meu nariz bateu na parede e começou a sangrar. Vi estrelas, mas a dor física não me incomodou tanto quanto o fato de não ser capaz de retaliar. Dei-me conta de que a pouca liberdade de que desfrutava horas antes nas ruas de Varsóvia acabara, e de que agora eu estava totalmente à mercê dos guardas da SS da Penitenciária Pawiak.

Ninguém consegue dormir por causa dos piolhos que começaram a se espalhar por nós como um exército em manobra, logo depois de começar a escurecer.

A cela para onde fui levado é minúscula, mas tenho muita companhia; alguns dos prisioneiros estão sob suspeita de terem ascendência judaica. São pessoas sem sorte, apanhadas nas batidas policiais cada vez mais intensas nas ruas de Varsóvia, entre elas um velho e um garçom do Hotel Bristol que fala das suas muitas mulheres.

O velho, usando casaca e sapatos de verniz, foi detido por "amor"; a polícia o apanhou quando saía da casa da amante. A julgar pela roupa, devia estar dançando. Vigora em Varsóvia uma lei não oficial segundo a qual dançar e formas semelhantes de entretenimento não são patrióticas. E outro homem na cela foi detido com o sobrinho, Zbyszek, que afirma ser filho de um banqueiro milionário. O rapaz, de 17 anos, estava indo para o campo numa *dorozka*★ aberta, com a mãe e o tio, quando foi detido por um policial ao sair da cidade. Suspeitando de que fossem judeus, ele os levou para Aleja Szucha. O jovem, realmente muito mimado, chora o tempo todo e nos deixa furiosos, perguntando de cinco em cinco minutos: "Titio, quando é que eles vão nos soltar?" É a única coisa que diz.

QUARTA-FEIRA, 30 DE JUNHO – NOITE

Depois de um exame médico esta noite, eles confiscaram as poucas coisas de valor que eu trazia comigo, inclusive um anel de prata feito com uma

---

★ Carruagem puxada por cavalos.

moeda de cinco zlotys com a águia polonesa coroada. Mas a pior baixeza foi terem raspado minha cabeça à força.

Agora fui jogado numa das celas subterrâneas, nas quais praticamente todos os ocupantes são criminosos comuns.

As paredes e o piso são de concreto, e chegam a pingar de tanta umidade. A cela tem cerca de 2 por 3 metros. Há uma pequena janela no topo, com barras pesadas, mas é tão alta que só entra um minúsculo raio de luz. A cela fica permanentemente mergulhada no crepúsculo.

Os outros prisioneiros, três homens de meia-idade e dois rapazes, são criminosos profissionais. O mais velho, com a barba por fazer, é um ladrão de gado e fica o tempo todo praguejando contra a má sorte e o fato de se ter deixado apanhar. Os dois rapazes são irmãos que moravam perto das ruínas do Gueto; tinham roubado móveis que escaparam do incêndio e os venderam na cidade. Acham que a atividade é perfeitamente legítima e não entendem por que foram detidos; afinal, dizem, os móveis eram de judeus. Para mim, são uma nova raça de poloneses.

O guarda nos deu um único colchão de palha; mal chega para todos nós usarmos como travesseiro, e assim temos de deitar no concreto molhado. O espaço é tão apertado que nós seis temos de nos virar ao mesmo tempo. Ninguém consegue dormir por causa dos piolhos que começaram a se espalhar por nós como um exército em manobra, logo depois de começar a escurecer.

A Penitenciária Pawiak.

SEXTA-FEIRA, 2 DE JULHO

De novo, passei esta noite em claro, por causa dos gritos dos espancados e torturados, dos tiros do pelotão de fuzilamento e dos gemidos dos moribundos. O toque de alvorada foi às cinco da manhã, e, às seis horas, veio a inspeção. Todo mundo tem de ficar em posição de sentido na cela quando o líder dos prisioneiros informa em alemão: "Comunico obedientemente cela número ... com ... prisioneiros, todos presentes." Se ele não disser isso corretamente, leva um soco na cara; se consegue cumprir direito, a recompensa é o estrondo da porta de ferro sendo fechada na fuça. Na nossa cela, eu sou o único que fala alemão, e assim, toda manhã, tenho o "prazer" de fazer o comunicado.

SÁBADO, 3 DE JULHO

Às sete, tomamos o café da manhã. Consiste em uma fatia de pão preto seco e meia xícara de uma imitação de café. Depois do café da manhã, todo mundo fica ouvindo ansiosamente por trás da porta a lista dos que irão a Aleja Szucha para interrogatório. Todos querem sair o mais breve possível das celas, ainda que seja para ir lá, mas devo confessar que, apesar de tudo que já ouvi, tenho apenas uma vaga ideia do que Aleja Szucha realmente significa.

Ao meio-dia, o almoço é uma caneca de sopa bichenta de repolho ou de beterraba, e à noite recebemos de novo pão e café.

DOMINGO, 4 DE JULHO

A essa altura, temos todos o estômago tão revirado que nem conseguimos comer o pão ou beber o café. Essa doença estomacal é comum, mas somos autorizados somente a usar o "pequeno estábulo" no fim do nosso corredor, duas vezes por dia, e mesmo assim não mais que 10 minutos de cada vez. Como não é suficiente, um canto da nossa cela foi transformado em latrina.

Todos nós acrescentamos nossos nomes às muitas inscrições e assinaturas nas paredes.

QUARTA-FEIRA, 7 DE JULHO – MANHÃ

Esta manhã, uma semana depois da minha detenção — semana que foi uma eternidade —, ouvi meu nome na lista dos que vão a Aleja Szucha.

221 • 14 ANOS: 1943 – LEVANTE NO GUETO: CAPTURADO PELA GESTAPO

Às oito horas, os alemães me levaram para uma sala de espera em cima do nosso porão. Lá, de pé e voltado para a parede, virei um pouco a cabeça e vi Stefa de pé numa fileira de mulheres do outro lado da sala. Ela também me viu e começou a me fazer sinal com as mãos.

Virei mais a cabeça para vê-la melhor e não notei um sujeito da Gestapo que estava vindo pela porta do lado oposto. Ele se aproximou de mim por trás e me deu um golpe tão forte que eu fui projetado contra a parede. Stefa deu um grito; ele gritou com ela.

Recobrei os sentidos e fechei a boca, por total impotência; como da vez anterior, isso doeu mais que qualquer dor física. Depois de meia hora mais ou menos, eles nos levaram para o pátio. Pela primeira vez, pude vê-lo direito. A prisão era cercada por um muro alto, quase chegando à altura do segundo andar, e sobre o qual estavam firmemente estendidos fios de alta-tensão. Havia uma guarita de sentinelas aproximadamente a cada 25 metros.

O furgão no qual fomos transportados nada mais era que uma grande caixa de ferro sem janelas, tendo apenas uma pequena abertura na parte traseira, com barras de ferro. Éramos seguidos por um Mercedes aberto transportando seis homens da Gestapo, cada um deles com uma metralhadora em punho pronta para atirar.

No caminho, Stefa e eu ficamos cochichando um com o outro para nos certificarmos de dar respostas semelhantes às perguntas que nos fizessem. Ela lembrou o "plano de contingência" de Ludwik, caso eu fosse detido: eu deveria dizer horrores dele como pessoa, minimizar sua importância e ocultar a minha real ligação com ele. Stefa e eu, então, nos despedimos com a sensação de que seria pela última vez.

O furgão para Aleja Szucha fez um caminho tortuoso, para não ser interceptado por Comandos do Exército da Pátria. Ao chegarmos ao destino, os alemães nos empurraram para fora do furgão e nos levaram para uma sala conhecida como "bonde", por sua semelhança com o interior de um típico bonde elétrico.

São três salas contíguas, que dão para um amplo corredor. Cada uma delas tem uma ala central com uma fileira de cadeiras de cada lado, com as costas voltadas para o corredor. Um prisioneiro sentado numa das cadeiras só vê as costas dos que estão sentados à sua frente.

Ninguém pode se mexer nem falar. Um homem da Gestapo caminha de um lado para outro, e, se alguém faz o menor ruído, acaba sendo agredido com um longo cassetete de borracha ou é obrigado a fazer abdominais na ala central até desmaiar.

Junto às três celas havia uma sala que parecia ocupada por alguém que estava sendo espancado. Dessa sala eu ouvia pancadas, gritos, o que me deixou muito assustado, pois nem o alto-falante do corredor, trombeteando música alemã e ucraniana, abafava os gritos. De vez em quando, um homem da Gestapo colocava pratos com bife e fritas na mesa no meio do corredor, e o cheiro provocava uma verdadeira revolução no meu estômago. Por volta de 11h30 da manhã, um dos homens da Gestapo aproximou-se de mim e perguntou qual a minha profissão. Quando respondi "Sou estudante", ele me levou para o corredor, sentou-se numa cadeira e ordenou que eu me ajoelhasse e limpasse as suas longas e sujas botas militares. Ao terminar um par, eu tive de limpar as botas de dois outros brutamontes. Estava fervendo de humilhação e raiva.

Botas de cano alto.

QUARTA-FEIRA, 7 DE JULHO - TARDE

Depois que acabei, eles me trancaram de novo no "bonde" até o início da tarde, quando, então, chegou o homem da Gestapo que tinha me prendido.

Ele me levou ao seu gabinete, no segundo andar, onde aguardava outro homem da Gestapo. Era uma sala razoavelmente grande, com dois armários, duas mesas e algumas cadeiras.

Eu me tremia todo ao entrar na sala. Meus nervos estavam completamente descontrolados, mas eu lutava por me controlar e não me desonrar na presença daqueles criminosos alemães.

Recebi ordens de me sentar na frente dos dois, que me olhavam fixamente. Um deles brincava com uma pistola.

223 • 14 ANOS: 1943 – LEVANTE NO GUETO: CAPTURADO PELA GESTAPO

Primeiro, perguntaram se eu sabia alemão. Respondi "Não", na esperança de ganhar tempo entre as respostas enquanto traduziam suas perguntas para o polonês.

Eles me mostraram os documentos falsos de Ola e perguntaram se eu a conhecia. Respondi que o rosto na fotografia me era familiar, mas que não conhecia o nome que constava dos documentos. Eles me mostraram um grande álbum de fotografias, ordenando que eu as examinasse e dissesse se conhecia alguém dali.

Virei as páginas lentamente. Delas, rostos de soldados do Exército da Pátria me contemplavam. Entre eles estava Ola, assim como um dos seus amigos e outros rostos familiares. Espero que alguns estejam livres.

Percorrendo as páginas, detive-me num deles: "Conheço este", falei, apontando para a foto. O homem que estava sentado ao meu lado, achando que tinha conseguido alguma coisa, perguntou: "De onde?"

"É um dos meus companheiros de prisão, está na cela ao lado da minha, e por isso o conheço." O rosto do sujeito ficou vermelho de raiva, e eu me dei conta de como fora tolo de falar com tanta insolência.

Depois que examinei o álbum todo, o homem da Gestapo mudou de tática. Começou a falar comigo de um jeito paternal, tentando levar-me a crer que sabia tudo a meu respeito, e que, por causa da minha idade, se lhe contasse a verdade, seria libertado. Prometeu que me deixaria ir embora se dissesse quem me havia levado para o Exército da Resistência e a qual companhia pertencia.

Respondi categoricamente que não pertencia a nenhuma organização secreta e nunca tinha ouvido falar dessas coisas. Ele me interrogou, ora ameaçando, ora suplicando. Até que pegou um pedaço de papel e datilografou algo. Começaram a se suceder perguntas, enquanto ele anotava as minhas respostas.

"Conte-me tudo que sabe sobre as pessoas com as quais mora. Mencione todos que visitam a casa."

Ordenou-me, então, que separasse vários papéis num arquivo, com etiquetas como AK (Exército da Pátria), PPS (Partido Socialista Polonês), PPR (Partido dos Trabalhadores Poloneses) e Partido Nacional Polonês, partisans, paraquedistas e muitos outros.

Foi o que fiz, e o homem da Gestapo me deu o papel com as minhas respostas e mandou que eu assinasse.

*Tinham ordens de me matar
se eu tentasse fugir.*

Ele, então, começou a fazer perguntas detalhadas sobre Ludwik. "Quem é ele? Onde trabalha?"

Durante esse interrogatório, eu disse que Ludwik cuidava de alguns jardins perto do Vístula. O homem da Gestapo foi até um mapa de Varsóvia pendurado na parede e começou a examiná-lo cuidadosamente. Não achava os jardins e ordenou que eu o ajudasse. Um pequeno quadrado negro no meio da área ocupada pelos jardins no mapa indicava que havia algum tipo de construção ali.

O homem da Gestapo notou e me perguntou o que era. Eu disse que era um depósito de ferramentas de jardinagem. Na verdade, o Opel roubado que era da nossa companhia tinha sido escondido lá.

Os homens da Gestapo desconfiaram de alguma coisa. Mandaram eu me sentar e descansar um pouco, pois dentro de alguns minutos eu os acompanharia ao depósito; queriam ver com seus próprios olhos o que havia lá. Quando me disseram isso, fiquei petrificado, mas me esforcei para continuar aparentando calma.

Tentei convencê-los de que seria perda de tempo, pois eu sabia que nada havia lá. Eles me ignoraram, e então entramos num carro aberto com as infames letras "POL", que significam polícia. Havia no carro três homens da Gestapo com metralhadoras, pistolas e granadas de mão; eles disseram que tinham ordens de me matar se eu tentasse fugir.

QUARTA-FEIRA, 7 DE JULHO – INÍCIO DA NOITE

Ao entrarmos na Rua Marszalkowska, uma das principais artérias de Varsóvia, meu coração ficou apertado quando vi a vida habitual da cidade. Meus olhos se encheram com o sol do fim da tarde, que eu não via havia cerca

225 • 14 ANOS: 1943 – LEVANTE NO GUETO: CAPTURADO PELA GESTAPO

de 180 horas. Percorrendo as ruas, eu procurava com o olhar algum rosto conhecido na multidão.

Eu disse aos alemães que estava tentando encontrar Ludwik. Falava mal dele nos piores termos possíveis, dizendo que costumava me espancar em casa e que eu queria me vingar encontrando-o para eles. Tratava-se, claro, das instruções do próprio Ludwik.

Devo ter parecido convincente, pois me perguntaram se eu gostaria de trabalhar para eles. Respondi que era, naturalmente, o meu sonho, mas só quando fosse um homem crescido, pois ainda era muito jovem. Os alemães eram tão cheios de si que, aparentemente, engoliram essa mentira deslavada.

Entramos na Avenida Jerusalém e nos aproximamos da Alameda Kosciuszko. A chegada do anoitecer e o sereno Vístula aumentavam ainda mais a minha perturbação. Dois caminhos conduzem aos jardins do Parque Baixo. Um deles acaba na cabana, e os arbustos ao redor servem de excelente cobertura para qualquer tipo de veículo. O outro desce pela colina, de tal maneira que um carro que o percorra fica perfeitamente visível. No alto, há um pequeno portão, no qual qualquer carro deve parar inicialmente. Isto ajuda a avisar a tempo para que qualquer um lá embaixo possa fugir. Eu os levei por esse caminho, dizendo que era mais fácil de percorrer e lhes daria mais chance de capturar Ludwik se ele estivesse nos jardins.

O plano deu certo, pois, enquanto descíamos a colina, vi dois homens correndo pela plantação de batatas. O "POL" na frente do carro fora o suficiente para eles.

Rapidamente abrindo o pequeno portão, aceleramos colina abaixo e freamos bruscamente numa parada ao lado da cabana. Dois dos homens da Gestapo saltaram do carro com suas metralhadoras apontadas para algumas pessoas que estavam por perto, e, após examinar documentos, a Gestapo entrou na cabana.

Depois de 10 minutos dando buscas, voltaram ao carro com ar de decepção e deram de ombros. "Nichts."

Fiquei exultante, e tive muita dificuldade de impedir que isso transparecesse na minha expressão.

Algo devia ter levado Ludwik a mudar de lugar o carro da nossa companhia.

Não quero morrer dessa maneira.

Enquanto examinavam os documentos das pessoas que lá se encontravam, os homens da Gestapo notaram um rapaz na casa dos 20 anos, de cuja aparência não gostaram, e o levaram conosco no carro. Ele disse que tinha chegado naquela manhã de licença do trabalho na Alemanha. Estava à procura do tio, mas ele não se encontrava em casa, e assim ele viera para os jardins. No caminho de volta, ficou pedindo cigarro aos homens da Gestapo. Pobre coitado, ainda não conhecia a Gestapo. Disse que tinha apenas cinco dias de licença, e eu sabia que os alemães dariam um jeito de fazê-lo passar todos na cadeia.

Às nove horas da noite, meus "guardiães" se despediram de mim no portão da Penitenciária Pawiak, prometendo que eu seria libertado se dissesse a verdade. Aparentemente, meu interrogatório estava encerrado nesse dia, pois eles não me levaram de volta à Aleja Szucha.

E assim chegava ao fim um dia do qual o meu futuro — a minha vida — depende.

SEXTA-FEIRA, 9 DE JULHO

Os dias demoram a passar, e as minhas fantasias estão piorando. Já vi coisas demais na prisão para acreditar que a Gestapo vai me libertar, e a minha imaginação corre solta, antecipando o que eles, de fato, vão fazer comigo.

DOMINGO, 11 DE JULHO

Hoje, foi lida uma longa lista de nomes dos que serão levados para Auschwitz. Entre eles estava o meu.

Já perdi toda esperança, pois, segundo os boatos, vamos partir na terça-feira ou na quarta. Agora vou descobrir por mim mesmo o que tio Norbert passou. De repente, estou com muito frio. Não quero morrer dessa maneira.

*A regra em Pawiak
é que os inocentes vão para
Auschwitz, e os culpados,
para o pelotão de fuzilamento.*

TERÇA-FEIRA, 13 DE JULHO — MANHÃ

Na terça-feira de manhã, eu estava sentado na minha cela no mais completo desespero, pensando nos meus pais e certo de que nunca mais tornaria a vê-los. Mas o *Kapo*, o criminoso da confiança dos guardas, de repente me chamou: "Você vai ser libertado."

Ele me entregou meu cartão de liberação. Eu simplesmente não acreditei!

Mas eu era o único calado ali. Dos sombrios recantos da cela, olhos tristes e cheios de inveja me contemplavam, e eu ouvia todo mundo dizendo que eu tinha muita sorte. A regra em Pawiak é que os inocentes vão para Auschwitz e os culpados, para o pelotão de fuzilamento. Ser libertado praticamente nunca acontece.

Meia hora depois, eu estava sentado no furgão da prisão, a caminho de Aleja Szucha.

Três mocinhas lindas, com a cabeça ereta, estavam sentadas ao meu lado no furgão. Sua tranquila dignidade me chamou a atenção. Comecei a compartilhar com elas a minha alegria, até que me disseram que seriam executadas. Os alemães tinham descoberto que elas faziam parte do Exército da Resistência. Elas eram Krystyna, de 16 anos; Barbara, de 17; e Irena, de 20.

Elas me falaram do seu destino de maneira tão simples e aberta que eu nem soube como responder. Finalmente, apertei a mão de cada uma delas, desse modo prestando homenagem à sua coragem. Para se despedirem, elas pediram que eu fizesse uma oração por elas na igreja.

*Eu tive a sensação, e não foi a primeira vez,
de ser menos que humano.*

De volta a Aleja Szucha, fui novamente levado à sala de espera do "bonde". Um homem sentado próximo a mim tinha um rosto que não se poderia dizer humano nem animal. Suas mandíbulas e maçãs do rosto estavam fora do lugar e cobertas de sangue coagulado. No lugar do olho direito, uma ferida aberta. Eu não conseguia entender como ele ainda estava vivo.

Uma moça de seus 30 anos estava sentada na cadeira seguinte, conversando tranquilamente com uma companheira sobre as torturas por que tinha passado. Falava a respeito de maneira estranhamente objetiva, com os braços cruzados sobre as ataduras onde antes havia seios. Disse que fora informada de que seria novamente levada à mesa de tortura no dia seguinte, dando a entender que esperava que então tudo chegasse ao fim.

Essas pessoas que, por seu país ou sua fé, estavam sofrendo e suportando torturas e morte de forma tão corajosa me causavam profunda impressão, e eu não podia deixar de ficar pensando se seria tão corajoso assim se acontecesse comigo.

TERÇA-FEIRA, 13 DE JULHO – TARDE

Esta tarde, fui levado à presença do oficial encarregado em Aleja Szucha.

Entrei numa antessala ampla e de fria formalidade. Na parede, havia um enorme retrato de Hitler de corpo inteiro e uniformizado. As pesadas portas entalhadas eram ladeadas por longos estandartes vermelhos e dourados com o emblema da suástica. Ao entrarmos, os guardas abriram as portas e, por trás de uma enorme escrivaninha, estava sentado um homem gigantesco com o reluzente uniforme escuro de coronel das SS, com enfeites prateados e dragonas entrelaçadas. Era o coronel Ludwig Hahn. Sua figura era tão impressionante que até a insígnia da caveira no uniforme parecia adequada. Com a cabeça raspada, as roupas sujas e o corpo tremendo de fome e de cansaço, eu tive a sensação, e não foi a primeira vez, de ser menos que humano.

229 • 14 ANOS: 1943 – LEVANTE NO GUETO: CAPTURADO PELA GESTAPO

Para minha total surpresa, vi dois outros homens à mesa — meu pai e o Dr. Kipa, seu intérprete. Ver meu pai e não poder cumprimentá-lo na presença do oficial das SS me deixou completamente intimidado; notei que ele estava terrivelmente pálido e mal conseguia se manter de pé. Minha prisão deve tê-lo abalado terrivelmente.

Seguiram-se algumas formalidades e uma leitura pelo coronel. Ele disse a meu pai que não queria me libertar, pois não acreditava que eu fosse inocente, mas que, em virtude da minha idade, iria fazê-lo dessa vez. Da próxima, ele ameaçou, ninguém poderia me ajudar.

Depois, numa espécie de atordoamento meio onírico, eu me vi finalmente a caminho de casa, sem conseguir acreditar que realmente fora libertado da Penitenciária Pawiak. Não conseguia nem falar com papai.

Minhas roupas de baixo estavam cheias dos nomes e endereços das famílias dos meus companheiros de prisão. Ao ser solto, eu prometera que entraria em contato com essas pessoas angustiadas. Foi uma das primeiras coisas que fiz ao chegar em casa.

QUINTA-FEIRA, 15 DE JULHO

Meu primeiro dia de volta às ruas de Varsóvia. Achei que estava sendo seguido, e assim saltei do bonde em movimento. Um sujeito que vinha atrás de mim não deixou a menor dúvida de que eu estava sendo seguido. Fiquei incomodado, com raiva. Mas, finalmente, me livrei dele e voltei para casa. Ao entrar, estava tudo escuro. Tia Stacha, apalpando o caminho pelo seu muro de móveis, saiu do quarto rastejando. "Os poloneses não têm mais direito a lâmpadas", resmungou, "só a blecautes e toques de recolher".

SEXTA-FEIRA, 16 DE JULHO

Contei ao meu pai o episódio de ontem, e ele decidiu me mandar imediatamente para Baniocha. Peguei a ferrovia de bitola estreita para lá esta noite. Baniocha é um outro mundo, quase num outro século, e praticamente sem sinais da guerra. Encontrei minha mãe na casa de fazenda isolada que fica ao lado de um pomar de macieiras. A calma do campo me parece tão irreal quanto o tempo que passei na prisão.

DOMINGO, 18 DE JULHO

Mamãe está nervosa. A Sra. Filipkiewicz deveria ter chegado para almoçar ao meio-dia e meia; já passa das três e ela ainda não chegou de Varsóvia. Mamãe me disse que a Sra. Filipkiewicz vai ajudar um proprietário de terras da região a vender algumas antiguidades, pois ele precisa de dinheiro para continuar mantendo a propriedade.

SEGUNDA-FEIRA, 19 DE JULHO

Hoje, pouco depois das cinco da tarde, uma senhora idosa aqui da região entrou correndo na cozinha pela porta dos fundos, soluçando alto e chorando. "Eles mataram a Sra. Filipkiewicz! Atiraram nela bem diante dos meus olhos!"

Quando mamãe conseguiu acalmar um pouco a velha senhora, ela finalmente nos contou o que acontecera. A Sra. Filipkiewicz e ela, juntamente com várias outras mulheres, tinham conseguido carona num caminhão, na estrada entre Varsóvia e Gora Kalwarja. Uma patrulha alemã interceptou o caminhão e perguntou ao motorista se estava transportando judeus para fora da cidade.

Sem sequer ser ameaçado, o covarde desgraçado apontou para a Sra. Filipkiewicz e disse: "Tem uma aqui para vocês!"

Os alemães imediatamente tiraram a Sra. Filipkiewicz do caminhão e ela lhes mostrou seus documentos falsos, jurando que era católica praticante. Os alemães pareceram perfeitamente convencidos por uma velha senhora orgulhosa e digna, que falava com eles em sua própria língua. Mas sussurraram entre si por alguns momentos, e então ordenaram que a Sra. Filipkiewicz ajoelhasse e rezasse uma Ave-Maria. Como ela ficasse calada, eles a fuzilaram sem hesitar.

Eu não acreditava no que estava ouvindo, pois não entendia como o motorista podia ter feito uma coisa assim, se não estava sendo intimidado. Mamãe me disse que ele devia ser um *Volksdeutscher*.* Se fosse polonês, não teria um caminhão e, de qualquer maneira, também teria sido fuzilado por ajudar uma judia a fugir.

Como *Volksdeutscher*, ele recebia dinheiro dos alemães por seus atos, e provavelmente por isso é que delatara a pobrezinha.

---

* De etnia alemã.

QUARTA-FEIRA, 21 DE JULHO

Ludwik me surpreendeu aparecendo no portão de Baniocha esta manhã. Estava muito preocupado, só queria falar de Stefa. Fiz um relato detalhado da minha prisão, e ele disse: "Muito bem!" O mais próximo que chegou de sorrir foi quando contei a minha visita ao Parque Baixo com a Gestapo. Ele insistiu para que eu desse todos os detalhes possíveis sobre Stefa, e foi o que fiz, mas ele pouco disse em resposta.

Baniocha: o autor logo depois de ser libertado da Penitenciária Pawiak, tia Zosia e Ludwik Berger.

SEGUNDA-FEIRA, 26 DE JULHO

Ludwik foi para Varsóvia. Fui com ele até a estação. Ele tinha um ar de indefinível tristeza. Nada mais é do jeito que era.

DOMINGO, 1º DE AGOSTO

Estou tentando esquecer tudo, me entregando completamente aos festejos da colheita no campo. Hoje, fui com a minha jovem tia Zosia a uma propriedade próxima.

Depois de passar a tarde dançando, sentamos em torno de uma longa mesa coberta com a tradicional refeição de ação de graças pela colheita. Na cabeceira da mesa estava o dono da propriedade, um alinhado conde vestindo a casaca verde de caçada com lapelas de veludo. Solteiro, de meia-idade, com os olhos azuis brilhando no rosto magro e curtido pelo sol, ele percorria, elegante mas imperiosamente, a mesa farta e as dezenas de convidados com o olhar. Era evidente o seu orgulho de, mesmo com uma guerra, ser capaz de manter a velha tradição eslava de hospitalidade.

O conde precisava apenas estalar os dedos e uma das criadas acorria para atendê-lo. Ele sussurrava algumas palavras e a mocinha saía correndo, com a longa saia e as fitas nos cabelos esvoaçando.

Os suculentos presuntos, os patos e gansos laqueados, os pães e queijos de fabricação própria eram exibidos sobre a toalha branca decorada com ramos dourados de aveia, cevada e legumes de outono. Enormes jarras de leite e creme de leite eram trazidas à mesa por viçosas camponesas. Era difícil acreditar que, na Polônia ocupada, houvesse gente se entregando a um tal banquete. O conde devia estar estocando alimentos em segredo havia meses.

Eu me sentia constrangido. Ficava particularmente sem graça entre as garotas, com suas longas tranças esvoaçantes, e até entre os homens, com suas bastas cabeleiras. Sentia-me nu e insignificante com a minha cabeça raspada. Depois de Aleja Szucha, que, apesar de inesquecível, parecia agora a uma eternidade de distância, eu só me sentia em casa na cidade. Aquela cena ao meu redor parecia irreal, como se eu tivesse sido transportado a um outro mundo. Eu provava a comida moderadamente, mas, embora fosse deliciosa, meu corpo a rejeitava.

Ao meu lado, estava sentada uma linda garota de enormes olhos negros e macios cabelos castanhos. Depois do jantar e de dançar no celeiro, eu a convidei para dar uma caminhada comigo. O sol estava se pondo por trás dos campos de colheita, e de repente eu me senti vivo de novo.

Eu lhe disse como me sentia — que não estava certo comemorar daquele jeito quando Varsóvia era aterrorizada pelos alemães, quando as pessoas de lá não sabiam de onde viria a próxima refeição nem conseguiam dormir por medo da sempre ameaçadora batida da Gestapo à sua porta.

Nessa caminhada, fiquei sabendo que a garota também era de Varsóvia. O pai tinha sido detido pelos alemães havia algum tempo, de modo que ela sabia do que eu estava falando.

DOMINGO, 8 DE AGOSTO

Hoje, como todos os dias, fui à estação ferroviária pegar o *Novo Correio de Varsóvia*. Nenhuma notícia do que realmente está acontecendo.

SÁBADO, 14 DE AGOSTO

Hoje à tarde, fui de novo à estação pegar o *Novo Correio de Varsóvia*. O jornal traz estampadas em toda a primeira página as palavras VIDA LONGA ÀS FORÇAS ARMADAS POLONESAS. A Resistência não está parada.

---

*Não importa a que custo,
precisamos conseguir mais armas.*

QUINTA-FEIRA, 26 DE AGOSTO

A primeira página dos jornais de hoje estampa manchetes sensacionais: RECOMPENSA DE 5 MILHÕES DE ZLOTYS; ATAQUE CONTRA TRANSPORTE BANCÁRIO ARMADO; OBRA DE BANDIDOS. Já está na hora de eu voltar para a cidade.

QUARTA-FEIRA, 1º DE SETEMBRO

Com o avanço do outono, eu não podia ficar mais tempo. Despedi-me de mamãe e tomei o trem de volta para Varsóvia.

DOMINGO, 5 DE SETEMBRO

Fui visitar um amigo, "Dawid". Juntos, decidimos que, não importa a que custo, precisamos conseguir mais armas. E só há uma maneira: desarmando alemães.

QUARTA-FEIRA, 15 DE SETEMBRO

Hoje, conseguimos pegar duas armas emprestadas com amigos. "Dawid" tem uma pequena pistola automática, uma Walther, de fabricação alemã, e agora estou de posse de um revólver, um Smith & Wesson de grosso calibre.

QUINTA-FEIRA, 16 DE SETEMBRO

Esta manhã, fomos de bonde para Bielany, onde fica o campo de pouso da Luftwaffe. De lá, seguimos para um pequeno bosque que esconde um caminho para um quartel alemão. Fomos rastejando com todo cuidado e encontramos um esconderijo na vegetação próxima.

Não tivemos sorte. Embora passassem alemães o tempo todo, estavam sempre em pares ou trios. Nunca aparecia um alemão sozinho.

Esperamos mais de duas horas e meia. Finalmente, um velho alemão de bicicleta apareceu na curva do caminho. Ao vê-lo, pulamos de dentro dos arbustos com nossas armas e gritamos: "Mãos ao alto!"

Ao nos ver armados, ele desceu da bicicleta e levantou os braços. Empurrei meu revólver contra seu peito enquanto "Dawid" o revistava. O alemão não tinha armas. Percebeu que ficamos furiosos porque ele não estava armado, e implorou que levássemos sua bicicleta e tudo que possuía, mas que o deixássemos vivo.

"Dawid" montou na bicicleta e foi para casa. Ordenei ao alemão que descesse uma pequena ribanceira próxima e disse que, se quisesse continuar vivo, ficasse deitado ali durante quinze minutos.

Quando me certifiquei de que não pretendia se mexer, corri o mais rápido possível de volta para a estação, e em dez minutos já estava sentado no bonde, a caminho de casa.

SEXTA-FEIRA, 17 DE SETEMBRO

"Dawid" e eu saímos de novo em busca de alemães armados. Eu disse à minha família que não tinha hora para voltar.

Estava ficando tarde. Decepcionados, furiosos e dispostos a tudo, subimos na parte alemã de um bonde, achando que talvez tivéssemos sorte.

Perto de nós havia um enorme alemão com o símbolo da suástica na lapela, e decidimos segui-lo ao saltar do bonde. Quando ele desceu no terminal da Rua Slowacki, notamos que carregava uma grande pasta.

235 • 14 ANOS: 1943 - LEVANTE NO GUETO: CAPTURADO PELA GESTAPO

Num dos lados da rua está o quartel central do Corpo de Bombeiros e do lado oposto, um longo muro que cerca a fábrica da Opel. Em frente à fábrica, amplos jardins. Eram dez horas e estava tão escuro que mal dava para enxergar.

Afastando-se do ponto do bonde, o alemão atravessou a praça vazia na direção da Opel. Nós o seguimos, costeando o muro ao longo do bulevar. Ele virou à esquerda e entrou na Rua Wloscianska.

Quando chegou à esquina, nós nos aproximamos e gritamos: "Mãos ao alto!" Simultaneamente, ele sentiu o cano do meu revólver na cabeça e nós o atordoamos com a luz da nossa lanterna. Morrendo de medo, ele levantou os braços.

A revista demonstrou que o homem não portava armas. Furiosos, começamos a xingar. Tomamos a sua pasta e a sua carteira. O alemão, que não entendia o que dizíamos, achou que estávamos discutindo como matá-lo.

Por falta de coisa melhor a fazer, detivemos o alemão por alguns minutos, e então ordenamos que nos desse as costas e começasse a correr. Ele, evidentemente, achou que o abateríamos a tiros enquanto corresse e não parecia ansioso por fazer o que dizíamos, mas, ao ver como estávamos decididos, obedeceu. Só parou ao chegar ao portão da fábrica.

Descemos a Rua Slowacki em direção à Praça Wilson, e, numa escura rua lateral, paramos para examinar o conteúdo da pasta e da carteira. Ficamos sabendo que o alemão trabalhava como encarregado na fábrica da Opel.

Na pasta, encontramos alguns pães de mel, que devoramos com gosto. Na carteira, havia apenas algumas fotos de família, poucos marcos e um anel.

Ao chegarmos à Praça Wilson, as ruas estavam desertas. Começamos a destruir placas indicando instalações militares alemãs situadas na praça. Havia muitas placas, pois várias ruas e avenidas importantes passam por lá. Amontoamos todas as placas numa das paradas de bonde. Eram mais de vinte.

Já passava muito da meia-noite, e ficamos esperando o último bonde. Quando ele chegou, subi no carro do motorneiro; enquanto isso, "Dawid" colocava as placas na plataforma traseira. Ordenei, então, ao condutor que passasse lentamente pela Rua Mickiewicz, na direção da Praça Inwalidow. Enquanto avançávamos, "Dawid" atirava as placas no chão uma após a outra, a distância de poucos metros, e elas se quebravam ao cair. Saltamos na Praça Inwalidow e ficamos perambulando com todo cuidado até o amanhecer.

SÁBADO, 18 DE SETEMBRO

Pouco depois do alvorecer, o toque de recolher foi suspenso e tomamos o primeiro bonde para a cidade. Estava vazia. Passando pelo viaduto Varsóvia--Gdansk, que leva para fora de Zoliborz, entramos na Rua Bonifraterska, o limite das ruínas do Gueto. Ao passarmos pelos escombros do muro, à direita, vi policiais das SS alemãs posicionados a intervalos para guardar a área. Mais além, via as fachadas dos altos prédios calcinados ainda de pé. Num deles, notei, como fazia diariamente nas minhas viagens à cidade, um esqueleto carbonizado pendurado na janela. De uma maneira estranha, aquilo me reconfortava, e eu queria que ficasse ali. Era para mim uma prova de que, de alguma maneira, o Gueto continuava ali.

Agora, "Dawid" e eu estávamos exaustos, famintos e mal-humorados. Saltamos do bonde no meio da Praça Krasinski. Ao contornarmos a praça, os primeiros sinais de vida foram uma dupla de funcionários da limpeza urbana montando uma barricada ao redor de um bueiro para descer aos esgotos. Uma patrulha alemã passou por nós com armas apontadas para o chão. Alguns civis começaram a chegar à praça, a caminho do trabalho, e, de vez em quando, passava um caminhão militar.

———❦———

Tínhamos de desarmar o sargento antes que os três outros alemães descessem a escada.

———❦———

De repente, vimos um sargento alemão alto, de uniforme de combate e carregado de mochilas militares subindo num bonde para Zoliborz. Devia estar indo ao encontro de sua unidade na frente russa. Na lateral da cintura, trazia uma bela pistola, uma Parabellum alemã, num reluzente coldre de couro. Agora que tínhamos visto uma arma assim, ela nos atraía como um ímã, e nós seguimos o sargento até o bonde, subindo na plataforma traseira enquanto ele subia na dianteira. O bonde começou a encher. Ao chegarmos à parada da Estação Varsóvia-Gdansk, muitas pessoas saltaram e começaram a descer a escada curva de concreto que leva à estação. Uma delas era o sargento alemão, e nós fomos atrás.

237 • 14 ANOS: 1943 - LEVANTE NO GUETO: CAPTURADO PELA GESTAPO

Olhando ao redor, vimos três outros soldados alemães saltando do primeiro carro. Todos tinham fuzis, mas não pareciam com pressa e não estavam prestando atenção em nós.

Descemos as escadas correndo e nos abrigamos no túnel debaixo do viaduto, à frente da multidão. O que pretendíamos fazer levaria apenas alguns segundos, mas cada um deles era importante. Sabíamos que tínhamos de desarmar o sargento antes que os três outros alemães descessem a escada. Mal tivemos tempo de tirar nossos revólveres do bolso quando o oficial apareceu, com uma multidão vindo por trás.

Quando ele estava a uns dois metros, saltamos na sua frente e dissemos: "Entregue as armas, rápido, ou atiramos!"

Ele era, com toda evidência, um experiente soldado de combate que entregaria a vida, mas não a pistola. Vendo os canos de nossos revólveres apontando para ele, começou a andar lentamente para trás e instintivamente foi soltando seu coldre.

Ao vermos isso, advertimos de novo: "Entregue as armas, ou vai morrer!" Ele ignorou. À medida que nos aproximávamos, víamos sua mão na pistola e seu dedo na trava de segurança.

Não havia tempo a perder — era ele ou nós. Rapidamente, levamos as armas à altura dos olhos.

"Dawid" atirou primeiro.

Vimos o alemão erguer momentaneamente a arma, e então ele caiu para a frente. Morreu na hora.

O estrondo do tiro ainda estava em nossos ouvidos quando os três outros soldados saíram da escada. Não havia tempo para tirar a pistola do corpo do sargento. Tivemos de fugir. De um lado, estavam os três soldados alemães, e na base do viaduto, os policiais das SS, montando guarda no muro do Gueto.

Felizmente para nós, a multidão, assustada, começou a correr na direção da plataforma da estação, e os alemães, achando que estávamos no meio dela, tentaram fazer todo mundo parar atirando.

Enquanto isso, saímos correndo ao longo da base da escarpa do viaduto. Quando estávamos no meio da rampa gramada, ouvimos balas de fuzil zunindo perto de nós. Voltamos, passamos por cima da pista do viaduto e dos trilhos do bonde e descemos pela encosta oposta. Atravessamos, então, a área descampada na rua que se distanciava dos guardas do Gueto e encontramos refúgio no parque por trás da Rua Bonifraterska. Dali, depois de recobrar fôlego, chegamos à Cidade Velha e nos misturamos à multidão na Praça do Antigo Mercado.

Incrivelmente, estávamos a salvo. Para acalmar os nervos, no entanto, entramos num pequeno bar para tomar uma dose de vodca.

Depois, voltamos para casa por um caminho longo e tortuoso, só para não deixar pistas.

No caminho, as pessoas diziam que era melhor não passarmos perto da Estação Varsóvia-Gdansk, pois a Gestapo e a polícia alemã estavam por lá interceptando bondes, fazendo revistas e detendo transeuntes.

SEGUNDA-FEIRA, 20 DE SETEMBRO

Hoje, a polícia das SS levou um grupo de 20 civis totalmente inocentes ao jardim por trás da encosta do viaduto, perto da estação, e ali essas pobres almas foram amarradas, amordaçadas e executadas por um pelotão de fuzilamento. Do grupo faziam parte velhos e crianças.

TERÇA-FEIRA, 21 DE SETEMBRO

Trens militares de transporte, carregados com tanques indo para a frente russa, foram dinamitados perto de Varsóvia.

QUARTA-FEIRA, 22 DE SETEMBRO

Ouvi meu pai dizendo à mamãe que Leist lhe contou que o novo chefe das SS e da polícia em Varsóvia será Franz Kutschera, "um homem sábio e de bom senso".

SEGUNDA-FEIRA, 27 DE SETEMBRO

Depois do episódio do viaduto e das represálias alemãs, os boatos deixaram as pessoas na área de Zoliborz muito atentas a mim de novo, e por isso papai tornou a me mandar para o interior, na esperança de que esqueçam de mim.

SEXTA-FEIRA, 22 DE OUTUBRO

Passei o início do outono com minha mãe em Baniocha. Mas, depois de três semanas, tornei a ficar muito inquieto, e finalmente decidi voltar a Varsóvia.

Entretanto, como era um homem marcado, não podia me engajar ativamente em ações da Resistência, de modo que rompi todos os meus contatos anteriores, com exceção de um: Ludwik.

SEGUNDA-FEIRA, 25 DE OUTUBRO

Kutschera assumiu o lugar de Stroop, exatamente como Leist disse.

Fico tentando de todas as maneiras juntar-me
aos Comandos e voltar ao serviço ativo.

QUARTA-FEIRA, 3 DE NOVEMBRO

Hoje, no fim da tarde, quando já começava a escurecer, fui ao novo apartamento de Ludwik em Bielany; ele agora está vivendo lá com um novo nome.

Ludwik abriu a porta e pude perceber que é um homem diferente. Pela primeira vez, vi uma expressão neutra em seus olhos. Ele também tinha mudado fisicamente — sua espessa cabeleira foi reduzida a um pelo eriçado. Sempre admirei Ludwik por sua energia, mas agora ele parece ter perdido toda a iniciativa e o otimismo. Antes, nunca parecia em condições de reservar algum tempo para mim; agora, sem mais ninguém por perto, parece ter todo o tempo do mundo. Num determinado aspecto, contudo, ele não mudou. Antes, sempre dominava qualquer conversa entre nós: ele falava e eu ouvia. Esta noite não foi diferente.

Ultimamente, além da delação que levou à detenção de Ola e tantos outros no casamento, também houve algumas no nosso batalhão e em outras unidades próximas do Estado-Maior do Exército da Pátria. Muitos amigos de Ludwik também foram perdidos, e as ruínas do Gueto ainda estão frescas na sua lembrança.

Por mim e outras pessoas, Ludwik tomou conhecimento de que a Gestapo sabe tudo a seu respeito. Mas não tem planos; seu futuro parece um grande vazio.

Embora ambos saibamos que está com a cabeça a prêmio, ele não admite para si mesmo, muito menos para mim, que seu papel como comandante da companhia está de tal maneira comprometido que impossibilitou suas atividades na Resistência.

"Pawiak será vingada."

Qualquer disfarce, para ele, não adianta nada. Ele é tão alto, chama tanto a atenção, que não pode se misturar na multidão. Sua única esperança é sair de Varsóvia e se juntar aos partisans, mas isso ele não quer.

O pequeno círculo familiar que cercava Ludwik também se foi; ele não pode se encontrar com vovó e Marek. Stefa está na prisão e Ola, morta. A prisão de Stefa foi para ele um golpe particularmente duro. Ele fala de maneira quase incoerente de um plano que tem para libertar Stefa antes que seja levada de trem para Auschwitz.

Perder Stefa é o ápice de tudo que Ludwik perdeu. Mais que qualquer outra coisa, contudo, é a inatividade que o está levando ao desespero. Na Penitenciária Pawiak, e depois do episódio do viaduto, eu perdi de vez o medo da morte. Agora sei que preciso me dedicar a vingar, seja como for, os males causados ao meu país, à minha família e aos meus amigos. Mas o sonho de Ludwik ainda é comandar a sua companhia em ação, e, ao que parece, o destino está lhe negando essa oportunidade.

Digo a Ludwik que também quero voltar à ação. Mas, por causa da minha detenção e do que aconteceu depois no viaduto, agora não posso fazer parte do

"Baszta". Por isso, quero me juntar aos Comandos ou aos partisans. Muitos dos outros recrutas de Ludwik, e até oficiais do "Baszta", já estão fazendo isso. O que magoa ainda mais Ludwik.

Fico profundamente deprimido por vê-lo assim, mas não tenho como ajudá-lo.

DOMINGO, 21 DE NOVEMBRO

Fico tentando de todas as maneiras juntar-me aos Comandos e voltar ao serviço ativo. Assim, teria muitas oportunidades de lutar.

Mas depois da intensificação do terrorismo, no verão de 1943, eles pararam de recrutar. Ainda assim, não estou totalmente parado, e por enquanto estou fazendo parte de uma seção de sinalização.

TERÇA-FEIRA, 23 DE NOVEMBRO

Hoje, eu estava numa reunião da minha seção de sinalização, quando recebi a notícia.

Alguém chegou e me disse que, a algumas quadras de distância, na Rua Smiala, um homem chamado Ludwik Berger tinha sido morto a tiros. Ao ouvir isso, saí correndo da casa e fui feito um louco para lugar onde o incidente teria ocorrido.

Saí procurando e, para meu horror, ao pé da cerca trançada separando dois jardins, vi pedaços de carne, sangue coagulado e ossos espalhados pelo chão.

Ludwik Berger — "Golias", "Michal", "Audaz" —, meu líder, estava morto! Eu não acreditava, não podia acreditar. Mas a mancha escura aos meus pés dizia tudo: a cruel e amarga verdade.

Assumindo posição de sentido, eu disse as palavras de uma oração e fiz um juramento de vingança contra aqueles que tinham assassinado meu comandante.

Eu não conseguia sair do lugar, de pé ali, em silêncio e profundamente mergulhado em meus pensamentos.

Finalmente, fui até a casa mais próxima, bati na porta e pedi informações sobre o incidente. Fiquei sabendo que horas antes os alemães tinham dado uma batida na rua. Dessa vez, os pontos de bonde na Rua Mickiewicz, no cruzamento com a Rua Zajaczek e a Praça Inwalidow, foram simultaneamente cercados por grande número de policiais das SS. Eles paravam os bondes, mandavam os passageiros descerem e começavam as revistas. Infelizmente, Ludwik estava com um amigo num dos carros.

Quando os dois viram as SS alemãs cercando a parada de bonde da qual se aproximavam, saltaram e começaram a correr pela praça, descendo a Avenida do Exército Polonês em direção à Rua Smiala. Vendo os dois fugitivos, os alemães abriram fogo com suas metralhadoras, ferindo Ludwik no braço.

Mas os dois já tinham entrado na Rua Smiala e estavam correndo em direção à Rua Zajaczek. Ao verem a SS alemã nesse cruzamento, Ludwik e seu companheiro se voltaram e correram para o jardim da casa mais próxima.

Essa corrida de vida ou morte prosseguiu pelos jardins da vizinhança.

Com o braço sangrando muito, Ludwik bateu na porta da casa para pedir abrigo. Mas os alemães já estavam perto, e então Ludwik virou-se e tentou fugir pelos jardins adjacentes. Seu amigo, "Lênin", correu na direção oposta e escapou, mas Ludwik foi visto por um jovem das SS, que correu atrás dele e abriu fogo com a sua metralhadora.

Essa corrida de vida ou morte prosseguiu pelos jardins da vizinhança. Apesar de ferido, Ludwik movia-se com rapidez, e as balas do alemão não atingiram o alvo.

Ludwik deu, então, na cerca metálica. O alemão já tinha usado toda a sua munição. Se tivesse conseguido pular a cerca, Ludwik poderia ter escapado. Mas seu inimigo, vendo-o tentar fazer a escalada, jogou a arma no chão e o atacou em luta corporal.

Ambos eram altos e fortes, mas Ludwik estava fraco por causa da perda de sangue e só podia usar uma das mãos — o braço ferido o impedia de usar a outra.

Depois de alguns minutos de luta, Ludwik conseguiu dominar o alemão no chão e, segurando-o com uma das mãos, enfiou os dentes no pescoço do inimigo. Era sua única maneira de lutar, já que não dispunha de nenhuma arma.

Mas um outro alemão deu um tiro na cabeça de Ludwik, estourando seus miolos.

TERÇA-FEIRA, 30 DE NOVEMBRO

Sinto necessidade de me vingar, mas não posso fazer muita coisa sem revelar a minha ligação com Ludwik. De modo que saí hoje com meu amigo Marek e destruímos todas as placas de sinalização nas esquinas da Rua Czarniecki. Juntamos todas elas e as levamos para a casa dele.

SÁBADO, 4 DE DEZEMBRO

Trabalhamos esses dias nas placas de sinalização, e esta noite, depois de escurecer, nós as levamos de volta; e então, com a ajuda de outro amigo, tornamos a botá-las no lugar. Agora, as placas indicam: RUA MICHAL-AUDAZ. Era o mínimo que eu podia fazer.

QUARTA-FEIRA, 8 DE DEZEMBRO

Os alemães retiraram as nossas placas de sinalização.

—◦◦◦—

*Hoje, eu finalmente consegui. Entrei para
a Companhia de Comandos de Zoliborz.*

—◦◦◦—

QUINTA-FEIRA, 16 DE DEZEMBRO

Mais inquieto que nunca, venho intensificando os esforços para entrar para os Comandos, e, hoje, eu finalmente consegui. Entrei para a Companhia de Comandos de Zoliborz. Graças ao meu amigo "Wilk". Ele já faz parte da Companhia do IX Comando e lidera uma das suas seções, para a qual fui destacado.

Na minha busca de entrar para os Comandos e combater, eu encontrei o grupo certo. Quando "Wilk" ouviu as minhas histórias sobre Pawiak e Aleja Szucha, sobre Ludwik e Ola e o Gueto, decidiu que eu tinha conquistado o direito de ocupar um lugar em suas fileiras.

SEXTA-FEIRA, 24 DE DEZEMBRO

Participei hoje da minha primeira reunião e conheci alguns dos integrantes da nossa seção: "Slawek", "Bogdan" e "Kacper".

Adotei o pseudônimo original de Ludwik, "Golias".

—◦◦◦—

EXTRAS DIGITAIS

Massacre da Floresta de Katyn: PROPAGANDA ALEMÃ,
abril de 1943

www.polww2.com/Katyn

Massacre da Floresta de Katyn DEPOIMENTO DE MASCARADO
Comissão do Congresso dos EUA, fevereiro de 1952

www.polww2.com/MaskedMan

Extras Digitais são vídeos curtos produzidos a partir de filmes históricos originais e material de áudio para acompanhar *A cor da coragem*. Esses vídeos podem ser acessados on-line: para assisti-los, escaneie os códigos QR ou digite a URL que aparece sob cada imagem.

15 anos

1944

O Levante de Varsóvia

*Eles vão erguer uma nova Polônia —
livre, forte e grande.*

O autor — 1944

DOMINGO, 2 DE JANEIRO

Um ataque de Comandos foi organizado no início desta manhã contra um grupo de alemães que voltava a Varsóvia de uma expedição de caça. Sabia-se que Fischer estaria no grupo, e o fogo de metralhadoras foi concentrado no seu carro. A notícia do ataque chegou rapidamente a Varsóvia, mas sem detalhes sobre o seu sucesso ou não.

Esta noite, quando papai voltou para casa, ouvi quando ele disse a mamãe que havia sido levado por Leist ao pátio da prefeitura pela manhã e que ele tinha apontado para a sua limusine cravejada de balas. Leist estava muito agitado por ter passado tão perto da morte, e pediu a papai que entrasse em contato com a Resistência e lembrasse a atitude humanitária dele em relação à população. Papai contou ter dito a Leist que gostaria de fazer como ele pedia, mas que não tinha qualquer contato com uma "Resistência".

SEGUNDA-FEIRA, 3 DE JANEIRO

Hoje, tivemos a confirmação de que o atentado, de fato, era contra Fischer, e não contra Leist. Mas os alemães, na última hora, trocaram os carros, e foi assim que Leist veio a ser alvejado por engano.

TERÇA-FEIRA, 1º DE FEVEREIRO

Outro ataque de Comandos foi efetuado hoje, e nele "Lot" lançou uma bomba no carro de Kutschera, que foi morto. Essa ação foi uma represália pelas execuções em massa — agora quase diárias — de inocentes nas ruas de Varsóvia. E era essa a "política de bom-senso" que, segundo Leist, seria adotada na cidade por Kutschera! Infelizmente, o próprio "Lot" foi gravemente ferido no atentado, e morreu pouco depois no hospital onde tia Zosia trabalha. Mais um do nosso batalhão se foi.

QUINTA-FEIRA, 3 DE FEVEREIRO

Um aviso foi afixado esta manhã na Praça Wilson. Em represália pela morte de Kutschera, os alemães estão impondo outra multa à cidade — desta vez, querem 100 milhões de zlotys. Ninguém precisa ser informado do que vai acontecer se a multa não for paga no prazo.

SEXTA-FEIRA, 4 DE FEVEREIRO

Áreas inteiras da cidade foram evacuadas hoje nos preparativos para o funeral de Kutschera; está servindo para nos lembrar da Parada da Vitória de Hitler em outubro de 1939, quando eles também retiraram as pessoas do caminho do desfile. Os alemães não poupam esforços para dar a Kutschera um funeral digno, mas também não querem correr o menor risco de dar à população de Varsóvia uma boa oportunidade de atirar neles — continuam tão nervosos e amedrontados quanto em 1939!

SEXTA-FEIRA, 11 DE FEVEREIRO

Hoje, a caminho da Igreja de Leszno, vi uma multidão em frente ao muro. Estavam olhando para alguma coisa por cima do muro, do lado do Gueto. Ao me aproximar, pude ver por mim mesmo — pendurados nas varandas dos andares superiores de um antigo prédio de apartamentos estavam os corpos de 22 dos nossos soldados do Exército da Pátria.

Fiquei horrorizado, gelado de raiva, mas ao mesmo tempo achando incrível que os alemães não sejam capazes de ver que ações assim servem apenas para nos estimular a revidar ainda mais.

Enforcados na Rua Leszno.

SEGUNDA-FEIRA, 21 DE FEVEREIRO

"Kacper", membro da nossa companhia de Comandos, foi com um amigo esta manhã desarmar alemães nas proximidades da Praça Napoleão, mas a sua pistola não funcionou. Ele não a havia checado. Um veículo militar alemão que passava por perto o viu com a arma na mão. O carro parou, e, em poucos minutos, o infeliz "Kacper" estava sendo levado para Aleja Szucha por seus captores. Desde então, não tivemos mais notícias dele.

QUINTA-FEIRA, 24 DE FEVEREIRO

Como "Kacper" se foi, ficaram apenas seis de nós com "Wilk". Ele é um soldado decidido e sensato, e seu pseudônimo (que significa Lobo) lhe cai muito bem. É um rapaz sério, honesto e corajoso, e um líder nato. Os homens acreditam em "Wilk"; confiam cegamente nele e seriam capazes de segui-lo a qualquer parte. E ele nunca os decepciona.

"Wilk" tem apenas um ano a mais que eu, e também teve de mentir sobre a idade para entrar para os Comandos e se candidatar à escola

Wilk.

de formação de oficiais. Antes de entrar para a nossa companhia, "Bogdan", "Slawek" e ele eram membros das *Szare Szeregi* (Fileiras Cinzentas), formadas por escoteiros do pré-guerra. Enquanto passei a minha carreira inicial na Resistência, no Batalhão "Baszta" do Exército da Pátria, eles passaram nas Fileiras Cinzentas, participando de pequenas ações de sabotagem e inteligência.

SEGUNDA-FEIRA, 28 DE FEVEREIRO

Fiquei abalado com a notícia que chegou hoje. Nosso destacamento foi passado para um novo comandante, "Korwin", pois "Wilk" foi para a Escola de Cadetes.

"Korwin" aparentemente não foi com a minha cara, e descarrega em mim sempre que pode. É desagradável, mas como seu subordinado, não posso fazer muita coisa.

Existe algo de indecisão em "Korwin", e ele parece arbitrário em seus atos. Tem essa lamentável necessidade de se sentir bem menosprezando os outros. Ao mesmo tempo, é um sujeito extrovertido, muito criativo e cheio de imaginação, com apurado senso de humor.

SEXTA-FEIRA, 3 DE MARÇO

Hoje, completei 15 anos, de modo que se torna ainda mais vital para mim conseguir a melhor cobertura legal possível para prosseguir meu trabalho na Resistência e não ser obrigado a trabalhos forçados nem ser deportado para a Alemanha. Pensei muito no assunto. O que preciso é de um emprego que tome o mínimo de tempo possível e me permita circular livremente pelas ruas da cidade.

Sei que os alemães respeitam sinais externos de autoridade e legalidade, carimbos, documentos, assinaturas e, acima de tudo, uniformes. Mas, hoje em dia, são poucos os uniformes que impõem respeito que um polonês pode usar. O uniforme da Polícia Azul não é mais um distintivo de honra; muitos dos seus membros atuais são fracos e corruptos, tendo degradado a polícia polonesa do pré-guerra.

Só conheço um que impõe respeito ao mesmo tempo a poloneses e alemães, pois significa segurança para ambos. É o uniforme de bombeiro. Os bombeiros da cidade, que atuaram de maneira tão corajosa durante o Cerco de Varsóvia em 1939, preservaram sua integridade profissional ao longo da Ocupação. Eu atendo a todas as exigências físicas de um recruta voluntário, e assim decidi tentar entrar para o Corpo de Bombeiros o quanto antes.

QUARTA-FEIRA, 8 DE MARÇO

Recomeçaram os alarmes de ataques aéreos em Varsóvia. Bombardeiros da Força Aérea soviética começaram incursões noturnas sobre a Polônia. À noite, a cidade fica mergulhada em total escuridão, e as penalidades por não cumprir as medidas de precaução da Defesa Civil são severas. De uma hora para outra, faltam bombeiros treinados e experientes. Novas responsabilidades, consistindo basicamente em funções anteriormente atribuídas a autoridades da Defesa Civil, estão sendo transferidas para os quartéis de bombeiros de Varsóvia. O que me ajudará a entrar para o Corpo de Bombeiros.

SEGUNDA-FEIRA, 20 DE MARÇO

Hoje, eu fui aprovado como bombeiro. Agora nós somos quatro nos Comandos da IX Companhia a usar esse uniforme — "Bratek", "Rudy", "Biczan" e eu.

Todos nós faremos pleno uso do uniforme no desempenho de nossas funções na Resistência, claro, especialmente à noite. Como bombeiros, somos autorizados a permanecer nas ruas no horário do toque de recolher quando no exercício de nossas funções — indo e voltando do quartel, para os incêndios e postos de observação. Mesmo quando interceptados por patrulhas alemãs — o que dificilmente acontece —, geralmente podemos seguir em frente, com apenas um pequeno atraso. Ter

O autor com 15 anos, usando o uniforme de cadete do Corpo de Bombeiros.

um uniforme e equipamentos de combate a incêndios representa uma grande ajuda em nossas atividades de resistência, e também podemos com isso ter um trabalho útil e louvável.

SÁBADO, 1º DE ABRIL

Fui destacado para o quartel do Corpo de Bombeiros de Zoliborz, no meu bairro. É um grande prédio moderno, com os mais avançados equipamentos de combate a incêndios. Nosso caminhão é novo e muito bem preservado, assim como todos os demais equipamentos à nossa disposição. No primeiro andar ficam as garagens, os escritórios e as instalações de treinamento. Os andares superiores consistem, sobretudo, em amplos dormitórios modernos. À parte as escadas, a principal ligação entre praticamente todos os andares é o tradicional poste dos bombeiros.

Entre os primeiros exercícios de treinamento está o aprendizado do uso do poste. Antes do último toque do alarme se extinguir, temos de pular da cama, vestir o equipamento e rapidamente escorregar para a garagem, onde os caminhões esperam com os motores já ligados. É um teste de habilidade.

E o mesmo com os outros exercícios de treinamento a que somos submetidos: perfurações, uso da escada alta vestindo todo o equipamento e segurando a pesada mangueira, combate ao fogo e métodos de resgate. O trabalho em equipe é tão necessário quanto a habilidade e a concentração, e certamente precisamos estar em boa forma física, o que é difícil com nossas magras rações.

DOMINGO, 2 DE ABRIL

Como moro perto da Avenida do Exército Polonês, fui destacado para um posto de observação lá. Meu companheiro de equipe é "Bratek", um rapaz inteligente e simpático, com apenas dois ou três anos a mais que eu. Ele pensa rápido e tem um ótimo senso de humor, e eu gosto muito das conversas em nossas longas noites de vigília. Nós nos damos bem, e ele tem o mesmo entusiasmo que eu pela natureza dupla do nosso trabalho.

*Estamos no quinto ano da Ocupação,
e todo mundo anseia, com crescente impaciência,
pela liberdade.*

SÁBADO, 15 DE ABRIL

Esta noite, mais uma vez, passado o lamento das sirenes, ouvimos o zumbido distante dos bombardeiros soviéticos se aproximando. Começaram, então, os movimentos entrecortados dos poderosos holofotes antiaéreos, varrendo e vasculhando o céu noturno de maneira ritmada. Dava para ver as silhuetas dos aviões tentando fugir dos raios brilhantes para buscar refúgio na escuridão. O clímax foi barulhento e assustador, quando as bombas e explosivos caíram na cidade, iluminada pelas chamas dos incêndios que se seguiram.

TERÇA-FEIRA, 25 DE ABRIL

"Bratek" e eu realmente nos tornamos amigos. Conversamos sobre o nosso trabalho nos Comandos e o nosso sonho: a luta aberta contra os alemães. Sabemos o que enfrentamos e o que temos de fazer, e não gostamos de ficar esperando o momento certo para começar.

QUARTA-FEIRA, 3 DE MAIO

Hoje é o Três de Maio, a data nacional polonesa. Estamos no quinto ano da Ocupação, e todo mundo anseia, com crescente impaciência, pela liberdade. Acho que todo mundo se recusa a aceitar a possibilidade de que *não* venhamos a reconquistar a nossa liberdade.

Os alemães resolveram marcar o dia posicionando três vezes mais patrulhas nas ruas, enchendo a cidade de caminhões abertos apinhados de policiais das SS e instalando posições de metralhadoras em frente a cada prédio militar alemão. Os alemães estão mais tensos agora por causa da gigantesca ofensiva russa que se abre na frente oriental.

Nem mesmo nesse dia especial, os alemães permitem que as pessoas compareçam à Missa de Maio na igreja depois do toque de recolher à noite. Esse serviço é realizado em todo o mês de maio em homenagem à Virgem Maria, mas tem de ocorrer *antes* do horário do toque de recolher. Além disso, é estritamente proibido cantar hinos patrióticos na igreja e fazer referências políticas nos sermões.

Esta tarde, decidi comparecer ao serviço. A Igreja de São Stanislaw Kostka em Zoliborz estava lotada. Raios de uma suave luz solar caíam de suas altas e estreitas janelas sobre as pessoas lá embaixo. Nas arcadas cobertas haviam sido depositadas flores vermelhas e brancas, e a luz das velas projetava sombras trêmulas nas paredes brancas.

Fui direto para a galeria superior, que também estava cheia, e fiquei de pé junto à porta dando para o balcão do órgão. Achava que seria genial se uma das mais antigas melodias polonesas fosse tocada durante o serviço naquela data. Assim, perto do fim do serviço, bati à porta e, depois de algum tempo, o violinista abriu, perguntando o que eu queria. Mostrei-lhe que tinha uma pistola por baixo do casaco. A pistola não estava carregada, claro, e, de qualquer maneira, eu não a teria usado ali, mas esperava que *ele* não soubesse disso.

254 • A COR DA CORAGEM – CAPÍTULO 6

Igreja de São Stanislaw Kostka, em Zoliborz.

255 • 15 ANOS: 1944 – O LEVANTE DE VARSÓVIA

Imediatamente, fui autorizado a entrar. A porta se fechou e eu me aproximei do organista, que estava concluindo uma das melodias especialmente programadas para o serviço de maio. Protegido pelo órgão dos olhares da congregação, voltei a mostrar a minha pistola e pedi que, em homenagem ao nosso grande dia, o organista tocasse o hino "Deus, que salvastes a Polônia", que fora nosso hino nacional desde o Levante de 1830.

Mas o organista não se deixava convencer pela arma nem por minhas palavras. Dizia que não podia fazê-lo, pois se o fizesse, o padre, ele e toda a sua família seriam executados. Enquanto falava comigo, ele não parava de tocar.

Expliquei ao organista que ele teria testemunhas — o violinista e o cantor — de ter sido obrigado a tocar o hino sob ameaça de arma de fogo. Para minha enorme felicidade, ao terminar o que estava tocando, ele atacou os acordes do nosso hino mais patriótico, e, para surpresa e alegria gerais, ouvimos as estrofes da melodia que toca o coração de todo polonês. Todos foram de tal maneira apanhados de surpresa que ninguém se mexeu. As pessoas na galeria foram as primeiras a começar a cantar, e logo seriam seguidas pelos demais. A igreja toda, então, reverberou ao som da melodia e da letra do hino:

> Deus, que sustivestes a Polônia por tantas épocas,
> Sob a Vossa proteção, glória e grande poder,
> Que concedestes Vossa sabedoria a seus poetas e sábios,
> E destes o Vosso próprio escudo como seu dote.
> Diante dos Vossos altares, nós, súplices,
> Imploramos de joelhos: libertai nossa terra e nossa nação.
> Devolvei à Polônia o antigo poderio e esplendor,
> E trazei férteis bênçãos a campos e prados;
> Sede novamente nosso Pai, justo, terno,
> Livrai-nos de nossas horríveis sombras.

Enquanto o coro repetia o refrão, a igreja era tomada pela comovente frase:

> Diante dos Vossos altares, nós, súplices,
> Imploramos de joelhos: libertai nossa terra e nossa nação.

Não esperei muito tempo. Desapareci da igreja no crepúsculo, com as últimas palavras tão emotivas do hino ainda ressoando aos meus ouvidos.

As pessoas se deram conta, naturalmente, do que poderia lhes acontecer. Em cinco minutos, não havia mais uma viva alma na igreja.

QUINTA-FEIRA, 4 DE MAIO

A notícia do serviço religioso de ontem na igreja se espalhou por Zoliborz, alegrando as pessoas. Hoje, encontrei-me com o organista na rua, e, polidamente, ele fez uma mesura e sorriu para mim.

SEGUNDA-FEIRA, 15 DE MAIO

Soubemos hoje do bem-sucedido ataque de nossos Comandos ao campo de pouso de Bielany, no qual foram destruídos muitos aviões. Também fomos informados de que o nosso grupo de Comandos logo dará início a manobras noturnas de campo, para testar as nossas armas e treinar em condições simuladas de combate. Recebemos um treinamento muito completo no manuseio de armas e na parte teórica dos preparativos militares —, mas só na medida das possibilidades oferecidas por manuais de treinamento do exército, que foram lidos e estudados em pequenos grupos em casas particulares.

O que precisamos é treinar como uma verdadeira equipe de combate em exercícios práticos de campo. Assim, a nossa companhia — agora com cerca de 130 homens — planeja encontrar-se em breve para exercícios noturnos.

QUINTA-FEIRA, 1º DE JUNHO

Esta noite, abrimos caminho furtivamente até o Parque Baixo de Zoliborz. Depois de breves exercícios de treinamento, a companhia se transferiu para outro lugar, para exercícios de tiro. Caminhamos com todo cuidado pelas ruas do bairro, passando pelos guardas da fábrica da Opel, até chegarmos ao complexo habitacional de Slodowiec. Lá, saímos do caminho dos trilhos que vínhamos seguindo e nos aproximamos das dunas de areia dos terrenos de treinamento do exército no pré-guerra.

Quando eu estava tirando a minha submetralhadora Sten de debaixo do paletó, o pente adicional de balas caiu na areia. Ouvi, então, uma voz estrondosa por trás: "Apanhe com os dentes!" Hesitei por uma fração de segundo e ouvi uma segunda ordem: "Apanhe já!" Era o filho da puta do "Korwin", sempre por perto no momento errado!

Ainda segurando a submetralhadora Sten na mão direita, eu me abaixei e apanhei o longo pente de metal com os dentes. Ao me levantar de novo, com a boca cheia de areia, dei com a figura imponente de "Korwin" bem na minha frente.

"Fique com esta aí na boca", disse ele, notando que eu ia tirá-lo para cuspir a areia. "Aquele arbusto — deite-se e vá rastejando até lá e volte; dez vezes. Assim vai aprender a cuidar da sua arma!"

Depois de rastejar indo e voltando na areia como um caranguejo, odiando por estar sendo repreendido assim publicamente, eu me levantei, dei uma escarrada de areia e me juntei ao destacamento na linha de fogo. Jurei que nunca mais deixaria cair uma arma.

Estávamos agora em nossas posições de tiro na linha de frente, esperando o alvorecer para começar a atirar, e sabendo perfeitamente que havia numerosas e bem armadas unidades alemãs nas proximidades.

Até que, lentamente, os raios do sol da manhã foram caindo sobre os distantes alvos desenhados nas casamatas de concreto. Os primeiros a atirar foram os que tinham pistolas, depois os munidos de fuzis e finalmente os armados de submetralhadoras Sten. Dei uma breve rajada, recarreguei rapidamente o pente, dei outra rajada e fiquei esperando. Seguiu-se uma longa rajada da metralhadora do tenente "Szymura". Os raios baixos do sol projetavam longas sombras nas dunas em frente a nós, e reinava um macabro silêncio enquanto as últimas balas da metralhadora castigavam as casamatas de concreto.

—∿∿—

Ontem, a notícia da invasão Aliada da Europa
se espalhou rapidamente pela cidade.

—∿∿—

Até que surgiu no horizonte um grande pelotão de soldados da Wehrmacht em formação de combate, vindo da direção do Baixo Marymont. Rapidamente tomaram posições e começaram a atirar. Recebemos em nossa linha a ordem de ficar parados e não reagir ao fogo. Até que "Korwin" repetiu a afirmação de "Szymura" de que os alemães estavam dando tiros de festim, o que nos deu o sentimento de segurança de que precisávamos. Era apenas um grupo de soldados alemães em treinamento matinal de tiro, exatamente como nós. Juntamos as nossas armas, tratamos de escondê-las por baixo de nossos longos casacos e nos dispersamos em pequenos grupos.

QUARTA-FEIRA, 7 DE JUNHO

Ontem, a notícia da invasão Aliada da Europa se espalhou rapidamente pela cidade. Hoje, é o único assunto de conversa em casa.

Papai diz que pode ser uma grande virada na guerra — talvez até "o início do fim", para parafrasear as palavras de Churchill —, e diz também que muitas pessoas na prefeitura estão convencidas de que agora a libertação está muito próxima.

Ele próprio se mostra mais cauteloso, pois sabe que a reação dos alemães provavelmente será a declaração do estado de total emergência. Na verdade, está convencido de que as coisas ainda vão piorar, lembrando-nos da afirmação inicial dos alemães, de que, se um dia tiverem de deixar a Polônia, vão se certificar de que ninguém ficará vivo por aqui.

QUINTA-FEIRA, 8 DE JUNHO

Hoje, a minha companhia entrou em ação na rua contra um colaborador *Volksdeutscher* — Bolongino —, executando outra sentença baixada contra um criminoso de guerra pelo Tribunal da Resistência. Meu amigo "Gozdawa" morreu na ação.

SÁBADO, 1º DE JULHO

A Polônia agora também está debaixo da sombra do Exército Vermelho. Dia e noite, o chão treme com o estrondo dos canhões chegando cada vez mais perto. À noite, a Força Aérea Vermelha faz investidas contra a cidade. Longos comboios de alemães sendo evacuados, oficiais e soldados vão e vêm em Varsóvia.

O Exército Vermelho voltou a entrar na Polônia no início deste ano. Rompidas as relações diplomáticas entre Moscou e o governo polonês no exílio, ouvimos o primeiro-ministro Mikolajczyk dizer pelo rádio, da Inglaterra, que teríamos preferido encontrar o Exército soviético como aliado.

Unidades do exército alemão se retiram de Varsóvia frente à ofensiva soviética.

SEGUNDA-FEIRA, 10 DE JULHO

Ouvimos dizer que os líderes da Resistência comunista estão em Moscou desde março, e que Stálin vai transformá-los no futuro governo da Polônia. Ele prometeu fornecer armas para o Levante do Exército Popular (AL). A maior pedra no seu sapato é o nosso Exército da Pátria.

QUARTA-FEIRA, 12 DE JULHO

O general Bor-Komorowski, comandante em chefe do Exército da Pátria, baixou ordem a todos os comandantes, dizendo que os russos não reconhecem o governo legal da Polônia e estão tentando derrubá-lo:

> Precisamos estar preparados para um confronto aberto entre a Polônia e os soviéticos, e, de nossa parte, temos de demonstrar cabalmente nesse confronto a posição independente da Polônia.

Soubemos que os comunistas querem incorporar as unidades do nosso Exército da Pátria ao seu Exército Popular polonês fantoche. Por esse motivo, os nossos líderes suspenderam o Levante nacional marcado para este mês.

SEGUNDA-FEIRA, 17 DE JULHO

Temos recebido ultimamente muitas armas lançadas de avião pela RAF. Mas agora, com as noites de verão mais curtas, os lançamentos chegarão ao fim exatamente quando mais precisávamos deles. Entretanto, muitas armas de produção nacional estão chegando. Ainda assim, o suprimento de munição é inadequado.

Nossa companhia recebeu algumas armas desses lançamentos aéreos. Entre elas estão algumas bazucas antitanque PIAT, de fabricação britânica, que vieram embaladas em seus caixotes originais; elas são muito volumosas, e ficamos sem saber como dispor delas.

"Korwin" finalmente resolveu o nosso problema. Hoje, ele pedalou em seu riquixá até o centro e contratou dois homens com um cavalo e uma carroça, sem lhes dizer, naturalmente, o que transportariam. Quando descobriram o que estavam carregando, eles ficaram com medo, mas não se recusaram a cooperar. "Korwin" anotou seus nomes e endereços, por mera precaução, e foi com eles até a entrada da Grande Floresta de Kampinos, onde os caixotes foram escondidos. Ele disse que, na volta à cidade, os dois homens, como bons e leais poloneses, recusaram pagamento pelo serviço. Mas aceitaram alguns goles oferecidos por "Korwin".

Todos nós esperamos, ansiosos, pelo combate final.

QUARTA-FEIRA, 19 DE JULHO

Recebemos alguns Colts .45 novinhos em folha e eu fui encarregado de guardar cinco deles. Decidi escondê-los debaixo do isolamento térmico do telhado do sótão em casa.

261 • 15 ANOS: 1944 – O LEVANTE DE VARSÓVIA

Mas, por coincidência, papai chegou em casa esta tarde dizendo esperar que a casa, em breve, seja revistada de novo pela Gestapo. Perguntou se eu tinha algum material comprometedor na casa. Eu hesitei, pois a segurança das armas era a minha maior preocupação, mas resolvi que não podia esconder a verdade da minha família. Quando lhe disse o que tinha escondido no sótão, papai propôs que transferíssemos imediatamente as armas para a casa de um amigo de confiança perto do Parque Baixo. Colocou, então, as pistolas numa pasta e nós a levamos para um novo esconderijo. Comuniquei imediatamente a nova localização do esconderijo ao meu comandante, explicando por que tinha revelado a localização das pistolas. Ele disse que entendia a minha situação.

QUINTA-FEIRA, 20 DE JULHO

Receio que os alemães consigam sair da Polônia sem serem punidos e sem combates — sem punição pelo que fizeram a Ludwik, Ola e Zula, ao tio Norbert e a centenas de milhares de outras pessoas. Depois de anos de treinamento e espera pela oportunidade de um combate aberto; depois do Gueto; depois das caçadas pelas ruas e das execuções públicas; depois das câmaras de gás e de anos de humilhante ocupação, todos nós esperamos, ansiosos, pelo combate final.

E agora ele está chegando! A libertação de Varsóvia está chegando!

A nossa companhia concluiu seu treinamento e não está autorizada a deixar a cidade, de modo que hoje decidi ir à Rua Mickiewicz encontrar minha namorada, Marysia. Ela mora num prédio de apartamentos conhecido como Casa de Vidro. Era um dia quente e úmido de verão, e Zoliborz, em geral tão verdejante, estava coberta de poeira. Cheguei à Casa de Vidro pouco antes do meio-dia e bati na porta do apartamento de Marysia. Ela rapidamente abriu e me deixou entrar. Sua mãe estava presente, e Marysia se mostrava preocupada com alguma coisa, e então subimos ao terraço para tomar ar.

Passei o braço ao redor dela e tentei consolá-la. Depois de algum tempo, ela se acalmou, e nós caminhamos pelo enorme terraço com uma vista espetacular de Zoliborz.

Enquanto caminhávamos pela beira do terraço dando para a Rua Mickiewicz, vi um tanque abandonado num dos lados. Perguntei a Marysia se ela sabia por que estava ali — pela primeira vez, eu via um tanque nas ruas de Varsóvia desde a Batalha do Gueto, em 1943.

Ela disse que estava escangalhado, mas, naturalmente, ninguém tem coragem de investigar. No mês passado, atiraram num menininho só porque encostou numa motocicleta.

Marysia e eu fomos, então, dar uma volta no Parque Zoliborz, e depois subimos ao alto do viaduto que dá para a Estação Varsóvia-Gdansk. Não havia muito movimento, afora uma longa fila de carroças puxadas a cavalo que se moviam lentamente e cansados e empoeirados soldados do exército húngaro retornando da frente. Aqueles velhos cavalos sarnentos mal conseguiam puxar suas miseráveis cargas pelo viaduto. Alguns húngaros caminhavam ao lado das carroças, com pistolas automáticas negligentemente suspensas nos ombros. Cada um deles nos mandava um sorriso patético mas amigável, e um aceno de mão. Eu retribuía o cumprimento, invejando as belas armas alemãs que seriam desperdiçadas daquela maneira. Sussurrei no ouvido de Marysia: "Queria ter aqui uma garrafa de vodca. Ouvi dizer recentemente que está fácil conseguir pistolas desses caras em troca da nossa vodca."

Marysia — 1944.

Ao voltarmos à Casa de Vidro, o apartamento estava vazio. Comemos alguns sanduíches e tomamos chá quente, sem falar muito, apreciando o lanche. Até que ouvi baterem à porta. Era um mensageiro com instruções de "Wilk".

Voltei para o nosso centro de operações assim que pude. "Wilk" me disse que agora está vigorando o estado de emergência e que, por falta de acomodações, todo o grupo terá de ficar na minha casa na Rua Felinski.

Nosso destacamento se instalou aqui, ocupando toda a casa — exceto os aposentos das minhas tias, claro! Não podemos sair da casa em momento algum, nem mesmo chegar ao jardim. Meu quarto foi transformado no nosso quartel--general, e passamos o tempo todo fazendo planos. Também levamos um tempo absurdo limpando nossas poucas pistolas.

SEXTA-FEIRA, 21 DE JULHO

Ouvimos dizer que houve um atentado contra Hitler! "Wilk" acha que eles mataram o filho da puta e que deveríamos começar imediatamente o Levante; caso contrário, não teremos chances de lutar. Ele considera que, quando começarmos a combater, as unidades aéreas britânicas e polonesas lançarão paraquedistas e, juntos, liberaremos Varsóvia antes da chegada dos russos.

<hr />

Estou feliz por estar defendendo e libertando a minha casa e a minha vizinhança.

<hr />

DOMINGO, 23 DE JULHO

Toda a IX Companhia de Comandos foi posta em estado de alerta. Agora, todos os destacamentos estão em Zoliborz, exceto o V Destacamento do 230º Pelotão. Esse destacamento, consistindo em homens que moram do outro lado do rio, no bairro de Praga, foi posto em alerta lá.

SEGUNDA-FEIRA, 24 DE JULHO

O tempo parece que se arrasta nessa espera nervosa do grande momento em que entraremos em luta aberta contra o nosso inimigo.

Minha casa é o centro de distribuição de sopa para cerca de 50 homens do nosso pelotão, todos hospedados em diferentes casas de Zoliborz. Nossa companhia, como única companhia de Comandos em Zoliborz, vai, natural-mente, lutar nessa zona de Varsóvia. Estou feliz por estar defendendo e libertando a minha casa e a minha vizinhança.

TERÇA-FEIRA, 25 DE JULHO

Todos os destacamentos estão ocupados. Alguns se ocupam com a coleta de um estranho tipo de uniformes — capacetes retirados das cruzes dos túmulos de soldados poloneses que tombaram na defesa da cidade em 1939, ou então jaquetas camufladas de combate das unidades Panzer das SS apanhadas numa fábrica próxima. As moças da nossa companhia estão fazendo braçadeiras vermelhas e brancas — o único elemento padronizado da nossa estapafúrdia mistura de trajes civis e militares de todas as épocas, estilos e cores.

"Wilk" é o único que usa um uniforme regular do exército. Onde ele o encontrou, eu não sei. Em seus trajes cinza e verde, com botas do exército, gorro de patrulha com uma grande águia branca e a listra de cadete, ele fica mesmo uma figura imponente. A submetralhadora Sten, suspensa numa correia de couro no ombro, completa o quadro. Sua aparência elegante contrasta radicalmente com a da maioria do grupo.

Ouvimos dizer que novos batalhões blindados do inimigo estão passando por aqui, a caminho do front. Devem apresentar um belo contraste com os cansados e sujos soldados alemães que vimos em retirada dias atrás.

QUARTA-FEIRA, 26 DE JULHO

Hoje, estávamos brincando com o aparelho de rádio quando demos com frases meio apagadas e interrompidas da Rádio Moscou transmitindo em polonês:

> Varsóvia… ouve… as… armas… Exército Polonês… treinado na URSS, recebe agora o reforço do Exército do Povo para formar… as Forças Armadas Polonesas… Suas fileiras receberão amanhã o reforço dos filhos de Varsóvia. Eles… acabar com a raça da canalha hitlerista… Poloneses, chegou a hora da libertação! Poloneses, às armas!

Nós estamos parados aqui há quase uma semana, e agora os comunistas vão passar a nossa frente!

QUINTA-FEIRA, 27 DE JULHO

Hoje, às cinco da tarde, os alto-falantes reproduziram uma nova proclamação de Fischer. Amanhã, todos os homens com idade entre 17 e 65 terão de se apresentar para cavar trincheiras e outras atividades ligadas à fortificação da cidade. No mínimo, 100 mil homens terão de se apresentar às oito horas da manhã.

Papai ficou abalado com essa notícia. Isso pode perfeitamente significar deportação, câmaras de gás ou pelotões de fuzilamento para todos os homens fisicamente aptos, assim fornecendo bucha de canhão para a artilharia soviética. Os homens do nosso destacamento interpretam a coisa como possível vazamento do nosso pretendido Levante e uma tentativa alemã de reprimi-lo. Seja como for, achamos que servirá apenas para apressar a "Hora V".

SEXTA-FEIRA, 28 DE JULHO

Pela manhã, tia Stacha foi ver como andava a mobilização dos homens para o "trabalho nas trincheiras". Ela chegou num dos postos pouco depois das oito horas e encontrou apenas um punhado de homens reunidos, em sua maioria idosos e inválidos. Às nove horas, os caminhões militares partiram vazios.

A nossa hora chegou!

SÁBADO, 29 DE JULHO

Durante a noite, houve um pesado bombardeio soviético da cidade. Ouvimos dizer que os tanques soviéticos chegaram a Praga.

DOMINGO, 30 DE JULHO

Longas filas de pesados tanques da Divisão Panzer da SS Hermann Göring passaram hoje pela Avenida Jerusalém a caminho de Praga; ficamos sabendo mais tarde que o Exército Vermelho está batendo em retirada ante a investida dos reforços alemães.

SEGUNDA-FEIRA, 31 DE JULHO

A "Hora V" foi marcada para amanhã, às 17 horas. A nossa hora chegou!

TERÇA-FEIRA, 1º DE AGOSTO

Manhã esturricada de verão. Ao alvorecer, recebemos ordem de nos transferir para uma casa na Rua Tucholska, perto da Rua Krasinski, onde se tinha reunido todo o nosso pelotão. Aqui, recebemos armas adicionais.

TERÇA-FEIRA, 1º DE AGOSTO – MEIO-DIA

Um bulevar de guerra: a Rua Krasinski, em Zoliborz.

Juntamente com alguns outros, eu fui destacado para sair em patrulha na Rua Suzina, com as nossas pistolas e submetralhadoras Sten escondidas na jaqueta. Devíamos proteger outro destacamento da nossa companhia, que estava transferindo armas de um dos nossos esconderijos. Tínhamos ordens de não atirar, se não atirassem antes.

Ao chegar à esquina das ruas Krasinski e Suzina, nos separamos em duplas no cruzamento e ficamos esperando, mais atentos que nunca ao que acontecia ao nosso redor.

Não tivemos de esperar muito.

Da Rua Kochowska, o grupo de vanguarda, liderado por "Swida" e carregando dois grandes pacotes, entrou na Rua Krasinski, enquanto "Korwin" e "Longinus" davam com "Wilk" e "Horodenski" indo para a Rua Suzina.

Nesse momento, um caminhão alemão de patrulha descia em marcha lenta pela Rua Krasinski. Vendo a coluna, os alemães frearam bruscamente e abriram fogo contra os homens em pleno bulevar.

"Swida" reagiu com a submetralhadora Sten; um dos seus homens tirou uma metralhadora leve da mochila, tomou posição e, depois de disparar uma breve salva, praguejou de ódio: sua arma estava emperrada. Nesse momento, "Wilk" e "Horodenski" entraram em ação.

Os alemães, surpreendidos pelo fogo no seu flanco do outro lado da Rua Krasinski, deram meia-volta. O que permitiu ao grupo de "Swida" recuar para a Rua Kochowska.

O tiroteio prosseguia intenso e balas zuniam sobre as nossas cabeças enquanto permanecíamos deitados na faixa central gramada que dividia o bulevar. Continuei atirando, "Wilk" feriu mais uns dois com a submetralhadora Sten e os alemães rapidamente bateram em retirada na direção de Powazki. Nessa troca de tiros, "Horodenski" foi ferido, retirando-se com "Wilk" para o Parque Baixo.

Com uma trégua de alguns minutos, recolhemos as armas e distribuímos as pistolas, granadas de mão e munição entre nós. Carreguei um velho fuzil do exército polonês, um Warszawiak 1937. Em seguida, tomamos posição nos prédios ao longo da Rua Krasinski.

TERÇA-FEIRA, 1º DE AGOSTO - TARDE

O início do Levante de Varsóvia, 1944.

Era o início da tarde. Dois enormes caminhões alemães, carregados com Comandos especiais anti-insurgência das SS, pararam no bulevar e abriram fogo na direção da Rua Suzina com metralhadoras e fuzis. Nós também atiramos contra eles, e as suas balas zuniam sobre as nossas cabeças e atingiam as paredes do prédio de apartamentos do qual atirávamos. Essa troca de tiros foi a minha primeira oportunidade de usar meu recém-adquirido fuzil. A certa altura, não tínhamos nenhum ferido, enquanto vários alemães haviam sido atingidos por nossas balas. De repente, no entanto, depois de um confronto de meia hora, eu vi que dois dos nossos homens tinham sido atingidos e estavam sendo carregados para uma casa próxima. Os alemães, que até então não tinham realmente conseguido nos atingir com seu fogo, mandaram um exímio atirador para o fim da rua em frente a nós para avaliar nossa localização exata. Tínhamos de reconhecer que ele mostrou grande bravura, pois sua missão praticamente o marcava para uma morte certa.

Para nossa surpresa, sem qualquer cobertura, o atirador percorreu a distância entre o lugar onde estavam os caminhões alemães e o fim da nossa rua. Só então, quando estava voltado para nós, uma bala da arma do cadete "Mirski" o atingiu.

Os alemães retiraram seus caminhões e nós nos transferimos para uma casa na Rua Mieroslawski, onde pretendemos ficar até chegar o momento de nos juntar a nossa companhia.

TERÇA-FEIRA, 1º DE AGOSTO – INÍCIO DA NOITE

Exatamente às cinco horas, como planejado, uma onda de explosões e tiros de fuzis automáticos deu início ao Levante em toda a cidade. Em meio ao fogo e à poeira, bandeiras brancas e vermelhas (que não eram vistas desde 1939) foram desfraldadas nas ruas e nas janelas e telhados para saudar esse grande momento.

Havia tanques alemães nas esquinas de todos os principais bulevares e praças, e as suas bombas e o fogo de suas metralhadoras impediam nossas unidades de atravessar as ruas. Tiroteio pesado, metralhadoras e bombas explodindo eram ouvidos em todo Zoliborz. A batalha começara pra valer.

Com apoio de um pesado tanque Tiger, os alemães atacaram o prédio na esquina das ruas Krasinski e Suzina, e então decidimos nos transferir para o Parque Zeromski. Mas, o chegar à parte baixa da Rua Krasinski, nos demos conta de que teríamos de tentar atravessá-la debaixo de fogo de tanque. As metralhadoras alemãs estavam posicionadas tão baixo que as balas cortavam as folhas de batata que cresciam na faixa central do bulevar.

Apesar disso, tivemos de atravessar o bulevar. Agachado, com o fuzil nas mãos, consegui me deslocar numa velocidade incrível, mas fui enquadrado no meio da rua e não consegui mais avançar.

269 • 15 ANOS: 1944 – O LEVANTE DE VARSÓVIA

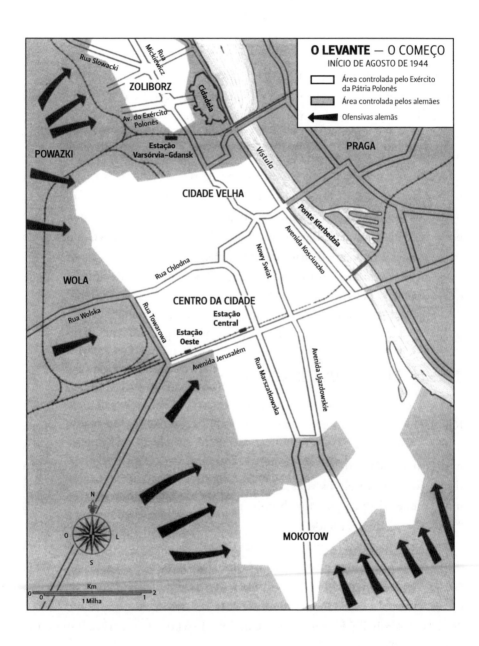

A mira do enorme canhão do tanque estava voltada para a minha posição, e a primeira bomba explodiu a cerca de 25 metros de onde eu estava deitado. A seguinte chegou ainda mais perto, de modo que não havia tempo nem para pensar.

Todos nós saltamos, e, numa só investida, cobrimos a distância até o outro lado do bulevar. Enquanto eu estava imobilizado no meio do bulevar, uma bala tinha furado a minha manga e ferido levemente meu braço direito. Tive muita sorte, mas "Bogdan" foi gravemente ferido na perna, e tivemos de voltar por causa dele.

Ao entrarmos no prédio do outro lado da rua, deixamos os nossos feridos com os socorristas, e uma enfermeira tratou do meu ferimento e me deu um pouco de água. Quando estávamos sentados no pátio, uma senhora muito idosa nos abençoou com o sinal da cruz. Ela chorava de alegria e empolgação porque a tão esperada hora do Levante, de fato, finalmente chegara.

Com o fim do tiroteio ao cair da noite, Zoliborz sossegou de novo; o silêncio só era quebrado pelo crepitar das chamas das casas incendiadas. Mas, aos poucos, os sobreviventes das unidades dispersas começaram a se juntar nas ruas de Zoliborz, alguns vindos bem de longe, de Bielany e Powazki.

TERÇA-FEIRA, 1º DE AGOSTO – NOITE

Todos nos reagrupamos e começamos a avançar em direção ao prédio da Rua Krasinski onde estava estacionada a nossa companhia. Ao nos reencontrarmos em segurança com a nossa companhia, ficamos sabendo de pesadas perdas ocorridas ao longo do dia. De modo que o nosso destacamento tinha tido sorte, pois os dois únicos feridos são "Thur", sobre quem caiu uma parede atingida por uma bomba de um tanque Tiger, e "Bogdan". Mas "Wacek" está desaparecido.

Famintos e cansados, mal conseguíamos nos manter de pé, mas não era hora de descanso. Após uma breve pausa, a ordem de marchar nos pôs de pé de novo. Nosso destacamento agora consistia em nosso líder, "Korwin", o vice-líder, o cadete "Wilk", e os seguintes homens: "Slawek"; "Krzysztof"; "Thur"; "Gryf"; "Gazda"; "Wrobel"; "Horodenski"; "Chudy"; "Lewko"; dois irmãos, "Longinus" e "Cygan"; "Sas"; e eu, "Golias".

O nosso destacamento: fileira de cima, a partir da esquerda: o autor ("Golias"), "Wilk" e "Wrobel". Fileira do meio: "Cygan", "Nick", "Gazda" e "Slawek". Na frente: "Krzysztof".

QUARTA-FEIRA, 2 DE AGOSTO

Saímos de Zoliborz por volta da meia-noite, debaixo de uma garoa fina, e nos retiramos da cidade em direção a Bielany. Informaram que estávamos a caminho da Grande Floresta de Kampinos, que seria o ponto de concentração de todas as unidades combatendo na região de Zoliborz e Bielany.

Sob a proteção da noite, conseguimos passar pelas posições antiaéreas alemãs sem sermos vistos, e, depois de uma boa hora de caminhada, estávamos perto de Bielany. Nessa altura, a chuva se transformara em tempestade, e estávamos todos molhados até a alma.

Eu estava usando o fino uniforme do meu pai da Primeira Guerra Mundial, sem suéter nem sobretudo. Em sua maioria, os outros também estavam vestidos inadequadamente. Tremendo de frio, fome e cansaço, e protegendo o fuzil por baixo da jaqueta, eu caminhava rapidamente — tínhamos pressa de nos afastarmos o máximo possível da cidade antes do amanhecer.

Pouco depois de passarmos de Bielany, a granada de mão de "Barão" explodiu no seu cinturão, abrindo uma terrível ferida na barriga. Era uma daquelas granadas de fabricação caseira que tantas vezes haviam se revelado extremamente inseguras. Fragmentos da granada também feriram "Akropolites". "Barão" nos implorava que o tirássemos daquela agonia; sabia que não poderíamos levá-lo conosco, e não poderíamos deixá-lo ali para ser encontrado pelos alemães.

Abandonando o corpo de "Barão" para trás, continuamos a nossa marcha muito abatidos.

QUARTA-FEIRA, 2 DE AGOSTO – MANHÃ

Uma bruma cinzenta se arrastava pelos campos, cobrindo os outeiros e deformando bétulas, salgueiros, macieiras silvestres e zimbros. A distância, aparecia uma fieira de bosques. Estávamos atravessando campos macios e úmidos de vegetação silvestre alta, passando por povoados sonolentos e nos aproximando da floresta. Lá esperávamos encontrar segurança e ter tempo para receber armas de paraquedas.

Ao chegarmos ao povoado de Sierakow, vimos um avião de reconhecimento passando por cima de nós, e o coronel "Zywiciel" deu ordem de pôr fim à marcha.

Depois de montar ninhos de metralhadoras em torno da aldeia e mandar algumas patrulhas às imediações, nós nos jogamos num palheiro para descansar.

—✺—

Iríamos combater o inimigo e defender
as nossas casas e as nossas famílias.

—✺—

QUARTA-FEIRA, 2 DE AGOSTO – TARDE

Depois do breve descanso, cada um de nós recebeu uma caneca de sopa com batatas dos nossos anfitriões e a devoramos com grande prazer. Mas ela serviu apenas para abrir o nosso apetite, e, depois de tomá-la, sentimos que gostaríamos de algo sólido para comer, e assim "Longinus" e eu fomos buscar comida na aldeia.

Mas logo nos demos conta de que não éramos os primeiros, e todas as galinhas que tinham conseguido sobreviver às investidas dos famintos soldados estavam trancadas em cabanas e muito bem guardadas. Atravessamos a aldeia inteira sem encontrar uma única galinha, e só ao chegar ao fim da rua ouvimos um som que pareceu música a nossos ouvidos, o guincho de um porco. Imediatamente, entramos na cabana e ordenamos à camponesa que nos levasse até o animal.

A velha senhora, percebendo que seu porco corria perigo, tentou dizer que seu vizinho tinha um porco bem maior. Respondemos que não precisávamos de um grande. Então, vendo os fuzis nos nossos braços, ela abriu o portão e demos com um lindo porco bem gordo deitado na palha.

Apontamos nossos fuzis e "Longinus" disparou com a submetralhadora Sten; mas o porco era muito forte e, mesmo sangrando, pulou por cima de um pequeno muro, tentando escapar pelo terreno adjacente.

Eu, então, dei o tiro de misericórdia.

Sabendo o que o porco significava para ela, pagamos 500 zlotys à mulher e deixamos a cabeça para que alimentasse os filhos. Penduramos, então, a vítima numa vara grossa, botamos nos ombros e voltamos para o nosso centro de operações. Desnecessário dizer que, no caminho, recebíamos muitos olhares invejosos de soldados que passavam. Nossos amigos, que nos receberam como heróis, levaram o porco para a cabana, onde foi assado num espeto.

QUARTA-FEIRA, 2 DE AGOSTO – NOITE

Às onze e meia da noite, o apito soou. Todos nós tratamos logo de nos reunir, e o porco assado foi cortado e distribuído. Lá ficamos sentados com as mãos cheias de pedaços fumegantes de carne, a saborosa gordura pingando dos dedos, e então ficamos sabendo que, em 15 minutos, teríamos de partir de volta para Varsóvia.

Embora estivéssemos muito cansados, empreendemos a caminhada de volta com grande empolgação. Iríamos combater o inimigo e defender as nossas casas e as nossas famílias. Voltara a chover, mas a ideia de estarmos retornando a Varsóvia nos animava.

Passando pelo pequeno povoado de Laski, chegamos à aldeia de Wolka Weglowa. E logo demos de cara com tropas inimigas. A coluna se deteve, mas, em vez de uma troca de tiros, houve aparentemente apenas uma troca de palavras entre o pelotão de reconhecimento da nossa companhia e o inimigo. Logo ficamos sabendo que o "inimigo" era uma unidade da infantaria húngara, e que seu comandante tinha manifestado o desejo de conversar com os nossos oficiais.

A conversa se deu em alemão, com fortes sotaques polonês e húngaro. Na profunda escuridão, chegavam a mim apenas frases isoladas, enquanto a chuva continuava caindo no meu cabelo e no meu uniforme encharcados. Ouvi frases sobre a centenária amizade entre a Hungria e a Polônia, o tão desejado fim da guerra e de melhores tempos por vir — tudo misturado a uma mal disfarçada ausência de qualquer simpatia pelos alemães. A coisa terminou com a permissão dos húngaros para que nós passássemos sem problemas. Houve uma troca de saudações entre os oficiais, e a coluna se pôs novamente em movimento. Enquanto atravessávamos as poças na rua da aldeia, os húngaros acenavam, desejando-nos boa sorte.

A chuva caía agora em camadas que nos alagavam e separavam. Os encarregados de encontrar o caminho muitas vezes se equivocavam. A coluna se rompeu, tornando-se cada vez mais longa. Eu estava preocupado com o meu fuzil, que ficara molhado, apesar das minhas tentativas de protegê-lo.

Até agora eu não acreditava que fosse possível marchar num estado de semiconsciência.

QUINTA-FEIRA, 3 DE AGOSTO – MANHÃ

Finalmente, chegamos a Wawrzyszew, a aldeia próxima de Zoliborz. A chuva deu uma trégua e tornamos a nos ver. Na verdade, eu estivera adormecido enquanto movimentava automaticamente as pernas — até agora eu não acreditava que fosse possível marchar num estado de semiconsciência. Apenas quando

275 • 15 ANOS: 1944 – O LEVANTE DE VARSÓVIA

tropeçava num tronco de árvore retorcido ou cambaleava para cima do sujeito caminhando à minha frente é que eu despertava.

Na tranquilidade do alvorecer, estávamos num campo aberto. Um grupo de oficiais se recostou na cerca de madeira que isolava uma propriedade; na névoa matinal, o coronel "Zywiciel" e sua equipe provavelmente estavam discutindo o que fazer com as suas tropas encharcadas, surpreendidas pela luz do dia no meio de um conjunto de casas de madeira com telhado de palha.

A distância, através do nevoeiro, começavam a se delinear os contornos da Colônia Habitacional dos Trabalhadores, perto de Bielany. Situada no cruzamento de três estradas entre Bielany, Zoliborz e Wawrzyszew, a colônia representava o único esconderijo viável. Se fosse vista em Wawrzyszew, nossa coluna seria rapidamente dizimada pela artilharia estacionada ali ao lado, em Powazki.

O tenente "Szymura" passou por mim a caminho do 230º Pelotão, que formava a vanguarda.

A coluna, então, chegou à Colônia Habitacional dos Trabalhadores, e recebemos ordem de tomar posição nos prédios de apartamentos e nas casas individuais ao redor.

Embora o inimigo estivesse no campo de pouso de Bielany com artilharia antiaérea e no Instituto Central de Educação Física com tropas de elite das SS, nós estávamos de bom humor. Tínhamos tomado o café da manhã, e agora limpávamos as nossas armas e nos preparávamos para tomar posição nas janelas da casa onde o nosso destacamento se encontrava estacionado.

Um vasto campo se descortinava à nossa frente, chegando até Zoliborz, à direita, e, à esquerda, se estendendo por alguns quarteirões de casas, o que representava para nós uma certa proteção contra os batalhões das Waffen-SS abrigados no instituto, e também contra as barracas de aviadores alemães no campo de pouso. Mas, de qualquer maneira, corríamos sério perigo ali, e recebemos do coronel "Zywiciel" estritas instruções de não atirar sem ordem direta dele, para não revelar prematuramente as nossas posições.

Às oito horas da manhã, uma patrulha apareceu no campo aberto vinda de trás do bloco de casas à nossa frente. Consistia em oito homens da Luftwaffe, carregando metralhadoras e fuzis.

Eles caminhavam bem lentamente, conversando, aparentemente ignorando que estávamos ali posicionados às centenas. Só quando já estavam a uns cem metros de nossas posições é que começaram a prestar mais atenção e a avançar em formação.

Ficamos muito frustrados de não podermos atirar neles, mas as ordens eram claras. Entretanto, quando os alemães estavam a cerca de 30 metros da nossa localização, um disparo foi feito de uma casa distante, à nossa esquerda. Os alemães recuaram, mas não perderam a oportunidade de atirar de volta.

Finalmente, recebemos ordem de mandar bala, e aqueles de nós que estavam próximos o suficiente, imediatamente abriram fogo contra os alemães em retirada. O tenente "Szajer" estava ajoelhado à janela da qual eu atirava. Seu segundo tiro acertou o comandante da patrulha, um sargento da Luftwaffe, que caiu gravemente ferido, gemendo durante uma hora, até morrer.

Agora que as nossas posições haviam sido descobertas, tínhamos de nos preparar para defendê-las. Decorrida aproximadamente uma hora, outra patrulha alemã apareceu, duas vezes maior que a anterior e com metralhadoras mais leves. Entretanto, como a primeira patrulha alemã tinha sido alvejada apenas por homens de algumas das casas, a segunda, sem dúvida, esperava que fôssemos em número muito menor. Assim, tinham enviado apenas cerca de 20 homens para nos enfrentar.

Dessa vez, desde o início eles avançavam em formação de combate. Avançaram numa série de arremetidas rápidas, atirando em nossas janelas com seus fuzis e metralhadoras.

Uma saraivada de balas entrou pelas janelas por trás das quais estávamos, despedaçando os azulejos do forno à lenha. Balas incendiárias puseram fogo no sofá e no tapete, mas logo tratamos de impedir que se espalhasse.

Depois de alguns minutos, o fogo alemão era revidado de um número cada vez maior de casas, e finalmente, depois de meia hora de tiroteio, os alemães começaram a bater em retirada, abrigando-se por trás das pequenas elevações arenosas do terreno.

QUINTA-FEIRA, 3 DE AGOSTO – MEIO-DIA

Enquanto a defesa era preparada, o coronel "Zywiciel" incumbira a nossa companhia de Comandos — a única realmente armada — de garantir a segurança dos postos avançados. O 226º, que era o meu pelotão, e o 229º receberam ordem de tomar posição um em frente ao outro nas fileiras de casas individuais da Rua Zeromski. Uma patrulha também foi enviada à Rua Kleczewska ali perto, para capturar uma casa e esperar as próximas ordens.

277 • 15 ANOS: 1944 – O LEVANTE DE VARSÓVIA

Membros do nosso destacamento foram escolhidos para a patrulha. Eu estava entre eles, e "Korwin" era o nosso líder.

Depois de cuidadoso exame das nossas submetralhadoras Sten e dos nossos fuzis, procedemos — com a cobertura dos jardins — ao cumprimento de nossa missão. Rastejando, atravessamos uma rua debaixo de fogo de metralhadoras inimigas e nos encontramos na referida casa. Os assustados moradores já tinham passado a manhã inteira no porão; ao nos verem armados até os dentes, desapareceram completamente dali.

—————

Rajadas de metralhadoras e bombas explodiam o tempo todo.

—————

Depois de explorarmos a casa, "Korwin" posicionou alguns de nós nas janelas como observadores. Deveríamos ser rendidos de duas em duas horas para quebrar a monotonia. Com granadas de mão enfiadas nas botas de sapador e um fuzil semiautomático pendurado desleixadamente no ombro, o barbudo "Korwin" mais parecia um guerrilheiro pirata do que um disciplinado oficial júnior. O nosso "heroico" líder se posicionou, então, no porão, de onde nos dava ordens. Eu me posicionei por trás da janela da ampla e ainda bem mobiliada sala de estar.

Rajadas de metralhadoras e bombas explodiam o tempo todo. De cinco em cinco minutos, aproximadamente, uma bala ou fragmento de morteiro entrava na sala, atingindo os móveis ou as paredes. Veio, então, uma trégua inesperada, e, agachando por baixo da janela, finalmente encontrei algum tempo para pensar.

Pensei em especial em Ludwik. Finalmente, estávamos fazendo o que ele havia sonhado durante quatro longos anos. Estávamos em plena batalha contra o Invasor — e o homem que me havia iniciado na luta, que havia imbuído todos nós da necessidade de combater e talvez morrer pela liberdade, não estava aqui. Eu esperava que ele ficasse feliz com os resultados do seu constante e cuidadoso planejamento no sentido de transformar meninos em soldados combatentes.

As manobras do Três de Maio, no fundo da Grande Floresta de Kampinos, mais ou menos no mesmo lugar onde estivéramos na noite anterior, a visita ao

Gueto em combate, os rostos de Ola, Stefa, Zula — tudo passava diante dos meus olhos em rápida sucessão.

Eu me perguntava onde estaria meu pai durante o Levante, e como é que ele, minha mãe e minha irmã estavam se saindo. De certa forma, eu sabia que Marysia estava bem, e tinha o forte sentimento de que, se conseguisse sobreviver a esse dia, tornaria a vê-la.

Enquanto estava assim mergulhado em meus pensamentos, sentindo-me muito desconfortável na dureza do chão, voltei-me para o outro lado e vi sobre o piano uma foto de uma menina linda. O rosto me parecia muito familiar.

Passado um momento, convenci-me de que era um retrato da minha prima Ania Marjanska, que morava em Komorow, perto de Varsóvia. Logo me lembrei de que alguém da sua família tinha uma casa nessa rua, e pensei: aqui estou eu, nem sei por quê, exatamente nesta casa.

—◦◦◦—

Estávamos agora numa posição desesperadora,
bem por trás das linhas inimigas.

—◦◦◦—

QUINTA-FEIRA, 3 DE AGOSTO – TARDE

À tarde, foi um inferno. Artilharia, tanques e morteiros pesados caíam sobre as nossas posições na Colônia Habitacional dos Trabalhadores. Vez por outra, um tanque Tiger passava na rua ao lado, ou mesmo pela nossa, às vezes tão perto da casa que quase encostava nas paredes. O chão tremia com as explosões pesadas e nós ouvíamos claramente as vozes dos alemães avançando. A cada minuto elas eram ouvidas com mais nitidez, e logo nos vimos bem no meio da infantaria e de tanques alemães atacando a colônia.

Estávamos agora numa posição desesperadora, bem por trás das linhas inimigas. Se fôssemos descobertos pelos alemães, não teríamos como nos defender por mais de alguns minutos. Sequer tínhamos esperança de receber reforços da nossa companhia, pois estávamos completamente isolados.

Soldados do Exército da Pátria mortos em combate.

Até que "Korwin" — sempre tão inteligente quanto cauteloso — descobriu uma pequena porta por trás de um armário no porão, dando para um minúsculo esconderijo debaixo da escada. Depois da apagar quaisquer vestígios da nossa permanência na casa, ele ordenou que entrássemos ali, um após o outro. Lá de dentro, arrastamos novamente o armário para o lugar, para que ninguém pudesse ver a porta.

O esconderijo era apertado demais, com um comprimento equivalente à altura de um homem de estatura média e pouco mais de metro e meio em seu ponto mais alto. Incrível que um buraco tão pequeno pudesse conter nove homens, três deles muito altos.

Estávamos todos sentados, de tal maneira que a cabeça de cada um repousava nas costas do sujeito à frente, com os joelhos encostados no queixo. Agarrávamos firmemente nossas preciosas armas, tentando ignorar o ronco de nossos estômagos vazios. Nessa posição extremamente desconfortável, quase sufocando com a falta de ar, apertados e imóveis, nós esperávamos.

O tempo todo a batalha prosseguia enfurecida, e ouvíamos as vozes dos alemães fora do prédio. A ideia de que nossos amigos estavam combatendo e morrendo enquanto ficávamos sentados debaixo da escada sem nada fazer era motivo de angústia e frustração, mas não tínhamos escolha.

Enquanto esperávamos os alemães, decidimos que, se fôssemos atacados, lutaríamos até o fim e explodiríamos as nossas granadas de mão, para não sermos capturados vivos. Todos concordaram nesse sentido.

No fim do dia, o fragor da batalha cessou e paramos de ouvir as vozes dos alemães. Depois de seis horas de inimagináveis contorções físicas, finalmente podíamos sair do esconderijo e respirar ar puro. Nenhum de nós jamais esqueceria essas seis horas.

QUINTA-FEIRA, 3 DE AGOSTO - NOITE

Como já tínhamos passado muito tempo na casa sem receber ordens, "Korwin" decidiu que deveríamos voltar, protegidos pela noite, para descobrir o que tinha acontecido com o restante da nossa tropa.

No caminho, vimos que a Colônia Habitacional dos Trabalhadores estava em chamas. As casas estão quase irreconhecíveis, restando apenas algumas paredes e chaminés.

Aqui e ali, enormes buracos tinham sido abertos nos jardins pelas bombas da pesada artilharia alemã, e, às vezes, víamos os corpos mutilados dos nossos companheiros — vítimas de uma batalha sanguinária. Feridos jaziam nos jardins em frente às casas, atendidos e reconfortados por nossas sempre corajosas enfermeiras.

Ao chegarmos à nossa companhia, "Korwin" se apresentou ao comandante. Recebidos com entusiasmo por nossos amigos, fomos informados dos nomes de nossos companheiros que tinham sido mortos ou feridos, aumentando ainda mais a lista. Também fomos informados sobre a batalha.

Não acabavam mais as histórias de sacrifício individual durante essa primeira batalha a céu aberto.

Ao longo desse dia, nossas unidades tinham sofrido terríveis baixas; as casas, de construção rudimentar, não eram capazes de proteger os soldados do fogo de tanques ou mesmo de artilharia. Nossa companhia, em particular, tinha sofrido inúmeras perdas. Entre os oficiais, o vice-comandante da companhia, tenente "Szymura", fora gravemente ferido, atingido pela terceira vez em dois dias de combate. Ainda assim, comandara seu pelotão até o fim. Outro dos nossos pelotões, o 230º, sofreu baixas particularmente pesadas num contra-ataque em reação à investida dos alemães — perdendo 17 homens.

O destacamento de "Kalisz" tinha sido imobilizado entre os tanques e a infantaria atacante. "Jerzy" foi um dos que ficaram gravemente feridos no destacamento. A jovem "Ewa", uma das enfermeiras da companhia, se meteu bem no meio do fogo cruzado das metralhadoras. Deu um jeito de chegar até o ferido, e, com a ajuda de dois soldados, retirou-o dali, conseguindo que fosse posto numa maca no quintal de uma das casas. Lá, ele e a corajosa enfermeira foram mortos por uma bomba.

Não acabavam mais as histórias de sacrifício individual durante essa primeira batalha a céu aberto.

—⟨∿⟩—

O campo da morte me causou profunda impressão; pela primeira vez, eu via tantos corpos dilacerados e aquelas horríveis feridas abertas.

—⟨∿⟩—

Como não tínhamos participado de boa parte dos combates desse dia, não estávamos tão exaustos quanto os outros, de modo que o nosso destacamento recebeu ordem de ir para o campo de batalha recolher armas e munições dos mortos. Avançamos cuidadosamente pelas dunas de areia, à fraca luz do luar. Cadáveres se espalhavam a distância de poucos metros uns dos outros, retorcidos nas mais diferentes posições, geralmente algum soldado da nossa companhia. Aproximei-me de um deles, deitado de bruços, com o fuzil ainda firmemente agarrado. Arranquei o fuzil daquelas mãos sem vida. Ele fora morto por uma bala que atravessou seu capacete e entrou pela testa. Também peguei o capacete, pois os capacetes eram um bem valiosíssimo. Mais tarde, lavei-o com água fria, mas era pequeno demais para mim, e o entreguei a "Lewko".

A cerca de 300 metros de nossas posições, havia corpos de alemães — os que tinham sido abatidos por nossas balas — jovens e velhos, dilacerados, retorcidos e cobertos de sangue, dormindo tranquilamente pela primeira vez em muito tempo.

O campo da morte me causou profunda impressão; pela primeira vez, eu via tantos corpos dilacerados e aquelas horríveis feridas abertas. Ainda assim, cumpri as ordens, recolhendo capacetes, armas e munições.

Soldados alemães carregando lança-foguetes.

Não demorou, e o coronel "Zywiciel" moveu todas as nossas forças para Zoliborz, deixando os feridos aos cuidados dos moradores de Bielany e mandando os soldados sem armas de volta para a Grande Floresta de Kampinos. Partimos às 11 da noite, mas levamos mais de duas horas para cobrir essa curta distância, pois os alemães estavam varrendo os campos com holofotes e foguetes, de modo que tínhamos de parar e deitar imóveis a intervalos de poucos minutos.

—⁂—

Boa parte de Varsóvia é nossa de novo! A bandeira vermelha e branca da Polônia tremula na cidade cheia de cicatrizes, mas orgulhosa pela primeira vez em quase cinco anos.

—⁂—

283 • 15 ANOS: 1944 - O LEVANTE DE VARSÓVIA

Se os alemães tivessem visto nossas unidades no meio do descampado, sua pesada artilharia não teria deixado vivo nenhum de nós. Felizmente, passamos sãos e salvos pelas posições de artilharia do inimigo, tirando os sapatos e até tentando parar de respirar. Cerca de 350 de nós chegaram em segurança a Zoliborz.

Fomos alojados em muitas casas, e pela primeira vez em vários dias tivemos um teto sob o qual dormir. Fomos atendidos pelos civis, que nos ajudaram de todas as maneiras possíveis.

Assim, voltamos mais uma vez a Zoliborz, prometendo defender o bairro e os seus moradores até a nossa última gota de sangue.

SEXTA-FEIRA, 4 DE AGOSTO

Boa parte de Varsóvia é nossa de novo! Em muitas partes, a bandeira vermelha e branca da Polônia tremula na cidade cheia de cicatrizes, mas orgulhosa pela primeira vez em quase cinco anos, e as odiadas suásticas foram arrancadas e queimadas.

Desde o início da manhã, a população civil ergue barricadas com o exército e cava trincheiras antitanque e de comunicação em todo Zoliborz. As barricadas são feitas de todas as coisas possíveis e imagináveis: bondes derrubados, tudo quanto é tipo de móveis das casas próximas, latas de lixo e até montes de detritos. Algumas são tão altas que chegam ao segundo andar dos prédios vizinhos.

Os civis realmente estão loucos para ajudar, e o trabalho nas fortificações está avançando rapidamente e muitíssimo bem. A vida dos cidadãos prontamente se "normalizou" desde que o inimigo se retirou para o perímetro de Zoliborz.

O único meio de comunicação "confiável" entre Zoliborz e a Cidade Velha é pelos canos subterrâneos de esgoto.

As formações da Wehrmacht e das SS estão aquarteladas em redutos fortificados — no Instituto de Química, no alto da Avenida do Exército Polonês, na extremidade oeste da zona controlada por nós; de ambos os lados do viaduto da Ferrovia Varsóvia-Gdansk, ao sul; na Cidadela e ao longo das margens do Vístula, a leste; na velha Escola de Guerra Química, no Marymont, ao norte; no prédio da escola pública da Rua Kolektorska; e no Instituto Central de Educação Física, a noroeste.

Cartaz do Levante de Varsóvia em 1944.
CADA BALA: UM ALEMÃO.

Controlamos uma ampla zona, mas ela é estrangulada pela ferrovia ao sul e a oeste, as margens do Vístula a leste e a Floresta de Bielany ao norte.

O território que parece mais pesadamente defendido pelos alemães é a área ao longo de ambos os lados da Ferrovia Varsóvia-Gdansk, que nos separa do restante das partes da cidade que foram libertadas. Do ponto de vista militar, a nossa separação do grupo que controla a Cidade Velha é particularmente deplorável.

285 • 15 ANOS: 1944 – O LEVANTE DE VARSÓVIA

Uma sentinela do Exército da Pátria monta guarda.

Trincheira de comunicação.

O único meio de comunicação "confiável" entre Zoliborz e a Cidade Velha é pelos canos subterrâneos de esgoto. Ao mesmo tempo, as ruas residenciais de Zoliborz conduzem a bosques e campos a nordeste, representando uma ligação com a Grande Floresta de Kampinos e, através dela, o restante do país.

Depois de limpar nossas armas e tratar dos cortes e escoriações adquiridos em nossa marcha debaixo de chuva até a Grande Floresta de Kampinos e de volta, permanecemos em constante estado de alerta. Estamos estacionados em prédios de apartamentos de três andares na Rua Suzina, e novas braçadeiras vermelhas e brancas foram distribuídas entre nós, tendo estampado o número de cada pelotão. Os números destinam-se a impedir o uso indevido das braçadeiras, mais importantes que nunca para uma rápida identificação, agora que tantos de nós usamos capacetes e partes de uniformes capturados aos alemães.

Passamos o tempo todo conversando com as enfermeiras, que ouvem com avidez a história das batalhas de ontem. Eu também mereço a atenção delas. Uma garota vem com frequência aos nossos alojamentos, em geral com os braços cheios de comida, pois sabe como são escassas as nossas rações.

Mas, embora eu seja muito popular e meus amigos fiquem bem invejosos da atenção que recebo, estou na expectativa de me encontrar com uma única pessoa, que finalmente chegou, para o meu enorme prazer. Marysia! Ela deu um jeito de descobrir onde eu estava. É tão afetuosa, bela e humana que o simples fato de vê-la aquece meu coração.

Soldados do Exército da Pátria defendem a entrada da Igreja da Santa Cruz, no centro de Varsóvia.

Mas logo todas as nossas visitas estarão partindo. No começo desta tarde, começou a cair fogo pesado de artilharia na área mais próxima a nós, e a nossa companhia recebeu ordens de se transferir para o porão, onde já se abrigam moradores do prédio. Lá abrigado, à espera, nosso destacamento está revelando um talento até agora ignorado. Em meio à explosão de bombas de artilharia, começamos a cantar; o restante da companhia e os ocupantes do porão ouvem, encantados. Pelo porão ecoam canções como "Companhia de assalto", "Pequeno tenente", "Um beijo doce como tâmara", "Infiel Maria" e muitas outras canções de soldados. O nosso destacamento pretende agora cantar o hino da nossa companhia, composto por "Korwin".

SÁBADO, 5 DE AGOSTO

Hoje, dois destacamentos do nosso pelotão foram convocados à barricada ainda por concluir da Rua Slowacki, para defendê-la de um ataque da infantaria alemã. Rechaçamos três ataques inimigos com as nossas granadas de mão e nossas metralhadoras, submetralhadoras Sten e fuzis. Nessa ação, foram mortos 18 do lado alemão, ao passo que nós tivemos apenas dois feridos.

Stukas alemães voando para bombardear Varsóvia.

Enquanto participávamos desse contra-ataque, o 229º Pelotão combatia tropas apoiadas por um tanque, que atacavam do rio em direção à Praça Wilson. O 230º Pelotão combatia uma patrulha inimiga na Rua Krasinski. Este dia nos trouxe total vitória, pois os ataques alemães foram rechaçados em toda parte.

289 • 15 ANOS: 1944 - O LEVANTE DE VARSÓVIA

Barricada do Exército da Pátria.

Não estamos longe da Rua Felinski, e, esta noite, tia Stacha (informada por Marysia de que eu estava aqui) veio ao nosso alojamento, coberta de poeira e cansada, mas trazendo um pouco de vinho e comida de casa. Tia Stacha me disse que agora meu pai está na Cidade Velha de Varsóvia com o Estado-Maior do Exército da Pátria, e que essa parte da cidade é a que atualmente se encontra sob fogo mais pesado.

Os alemães estão atacando a Cidade Velha com aviões, tanques, infantaria e toda a artilharia disponível. De Zoliborz, pode-se ver claramente a terrível mortalha de fumaça sobre a Cidade Velha e ouvir as incessantes explosões de bombas e peças de artilharia. Toda hora, Stukas inimigos sobrevoam Zoliborz a partir do campo de pouso de Bielany, largando bombas na cidade para em seguida retornar para um novo ataque. É um verdadeiro massacre; não temos, em toda a cidade, nem um único canhão antiaéreo.

Segundo notícias circulando em Zoliborz, o inimigo agora tenta abrir uma artéria a partir da zona ocidental de Varsóvia para chegar ao subúrbio oriental de Praga, passando pelo centro da cidade, que está sob controle do Exército da Pátria, e atravessando o rio. O motivo é óbvio. O exército alemão que enfrenta o Exército Vermelho do outro lado do rio perdeu sua linha vital de suprimento, cortada por nós. A menos que consigam restabelecer contato, não resistirão por muito tempo às tropas soviéticas. Assim, jogam toda a sua força contra as unidades do Exército da Pátria que bloqueiam o seu caminho. Ficamos sabendo que uma brigada de ucranianos, organizada pelos alemães com prisioneiros de guerra soviéticos, mediante promessas de saques, comida e vodca, está combatendo ao lado dos alemães.

—◦◦◦—

Centenas de civis foram arrebanhados
pelos alemães em frente aos tanques que atacam
as barricadas. Os combatentes poloneses
não podem abrir fogo contra civis
inocentes usados como escudos.

—◦◦◦—

291 • 15 ANOS: 1944 – O LEVANTE DE VARSÓVIA

Soldado do Exército da Pátria caminha entre barricadas no Centro da cidade.

A bandeira polonesa hasteada numa rua de Varsóvia pela primeira vez em cinco anos.

Soldados do Exército da Pátria exibem uma "bandeira de combate" alemã capturada.

O subúrbio de Wola, na extremidade ocidental, sofreu, naturalmente, o maior impacto do primeiro ataque, e recebemos informação de que alemães e ucranianos não têm a mínima piedade de quem quer que apareça no seu caminho. Não fazem prisioneiros, matando homens, mulheres e crianças sem hesitação. Segundo testemunhas que chegaram a Zoliborz, toda a equipe (além dos doentes e feridos) do Hospital São Lázaro, na Rua Leszno, foi massacrada. Bebês eram pendurados pelas pernas e tinham as cabeças quebradas nas quinas dos prédios; mulheres eram estupradas antes de serem fuziladas; e centenas de civis foram arrebanhados pelos alemães em frente aos tanques que atacam as barricadas. Os combatentes poloneses não podem abrir fogo contra civis inocentes usados como escudos, e alguns êxitos do inimigo se devem a essa tática.

Não fosse pelo que aconteceu nos últimos anos e o que aconteceu no Gueto há pouco mais de um ano, ninguém acreditaria que os alemães fossem capazes de tal barbárie.

—◦◦◦—

É um lugar muito perigoso, pois nos situa à frente de nossas próprias linhas, o que significa que estamos cercados de posições inimigas.

—◦◦◦—

SÁBADO, 5 DE AGOSTO – NOITE

Ao cair a noite, "Zywiciel" incumbiu a nossa companhia de guardar a zona mais setentrional de Zoliborz, a mais exposta de nossas defesas. O 229º e o 230º pelotões foram destacados para proteger o nosso flanco nordeste, devendo fornecer a nosso pelotão os reforços necessários. Eles estão situados junto à Rua Slowacki.

Nosso pelotão foi designado para tomar e guardar o quartel do Corpo de Bombeiros, a minha antiga base de operações, na esquina das ruas Potocki e Slowacki. É um lugar muito perigoso, pois nos situa à frente de nossas próprias linhas, o que significa que estamos cercados de posições inimigas. Mas os alemães não vão imaginar que estamos no prédio, pois dificilmente acreditariam que tentássemos ocupar uma área tão próxima dos seus bastiões. Tivemos de chegar até aqui debaixo do fogo de metralhadoras e morteiros vindo da antiga Escola de Guerra Química, controlada pelo inimigo. Rastejamos por todo o caminho sob a proteção da noite, particularmente escura. Quando chegamos ao prédio, expliquei a disposição dos seus cômodos aos companheiros. Depois de montar postos de observação em várias janelas e tomar todas as possíveis precauções, fomos dormir nos dormitórios que eram usados pelos bombeiros.

Uma mensageira do Corpo de Sinalização do Exército da Pátria e uma sentinela.

DOMINGO, 6 DE AGOSTO – MANHÃ

Tomamos todo o cuidado de não aparecer nas janelas, nem mesmo durante a noite. A manhã transcorreu em perfeita tranquilidade, e só por volta das 11 horas o nosso observador informou que o inimigo avançava proveniente de Bielany.

Rapidamente, tomamos posição por trás das janelas, e exatamente quando acabávamos de posicionar as três metralhadoras leves do nosso pelotão, vimos um caminhão alemão descendo a Rua Slowacki. Quando o caminhão estava a cerca de 200 metros do nosso prédio, disparamos. Infelizmente, nossos disparos erraram o alvo e os alemães prontamente deram meia-volta com o caminhão e escaparam a toda velocidade. Ficamos furiosos por termos revelado nossas posições.

Durante a noite, "Szajer" enviara um dos nossos destacamentos ao Centro de Saúde do outro lado da Rua Slowacki. O prédio era de importância estratégica para nós, pois, se os alemães tentassem nos atacar, seriam apanhados em fogo cruzado de nossa parte e do destacamento montando guarda no Centro de Saúde.

DOMINGO, 6 DE AGOSTO – TARDE

Por volta do meio-dia, uma peça de artilharia de tiro rápido chegou da direção de Bielany e, depois de ser posicionada a cerca de 350 metros do nosso prédio, abriu fogo. A missão da equipe era, obviamente, determinar se o prédio continuava ocupado. Depois de atirar durante meia hora, os alemães retiraram o canhão, chegando à conclusão de que não estávamos no prédio, já que não tinham provocado o nosso fogo.

Uma peça de artilharia alemã.

Minutos depois, contudo, nosso prédio recebeu nova saraivada de bombas. Dessa vez, o inimigo usava a sua artilharia pesada, e o bombardeio foi pesado e longo. Nosso tenente ordenou que ficássemos em nossas posições, embora nossos homens estivessem sendo feridos a torto e a direito por bombas inimigas.

Franco-atirador do Exército da Pátria.

297 • 15 ANOS: 1944 – O LEVANTE DE VARSÓVIA

Uma das bombas explodiu na parede de um corredor bem acima da cabeça de "Szajer", derrubando-o e cobrindo-o de tijolos. Eu vi a explosão da outra extremidade do corredor e achei que ele estava morto. Mas, depois de alguns minutos, "Szajer" se levantou dos escombros e veio cambaleando até nós. Foi um milagre ele sobreviver; à parte algumas escoriações feias, sequer foi realmente ferido.

Enquanto isso, um dos postos de observação informara que um destacamento de combate do inimigo avançava em direção a nossas posições. Eram mais ou menos duas horas da tarde. Os alemães, tendo notado que tínhamos permanecido inativos o dia inteiro, decidiram avançar com mais audácia, e não demorou para começarmos a ouvir seus oficiais gritando ordens de comando.

Soubemos que eles queriam atacar as barricadas situadas cerca de 250 metros por trás das nossas posições. Vimos uns 350 alemães se preparando para o ataque. Nosso pelotão consistia em aproximadamente 40 homens apenas, mas estávamos dispostos a lutar até o fim quando chegasse a hora.

Os alemães se aproximaram do nosso prédio e, depois de passar por ele, começaram a atacar a barricada. Logo se deram conta de que a tarefa não era das mais fáceis e, como estavam sob contínuo fogo dos blocos de casas próximos, começaram a recuar lentamente. Permaneceram apenas alguns poucos deles, atirando contra a barricada com as suas metralhadoras.

Veio, então, a tão esperada ordem de fogo. Pusemos os canos de nossos fuzis, submetralhadoras Sten e metralhadoras para fora das janelas e despejamos fogo implacável sobre os alemães, que foram completamente apanhados de surpresa. Além disso, o destacamento de guarda no Centro de Saúde não perdeu tempo e começou a atirar no inimigo do outro lado, lançando um ataque. Um depois do outro, os alemães foram derrubados por nossas balas.

Posicionado imediatamente abaixo da janela da qual eu atirava estava um pelotão de metralhadoras das SS alemãs. Aos primeiros tiros da submetralhadora Sten do cadete "Zawada", um atirador de metralhadora foi derrubado. Embora tenha ficado gravemente ferido, tentou bater em retirada, cuspindo sangue e deixando uma trilha vermelha na calçada. Um tiro de fuzil acabou com ele, que caiu de braços e pernas abertos na sarjeta. A poucos metros, outro policial jazia com a barriga furada de balas. Não poupávamos munição ao atirar nos policiais das SS — os homens responsáveis pelo massacre do Gueto, pelas execuções, as caçadas pelas ruas e os desumanos assassinatos.

O inimigo em retirada parou logo além do nosso alcance de tiro, voltando seu canhão de tiro rápido e suas metralhadoras pesadas contra as nossas posições. Aparentemente, tentavam nos impedir de recuperar armas de seus companheiros tombados. Mas as nossas tropas estavam muito mal armadas, alguns elementos sem nenhuma arma, de modo que parecia difícil resistir àquelas armas jogadas no meio do bulevar.

Alguns dos nossos homens saíram rastejando até o meio da rua, entre bombas que caíam, para recolher as armas. "Longinus" tinha visto uma pistola automática de grosso calibre junto a um policial das SS. Conseguiu pegá-la, e, debaixo de pesado fogo de metralhadoras, voltou ao nosso prédio. Depois de ser imobilizado pelas mortais rajadas, no meio da Rua Slowacki, voltei, arranhado mas ileso — rastejando o tempo todo —, com um fuzil automático nas mãos. Mas o fogo do inimigo tinha deixado meu uniforme em frangalhos.

Durante o combate, capturamos 20 fuzis, duas pistolas automáticas e uma metralhadora. Três policiais das SS foram feitos prisioneiros.

Os corpos de quatro inimigos estavam jogados no meio da praça em frente ao nosso prédio, um deles muito próximo das posições inimigas. Sob a proteção da noite, mas ainda ao alcance das balas das metralhadoras inimigas, arrastamos os corpos ensanguentados com cordas para pegar as armas e munições.

Meus sapatos estavam se desintegrando, depois da longa marcha de ida e volta à Grande Floresta de Kampinos. Peguei um par de botas de um dos corpos, e, como serviam, passei a usá-las.

Além das perdas sofridas pelo nosso pelotão em combate, "Wilk" foi ferido acidentalmente na perna por um dos nossos próprios soldados durante a limpeza das armas. Esse infeliz acidente não só provocou muita dor em "Wilk" como o deixou fora de ação.

———

Cada barricada, cada casa
e cada metro quadrado de terra
está sendo ferozmente defendido.

———

SEGUNDA-FEIRA, 7 DE AGOSTO

O dia de hoje transcorreu nas habituais e cansativas obrigações da guarda; ainda estamos debaixo de constante fogo de artilharia, mas, de vez em quando, conseguimos atirar num tanque ou caminhão inimigo que passa perto do nosso prédio. Precisamos quebrar a monotonia de alguma maneira.

Ficamos sabendo que, enquanto estamos defendendo Zoliborz, os alemães concentram seus esforços, sobretudo na tentativa de abrir caminho da região de Wola até os Jardins de Saski, o Palácio Brühl e a Ponte Kierbedzia para chegar a Praga. Mas essa tentativa de abrir um corredor leste-oeste até a frente russa vem enfrentando feroz oposição. Apesar de incontáveis investidas brutais dos alemães, cada barricada, cada casa e cada metro quadrado de terra está sendo ferozmente defendido.

TERÇA-FEIRA, 8 DE AGOSTO

A prefeitura sob fogo cruzado.

A cunha de aço alemã conseguiu avançar hoje pela Rua Elektoralna até o Palácio Brühl, onde Fischer e sua equipe estão cercados desde que foi disparado o primeiro tiro do Levante na Rua Suzina. Isolado em seu palácio-fortaleza, defendido por suas tropas de assalto e suas unidades de elite das SS, o governador está encurralado, sem saber quando poderá ser feita uma tentativa de capturá-lo. Fischer imagina perfeitamente o que acontecerá se cair nas nossas mãos.

Hoje, ficamos sabendo de alguns detalhes do que está acontecendo aqui. Três dias atrás, o general Erich von dem Bach assumiu como comandante em chefe de todas as unidades alemãs. Logo depois, unidades do Exército da Pátria que cercavam o Palácio Brühl foram rechaçadas, e Von dem Bach enviou a Fischer instruções para deixar o palácio assim que possível. Von dem Bach, pessoalmente encarregado por Hitler de não fazer prisioneiros, de matar mulheres e crianças, além de homens civis, e de apagar a cidade de Varsóvia da face da Terra, estava ansioso pela retirada de Fischer assim que chegou a Wola, subúrbio ocidental.

Tanques alemães avançam pelas ruas de Varsóvia durante os combates.

No dia seguinte, por volta das 10 horas da manhã, sob pesada guarda, e com a proteção de tanques e blindados, toda a equipe de Fischer começou a deixar o palácio. No momento em que tentavam a fuga, nossas unidades fizeram um ataque de surpresa. Foi totalmente inesperado, pois o caminho estava pesadamente guardado de ambos os lados por milhares de soldados alemães, trazidos anteriormente para rechaçar o Exército da Pátria.

Durante o ataque, Fischer foi ferido e vários membros do seu círculo foram mortos ou feridos.

301 • 15 ANOS: 1944 – O LEVANTE DE VARSÓVIA

Soldados do Exército da Pátria.

SÁBADO, 12 DE AGOSTO

Há vários dias, que parecem intermináveis, mantemos nossas posições no prédio do Corpo de Bombeiros sob constante fogo de artilharia. Por volta das 11 horas da manhã de hoje, um caminhão alemão veio na direção do prédio. Dessa vez, permitimos que se aproximasse mais, e, quando estava a cerca de 45 metros de nós, tratamos de detê-lo com o nosso fogo. Os alemães imediatamente saltaram. Um deles foi morto, mas os outros dois conseguiram escapar. O caminhão permaneceu no espaço aberto que agora estava sob constante fogo cruzado.

O cadete "Zawada", juntamente com outros dois, correu até o caminhão e conseguiu trazê-lo para o portão da garagem na frente do nosso prédio, apesar de alvejados por uma metralhadora alemã.

—◦◦◦—

Nosso prédio, agora, está tão perfurado por fora que parece um queijo suíço, e, por dentro, todos os cômodos estão muito danificados.

—◦◦◦—

Como ele estava debaixo de fogo o tempo todo, não nos surpreendeu quando "Zawada" bateu com a roda direita contra a quina da parede da garagem. O caminhão transportava vários caixotes de madeira, e, abrindo um deles, pudemos ver que estava lotado de granadas de mão alemãs. Ficamos exultantes com a nossa sorte e começamos a descarregar os caixotes o mais rápido possível, pois sabíamos que agora os alemães intensificariam ainda mais o ataque. E, de fato, no exato momento em que colocávamos o último caixote no porão, o prédio todo foi sacudido pela explosão de uma bomba de artilharia que atingiu o quinto andar.

Começou, então, um momento terrível para nós. Bomba após bomba desatou a explodir em diferentes cômodos, e a pólvora fazia nossos olhos arderem — às vezes, as explosões ocorriam tão perto que as ondas de choque nos atiravam contra a parede. Todos os cômodos e corredores do prédio ficaram cobertos de nuvens de poeira e cheios de pedaços de tijolos e fragmentos de bombas.

Entretanto, as sentinelas permaneceram em seus locais, prestando mais atenção ainda, para o caso da infantaria avançar por trás da cortina da barragem de artilharia. O fogo só parou com o início da noite. Pudemos, então, levar três homens gravemente feridos para um hospital e tratar ali mesmo os ferimentos dos que tinham sido menos atingidos.

Nosso prédio, agora, está tão perfurado por fora que parece um queijo suíço, e, por dentro, todos os cômodos estão muito danificados. Só conseguimos dormir três ou quatro horas por noite, pois temos de montar guarda nos postos de observação, limpar as armas e checar a munição.

DOMINGO, 13 DE AGOSTO

A edição de hoje do nosso novo jornal, o *Diário de Zoliborz*, traz a informação da captura das quatro mil granadas de mão pelo 226º Pelotão. Menciona também que elas estão sendo distribuídas a todos os pelotões de Zoliborz.

QUARTA-FEIRA, 16 DE AGOSTO

O símbolo da âncora, representando a Polônia Combatente (*Polska Walczaca*).

Depois de dez dias de serviço exaustivo no prédio do Corpo de Bombeiros, nossa companhia foi dispensada e retirada da linha de frente para breve repouso.

O prédio da Rua Mickiewicz (entre as praças Inwalidow e Wilson), onde a nossa companhia está no momento aquartelada, é um dos poucos prédios de apartamentos que, pelo menos até agora, não foram bombardeados nem metralhados pela artilharia inimiga. Aqui, pela primeira vez em quase um mês, vou conseguir dormir numa cama e desfrutar de comida tragável.

QUINTA-FEIRA, 17 DE AGOSTO

O desgaste das últimas semanas, a exaustão e a fome finalmente me pegaram de jeito. Estou com febre alta e tão fraco que não consigo me levantar da cama. Os donos do apartamento bondosamente cuidam de mim, e a querida tia Stacha, informada por eles, veio me visitar e trazer comida.

Os russos se retiravam das imediações de Varsóvia, depois de se recusarem a nos ajudar.

SÁBADO, 19 DE AGOSTO

Esta noite, depois de dois dias sendo cuidado por meus anfitriões, senti que a febre cedia e me levantei para a refeição noturna com eles. Sua jovem prima, uma mensageira que ainda na véspera tinha feito um angustiante percurso pelos esgotos, estava à mesa conosco. Trouxera importante mensagem do coronel "Wachnowski" na Cidade Velha. Passamos a noite toda ouvindo notícias de outras partes da cidade das quais estávamos isolados.

Enquanto nos encontrávamos presos a Zoliborz, rechaçando ataques individuais, o resto da cidade passava por um verdadeiro inferno. Os russos se retiravam das imediações de Varsóvia, depois de se recusarem a nos ajudar. Na verdade, as informações chegadas ao quartel-general do general Bor-Komorowski davam conta de que seus oficiais estavam sendo detidos pelo Exército Vermelho enquanto cumpriam sua ordem de conduzirem todas as unidades armadas do Exército da Pátria a Varsóvia, através da Grande Floresta de Kampinos.

DOMINGO, 20 DE AGOSTO

Enquanto, hoje, os alemães davam início a mais um ataque contra a Cidade Velha, dois dos nossos oficiais conseguiram chegar a Zoliborz passando pelos fétidos esgotos, com ordens para as novas unidades de partisans do Leste da Polônia que chegaram a Zoliborz através da Grande Floresta de Kampinos.

As ordens eram de que os partisans tentassem romper as linhas alemãs para reforçar as depauperadas forças da guarnição da Cidade Velha. Mas, apesar da coragem e do empenho dos partisans, o ataque fracassou, e quase 100 soldados mortos e feridos encontram-se agora no campo em frente à Estação Ferroviária Varsóvia-Gdansk.

SEGUNDA-FEIRA, 21 DE AGOSTO

O general "Grzegorz" e o coronel "Heller" chegaram a Zoliborz depois de um tortuoso percurso pelos esgotos. Estão aqui para organizar um ataque em grande escala. Dessa vez, ele será coordenado com um outro ataque partindo do lado oposto da linha férrea. A missão da nossa companhia é atacar a própria Estação Varsóvia-Gdansk, assim desviando a atenção do inimigo de outras seções da linha — e permitindo que os partisans cheguem à Cidade Velha. Praticamente toda a força de Zoliborz, pessoalmente sob o comando do coronel "Zywiciel", está reunida ao longo de toda a linha que vai da Cidadela ao Instituto de Química e às posições de artilharia no subúrbio de Burakow.

A noite está atipicamente fria, e o terreno sobre o qual nos deitamos é úmido demais. Nossas roupas finas e desgastadas de verão, já agora em frangalhos, não nos protegem muito. Nossas botas estão envoltas em farrapos para amortecer o som dos nossos passos no calçamento durante o ataque inicial.

O campo é periodicamente iluminado por sinalizadores que nos tiram a visão, e a tranquilidade é interrompida por longas salvas de fogo de metralhadora, dizimando a vegetação e as plantações de batatas ao nosso redor. Depois do ataque da noite passada, as tropas alemãs e ucranianas estão tensas e nervosas no gatilho. Prontinhas para nós.

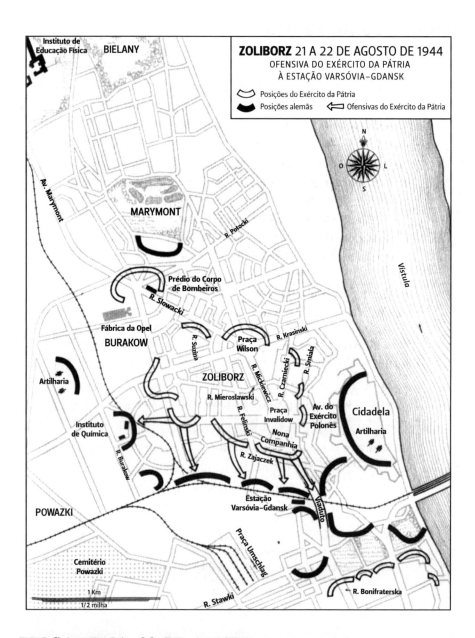

TERÇA-FEIRA, 22 DE AGOSTO

Às duas da madrugada, chegou a ordem. Saímos para a rua, passando pelas aberturas feitas anteriormente nas linhas de arame farpado retorcido, mas, antes que os nossos destacamentos chegassem a atravessar a rua toda, a amplidão do céu foi iluminada por centenas de fogos de sinalização. As estrelas vermelhas ficaram paradas lá no alto por longo tempo, projetando uma luz macabra nas tropas imobilizadas à sombra das casas.

Centenas de disparos de armas automáticas começaram, então, a cair na Rua Zajaczek, enquanto projéteis traçantes criavam uma barreira de fogo acima do exército prostrado. Eles iam bater nas paredes dos prédios de apartamentos, jogando blocos de estuque branco na pavimentação negra, enquanto bombas de artilharia abriam crateras, revolvendo o macadame, o concreto, a terra e as plantas.

Foguetes usados pelos alemães contra o Exército da Pátria.

Assim que as metralhadoras da nossa companhia começaram a disparar, o inimigo passou a concentrar nelas todo o seu poder de fogo, calando-as uma a uma. Nosso pelotão avançou até o viaduto. Um garoto chegou a um ponto elevado e atirou granadas contra um pesado ninho de metralhadoras lá embaixo, calando-o para sempre. Em seguida, apanhado no fogo cruzado de outros ninhos de metralhadoras, desceu de novo a escarpa até o ponto de onde partira.

Os gritos dos feridos podiam ser ouvidos por cima do estridor das metralhadoras e das explosões, e as enfermeiras de combate atravessavam a rodovia na vã tentativa de levar alguma ajuda. Os que podiam começaram a se retirar à medida que a ordem era passada pelo campo de batalha. A breve batalha fora perdida.

Quando o inimigo cessou fogo e as bombas de artilharia vindas da Cidadela deixaram de cair, permaneceram apenas sinalizadores brancos banhando o campo numa luz fantasmagórica e iluminando os 300 mortos e feridos deixados para trás.

QUARTA-FEIRA, 23 DE AGOSTO

Prisioneiros de guerra alemães no centro da cidade.

Os que atacavam do outro lado da linha férrea, comandados pelo major "Bolek", tiveram de bater em retirada ontem, ao alvorecer, depois de combates igualmente duros e com muitas baixas.

Nossa companhia sofreu perdas particularmente pesadas, e ficamos muito abalados ao saber que a chefe da seção de enfermeiras do nosso pelotão fora morta.

"Mitis" era uma mulher de meia-idade que, apesar de ferida, foi para a linha de combate tratar dos ferimentos de nossos soldados. Já perdera o marido em Auschwitz, e seus dois filhos tinham sido executados pelos alemães. Ela morreu ao ser alvejada pela segunda vez — uma bala de fragmentação atingiu-a nas costas.

O cadete "Mirski", que havia comandado a patrulha da qual participei no primeiro dia do Levante, também foi morto nesse ataque. Infelizmente, seu corpo ficou tão próximo das posições inimigas que não pôde ser resgatado.

Entre os feridos estava um amigo meu, "Gryf", que mora no prédio de apartamentos no qual nossa companhia se encontra estacionada no momento. A mãe, que já havia perdido o marido em um pelotão de fuzilamento, ficou sabendo que o filho estava morrendo no hospital. Ele fora gravemente ferido na barriga e faleceu depois de excruciantes 36 horas. Na última hora de vida, entrou em delírio, gritando: "Atacar, rapazes, atacar — vingar o meu pai." O tenente "Szajer", líder do nosso pelotão, sofreu um horrível ferimento na perna.

QUINTA-FEIRA, 24 DE AGOSTO

Agora, nosso pelotão está sob o comando do cadete "Tadeusz", que se juntou a nós com seu destacamento no início do Levante. Ele fazia parte dos Grupos Especiais, e participou de muitas das mais famosas ações do Exército da Pátria. Decididamente, é o melhor líder que poderíamos ter depois de "Szajer".

SEXTA-FEIRA, 25 DE AGOSTO

Esta manhã, visitei "Bogdan", ainda no hospital. À tarde, tia Stacha trouxe a notícia de que meu pai conseguiu escapar da Cidade Velha para Zoliborz pelos canos de esgoto, estando agora em casa, acamado. As pernas ficaram muito cortadas nos emaranhados de arame farpado que os alemães espalharam pelos túneis, e os cortes, obviamente, infectaram. Imediatamente, fui pedir um passe para poder ir vê-lo.

DOMINGO, 27 DE AGOSTO

A Cidade Velha transformou-se num monte de escombros. Ficamos sabendo que o general Bor-Komorowski deixou-a hoje, escapando pelos esgotos para o Centro da cidade, e ordenou que mantivéssemos a nossa posição para que outras zonas continuem combatendo, até que chegue a ajuda dos exércitos soviéticos, que estão do outro lado do Vístula — esperança meio vã.

SEGUNDA-FEIRA, 28 DE AGOSTO

Hoje, segunda-feira, nossa companhia deu plantão no quartel-general do coronel "Zywiciel", situado na Rua Krasinski, perto da Praça Wilson. De manhã, a barricada na Rua Slowacki foi danificada por fogo alemão e ucraniano. "Thur" e eu recebemos ordem de levar uma turma de prisioneiros de guerra alemães para repará-la. Pegamos algumas pás e fomos até o lugar onde a polícia militar mantinha os prisioneiros detidos. Eles estavam almoçando. Enquanto "Thur" transmitia suas ordens ao sargento, tive oportunidade de dar uma olhada naqueles alemães que eram nossos prisioneiros. Pareciam todos cansados, deprimidos e nervosos. Entre eles, dois que aparentavam ser da nossa idade, um louro e o outro ruivo. Ordenamos que cada prisioneiro pegasse uma pá e entrasse em forma. Tomei a frente da coluna e "Thur" cuidou da retaguarda.

O louro e o ruivo começaram a resmungar e cambalear como bêbados. Até que, de repente, romperam as fileiras e começaram a correr na direção da retaguarda da coluna. Eu mal havia apontado meu fuzil na direção deles quando vi que tinham caído aos pés de "Thur". Os outros prisioneiros olhavam com apreensão, e "Thur" parecia assustado. Perguntei a um dos prisioneiros mais velhos, com um distintivo russo de campanha: "Que diabos está acontecendo?" O prisioneiro ficou calado. Até que deu um passo à frente e, olhando para as suas próprias botas puídas, disse: "Estão implorando que não os matem; eles acham que estamos sendo levados para cavar nossos próprios túmulos com essas pás."

Ficamos indignados e dissemos que todos voltassem à forma. Tratamos, então, de encaminhá-los para a barricada danificada, onde o sargento da polícia militar os botou para trabalhar.

QUINTA-FEIRA, 31 DE AGOSTO

Zoliborz está debaixo de implacável bombardeio. Nesta tarde ensolarada, incontáveis bombardeiros de mergulho Stuka do inimigo sobrevoaram nossas posições e também a Praça Wilson. Como não eram alvejados, passavam rente aos telhados dos prédios de apartamentos, e era fácil ver as enormes bombas presas à fuselagem. Eu os vi quando começaram a mergulhar sobre a parte baixa da Rua Mickiewicz. Depois de alguns minutos, uma terrível explosão sacudiu Zoliborz e meus olhos deram com uma visão pavorosa.

Um Stuka alemão sobrevoando Varsóvia.

Começaram a cair, uma após outra, as paredes do enorme prédio de apartamentos nos números 34-36 da Rua Mickiewicz. A parede frontal do edifício se desfez a partir da base, em consequência das bombas certeiras, deixando exposta toda a parte interna dos andares.

Passado algum tempo, uma cortina de fumaça começou a descer sobre todo o prédio. Meu coração parou: era o prédio onde Marysia morava. Meu primeiro pensamento foi correr na sua direção para ajudar. Mas eu não podia abandonar a posição. Mais tarde, contudo, recebemos ordem do nosso comando: "Destacamento, cavar as ruínas, sem demora!"

Ele não precisou dizer duas vezes!

Saí na frente e, esquecendo a disciplina militar, deixei meu destacamento para trás. O medo do que pudesse ter acontecido a minha amiga fazia meu coração bater ainda mais rápido que o esforço.

Um morteiro "Karl" alemão.

313 • 15 ANOS: 1944 - O LEVANTE DE VARSÓVIA

Felizmente, a ala do prédio onde Marysia morava ainda estava razoavelmente intacta, mas toda a parte intermediária havia desmoronado sobre o porão, onde se haviam juntado os moradores. As bombas tinham sido largadas enviesadas, explodindo perto da base do prédio.

Alguns pelotões de resgate já se encontravam no local, assim como o coronel "Zywiciel" e o comandante da nossa companhia, o tenente "Szeliga". Juntamente com os outros, comecei a cavar nos escombros. Ouvíamos os gemidos das vítimas enterradas debaixo dos tijolos e vidros quebrados.

Passada uma hora, conseguimos resgatar uma mulher de meia-idade com as pernas esmagadas e retorcidas. Antes de perder a consciência, ela sussurrou pelos lábios pálidos e cobertos de sangue que estavam com ela aproximadamente 10 pessoas antes de caírem as bombas.

Uma granada de morteiro alemã sendo carregada.

E, então, começamos a ver uma cabeça, uma perna ou um braço debaixo dos escombros — sinal de que estávamos encontrando mais corpos. O próximo a ser resgatado foi um homem, mas já estava morto, com o corpo tão deformado que mal podia ser reconhecido.

Depois de três horas de intensa escavação, encontramos uma mulher com um bebê nos braços. O bebê gemia como um pássaro ferido, e a mãe, apesar de também ferida, segurava-o a com firmeza. Estava numa posição muito difícil, de modo que levou bastante tempo para ser resgatada.

Pouco depois, tivemos de fazer uma pausa, e demos a volta até o que um dia tinha sido os fundos do prédio. O jardim estava lotado de cadáveres — lá estavam todos eles —, homens, mulheres, crianças e bebês. E então, no meio de um grupo de civis que se aconchegavam de pé, atordoados, vi Marysia — milagrosamente, ela não sofrera nem um arranhão. A cena fez com que muitos de nós que nunca tinham chorado até então começassem a chorar — especialmente porque os mortos eram, em sua maioria, mulheres e crianças.

Atingido em cheio.

SEXTA-FEIRA, 1º DE SETEMBRO

Ficamos sabendo que o comando do Exército da Pátria decidiu que não é mais possível continuar sustentando a posição na Cidade Velha, em virtude da falta de alimentos e munição, e também das enormes baixas. Só ontem, 300 soldados do Batalhão "Chrobry I" morreram num único setor da Cidade

315 • 15 ANOS: 1944 - O LEVANTE DE VARSÓVIA

Velha. Assim, os escassos remanescentes da guarnição do Exército da Pátria deciudiram fugir pelos esgotos até o Centro da cidade. O plano era tão ambicioso quanto radical.

Com perfeita disciplina, os homens armados desceram um a um às nojentas águas dos esgotos.

Soldado do Exército da Pátria, com a sua metralhadora, sendo retirado dos esgotos pelos alemães.

Parece que, ao amanhecer, o inimigo tentou um ataque de surpresa, mas foi repelido, deixando uns 100 inimigos mortos ou feridos. Ao meio-dia, contudo, veio um ataque por envolvimento duplo — unidades das SS ucranianas vindas da Praça do Castelo Real e alemãs, do norte, em direção à Praça Krasinski. Famintas e exaustas, as tropas contra-atacaram com as suas últimas reservas de munição. Seu fogo devastador conseguiu impedir que os atacantes entrassem na Praça Krasinski, onde estava o buraco de saída.

Deixando apenas guardas simbólicos nas barricadas, pelotão após pelotão, companhia após companhia, formou-se uma longa fileira. Em seguida, com perfeita disciplina, os homens armados desceram um a um às nojentas águas dos esgotos.

O percurso levou quatro horas com os sedimentos pela cintura, em meio aos vapores pestilentos. A corrente humana, cada elo firmemente preso ao outro, serpenteava pelo subterrâneo. Todos tinham de se mover lentamente, na total escuridão e em silêncio. Os que escorregavam e caíam nas partes mais fundas dos canais e não tinham forças para se levantar se afogavam. Os outros não podiam desperdiçar tempo e reservas de energia preciosos para tentar resgatá-los, e de qualquer maneira, sem lanternas nem qualquer iluminação, seria inútil.

—⊰∙⊱—

Os velhos, deficientes, doentes e todos os outros
incapazes de caminhar eram perfilados e fuzilados,
e os demais, levados para campos de concentração.

—⊰∙⊱—

SÁBADO, 2 DE SETEMBRO

Assim que os primeiros raios da luz do dia caíram sobre as ruínas da Cidade Velha, os Stukas começaram a fazer seus mergulhos de bombardeio na Praça Krasinski. Depois, durante o dia, o inimigo transferiu-se para a Cidade Velha, capturando cerca de 35 mil civis e deixando sete mil gravemente feridos. Muitos feridos, deixados em hospitais improvisados nos porões embaixo das ruínas, foram queimados vivos com lança-chamas. Os velhos, deficientes, doentes e todos os outros incapazes de caminhar eram perfilados e fuzilados, e os demais, levados para campos de concentração.

317 • 15 ANOS: 1944 – O LEVANTE DE VARSÓVIA

Ataque alemão com lança-chamas a posições de soldados do Exército da Pátria em porões difíceis de alcançar.

A Rua Ordynacka em chamas, destruição das barricadas polonesas.

Esta barricada é a única ligação entre unidades do Exército da Pátria combatendo perto da Praça Napoleão.

DOMINGO, 3 DE SETEMBRO

Agora que a Cidade Velha foi tomada, o inimigo triplicou seus ataques a nossas posições; os alemães querem acabar conosco, o mais cedo possível.

Assim, além de utilizarem artilharia pesada, armas de ar comprimido, foguetes e canhões ferroviários, os alemães começaram ataques aéreos maciços. Os Stukas fazem voos rasantes, despejando incansavelmente bombas em Zoliborz.

Ao mesmo tempo, Praga — o subúrbio de Varsóvia do outro lado do Vístula — foi tomada pelo Exército Vermelho. Dá para ver as posições russas pelo binóculo.

SEGUNDA-FEIRA, 4 DE SETEMBRO

Estamos agora combatendo numa terra de ninguém, o subúrbio de Marymont.

Hoje, no início da manhã, um grupo de SS ucranianos bêbados atacou nossas posições no "Moinho de Óleo", que tem fornecido milhares de galões de óleo vegetal a nossas cozinhas. Antes do ataque, ouvíamos as balalaicas sendo tocadas enquanto esses ucranianos dançavam o *kopak*. Eles também dispararam projéteis traçantes para o céu, e recebemos a notícia de que estupravam as mulheres que tinham o azar de estar no seu caminho.

Ao amanhecer, eles começaram a investir contra a colina do "Moinho de Óleo". Cambaleando e gritando obscenidades, aproximaram-se de nossas posições. Quando já estavam ao alcance de tiro, mandamos um fogo mortífero. Eles bateram em retirada, aterrorizados, deixando mais de 30 corpos no campo.

Logo depois, o comando alemão mandou dois civis poloneses capturados ao encontro do major "Zubr", comandante da companhia cujas unidades estão defendendo o "Moinho de Óleo". Os alemães exigiam que os deixássemos recolher os corpos dos tombados, sob a ameaça de, caso contrário, executarem dez cidadãos poloneses para cada ucraniano morto. Para evitar um novo massacre em massa dos nossos civis, não tínhamos escolha senão concordar com a exigência. Sabíamos perfeitamente que as ameaças eram reais.

320 • A COR DA CORAGEM – CAPÍTULO 6

A Cidade Velha.

QUARTA-FEIRA, 6 DE SETEMBRO

Hoje, nosso destacamento, junto com todo o 229º Pelotão, foi mandado para tomar e defender os prédios da fábrica da Opel. A enorme área da fábrica, totalmente cercada por um alto muro de pedra, margeia a Rua Slowacki a leste, e, a oeste, os trilhos da ferrovia que vai da Estação Varsóvia-Gdansk até Palmiry. Ao norte, a área termina ao longo da Rua Wloscianska, onde fica o portão principal do conjunto, assim como uma pequena guarita. Ao sul, há jardins, entre as ruínas das fortificações de uma antiga fábrica de pólvora.

Lembro-me muito bem desse lugar, pois, nos primeiros anos da Ocupação, passava muitas noites ali com um amigo, explorando os labirintos subterrâneos, buscando armas e munição estocadas pelo Exército polonês em setembro de 1939. Era também o lugar usado por Ludwik em muitas reuniões noturnas, assim como esconderijo de armas, e foi perto desse muro de fábrica que meu amigo e eu tentamos desarmar o alemão no ano passado.

Junto ao prédio principal, onde fica a linha de montagem, há um grande anexo de tijolos de dois andares. No início do Levante, o telhado ainda estava por concluir. Ele não tem portas nem janelas, apenas algumas aberturas improvisadas, e eu o apelidei de "Forno de Tijolos". Ao lado, fica um prédio de um andar, e, mais adiante, uma estrutura alta com sótão de madeira no terceiro andar. A esta demos o nome de Salão Alto, pois é a construção mais alta do conjunto, estando localizada num dos pontos mais elevados dessa região de Varsóvia, de tal forma que, do sótão, temos a melhor vista possível em todas as direções. Particularmente estratégica é a vista para o norte em direção a Bielany e para oeste em direção a Powazki, onde ficam as concentrações de artilharia, tanques e veículos blindados do inimigo. Daqui, também vemos o que acontece na direção leste do outro lado do Vístula, em Praga, onde o exército russo está em silêncio, pronto para a ação e imobilizado.

Assim que ocupamos o terreno, começamos a cavar trincheiras de comunicação à noite. Essas trincheiras se entrecruzam, ligando todos os prédios e entradas do complexo e incorporando à nossa defesa os arremedos de casamatas que os alemães tinham construído às pressas antes do início do Levante.

É um lugar extremamente difícil de defender, pois o complexo está situado em campo aberto, a pouco mais de 300 metros dos canhões, tanques e da infantaria do inimigo. Além disso, o aquartelamento das unidades das SS alemãs no Instituto de Química fica a pouco menos de dois quilômetros e meio de distância, e os tanques de uma Divisão Panzer das SS estão no jardim.

Ao tomarmos o complexo, fomos levados pelo nosso comandante a vários pontos-chave que deveríamos cobrir particularmente bem, por estarem muito próximos do inimigo. O destacamento do cadete "Konar" recebeu a missão de defender o portão principal do complexo. Eles rapidamente se instalaram na casa da guarda adjacente e, como alguns alemães ainda não tinham percebido que agora a fábrica da Opel nos pertencia, visitantes vinham bater no portão pedindo autorização para entrar. Pois obtinham a autorização, sendo recebidos com todas as honras!

QUINTA-FEIRA, 7 DE SETEMBRO

"Gazda", "Thur" e eu recebemos ordens de montar guarda no "Forno de Tijolos". Aqui estão alguns dos principais postos de observação. Há também um pequeno portão que conduz aos jardins — uma posição importante, pois é muito fácil para o inimigo chegar a esse local sob a proteção das árvores. Na eventualidade de o inimigo, de fato, abrir caminho, deveremos atacá-lo e entrar em combate até a chegada de reforços.

O segundo posto de observação, situado no piso do mezanino, é tão importante quanto perigoso. A tarefa do vigia consiste em fiscalizar os movimentos do inimigo pelo binóculo e, notando algo inusitado, relatar imediatamente ao comandante, usando um telefone de campo instalado abaixo da janela.

Chega-se a esse andar do mezanino por uma escada de bombeiros, pois não foi construída uma escada, e qualquer movimento descuidado da cabeça nesse posto de observação pode provocar uma rajada das metralhadoras inimigas.

A tarefa do terceiro vigia é ficar de olho nos jardins a partir do solo. A troca de guarda é feita nesses postos de três em três horas, para nos manter acordados, pois estamos de serviço 24 horas por dia.

SEXTA-FEIRA, 8 DE SETEMBRO

Pela manhã e de noite, café quente e pão são trazidos aos nossos postos pelas enfermeiras. No meio do dia, sopa. Nosso trabalho é duro, a alimentação, pobre, e o frio, assim como as noites sem sono, estão nos debilitando.

SÁBADO, 9 DE SETEMBRO

"Korwin", às vezes, deixa o calor e o conforto do bunker no Centro de Saúde (e a companhia das nossas atraentes enfermeiras da linha de frente) para inspecionar os postos. Reclamamos muito do fato de nossa concentração ser quebrada por alguém chegando por trás sem ser percebido, pois já temos muito o que fazer vigiando o inimigo! Esta noite, então, quando "Korwin" podia nos ouvir, nós dois, que estávamos montando guarda, engatilhamos as travas de segurança dos nossos fuzis e gritamos para que ele parasse e fornecesse a senha. O barulho reverberou nas paredes do salão da linha de montagem vazio e cavernoso. Mas fez com que "Korwin" parasse e sussurrasse: "Não atirem!"

Oficiais alemães examinam um mapa durante o Levante de Varsóvia em 1944.

SEGUNDA-FEIRA, 11 DE SETEMBRO

Os últimos dias foram relativamente tranquilos para nós, pois só os espaços abertos do complexo estão debaixo de fogo de morteiros e lança-granadas. Zoliborz ainda está sob pesado fogo de artilharia, mas como os fortes canhões antiaéreos russos do outro lado do rio poderiam facilmente derrubá-los, os bombardeiros de mergulho Stuka não podem mais castigar a cidade.

Mas acabo de passar mais uma longa noite de vigília nesse lugar solitário e perigoso, e a necessidade de constante vigilância, mesmo quando não estamos sob ataque direto, juntamente com o frio e a fome, me fazem sentir muito cansado, mas muito possessivo em relação a esse monte de tijolos que, com os meus companheiros, estou defendendo.

> *Mandaram um Stuka para aniquilar nosso posto de observação. Ele investiu, com as metralhadoras atirando diretamente na minha direção (...) De repente, a guerra parecia absolutamente pessoal.*

QUINTA-FEIRA, 14 DE SETEMBRO

Chegou a nós a notícia de que Praga ainda está em poder do Exército Vermelho, de modo que os alemães se apressam freneticamente para interceptar ou destruir todas as pontes sobre o Vístula.

Nossa posição voltou a atrair a atenção do inimigo, e hoje, do meu posto de observação, notei miras de canhões voltadas para nós. Mal tive tempo de descer pela escada, e o "Forno de Tijolos" foi sacudido pela explosão de bombas. Mesmo quando estamos debaixo de fogo, não podemos, naturalmente, deixar nossos postos de observação, e assim, depois de cada saraivada de tiros, devo retornar à minha posição.

Ao meio-dia, mandaram um Stuka para aniquilar nosso posto de observação. Ele investiu com as metralhadoras atirando diretamente na minha direção, ao que parecia. Chegou tão perto que eu conseguia ver a expressão do piloto. De repente, a guerra parecia absolutamente pessoal; e então, com um rugido estrondoso, o avião subiu abruptamente e desapareceu. O silêncio que se seguiu me abalou ainda mais que a barulheira.

SEXTA-FEIRA, 15 DE SETEMBRO

Começamos a duvidar do resultado de nossos esforços. Só as noites estão livres do fogo de artilharia — exceto quando os alemães atiram nos aviões soviéticos. Esses aviões sobrevoam nossas posições e despejam alimentos e armas para nós — mas sem paraquedas, de tal maneira que três quartos desses suprimentos se quebram e acabam ficando inutilizados. Ainda assim, o restante é suficiente para nos manter vivos e combatendo. O que basta para os propósitos dos soviéticos e a sua propaganda.

325 • 15 ANOS: 1944 – O LEVANTE DE VARSÓVIA

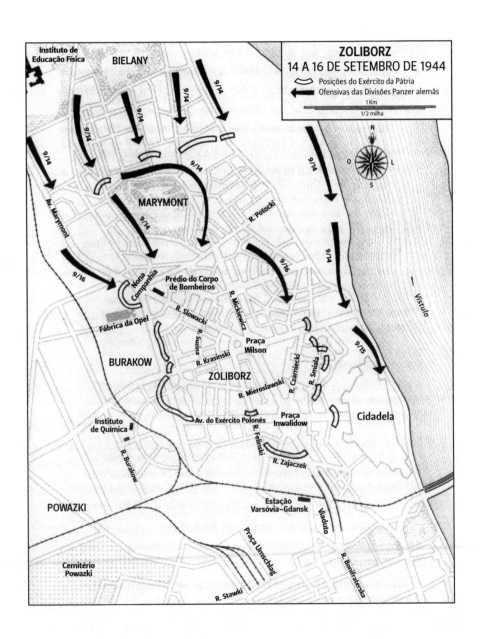

SÁBADO, 16 DE SETEMBRO

Ao meio-dia, observando atentamente a área além do muro do complexo, vi dois soldados arrastando um corpo até a sombra de uma macieira, a menos de 100 metros de distância. Focalizei, então, meu binóculo na direção deles. Eram dois ucranianos das SS, e o corpo — morto ou quase morto — de uma garota. Eles a depositaram na grama, abrindo bem as pernas. Um deles acenou, e quatro outros soldados saíram de trás das árvores.

Eles a cercaram e os dois primeiros imediatamente começaram a tirar as calças. Um dos ucranianos ergueu o corpo da garota; os outros se agacharam em volta, observando. A garota não resistiu. Quando o primeiro acabou, e antes que o segundo erguesse o corpo, as pernas da garota tombaram, moles. Ela estava morta.

Nossas ordens de batalha são para não disparar, a menos que o inimigo atravesse o portão lateral para entrar no complexo. Mas agora um tiro foi ouvido de repente e o ucraniano tombou sobre o corpo da garota. Os outros começaram a correr de volta para as suas linhas.

"Thur", que estava de plantão comigo, deu um pulo por trás de mim para descobrir o que estava acontecendo. Eu lhe entreguei meu binóculo. Não falei nada, mas ele entendeu.

DOMINGO, 17 DE SETEMBRO

Hoje é domingo, e o restante do nosso pelotão — o 226º — se juntou a nós. É realmente muito bom rever meus amigos. Vamos render o 229º Pelotão, do qual só "Jocker" permanecerá conosco; ele tem uma bazuca antitanque PIAT.

No momento em que o nosso pelotão tomava o complexo, "Jocker" recebeu ordem de disparar num dos tanques na Rua Wloscianska. Acompanhado de dois soldados carregando seus projéteis, ele se dirigiu para uma abertura no muro, fixou a bazuca antitanque no buraco e puxou o gatilho. O projétil atingiu o tanque do outro lado do muro.

Eu estava montando guarda na trincheira de ligação entre o salão da linha de montagem e o Salão Alto, e vi tanques derrubando os portões e entrando no complexo, enquanto disparavam ao redor. "Jocker" e seus dois homens deram uma cambalhota até a nossa trincheira. Bombas de um dos tanques explodiram por perto, ferindo "Fugas" gravemente, enquanto ainda carregava projéteis da

327 • 15 ANOS: 1944 – O LEVANTE DE VARSÓVIA

PIAT. Embora fosse imediatamente retirado da trincheira pelos companheiros, "Fugas" morreu em seus braços antes de chegarem ao Centro de Saúde.

Enquanto os tanques atacavam, a infantaria do inimigo tomou o salão da linha de montagem e os combates prosseguiram entre eles e os nossos homens no "Forno de Tijolos", por uma abertura na parede comum. O segundo projétil da PIAT disparado por "Jocker" visava os tanques, mas atingiu uma pilha de garrafas de acetileno ali por perto. Quando elas começaram a explodir, os tanques bateram em retirada pelo portão e se esconderam por trás do muro. E, então, a noite misericordiosa trouxe uma trégua mais que desejada.

SEGUNDA-FEIRA, 18 DE SETEMBRO

Hoje foi um dia quente de verão tardio. Depois das noites frias, o sol do meio-dia aqueceu meus membros exaustos enquanto eu descansava sentado na grama esturricada. Por quanto tempo?

Até que eu ouvi um som diferente — um forte zumbido bem alto no céu. Rapidamente ele foi se aproximando e ficando mais intenso. Uma grande esquadrilha de bombardeiros se aproximava. Voando em perfeita formação militar, os aviões prateados brilhavam ao sol. Em torno dessa formação de mais de 100 Fortalezas Voadoras da Força Aérea americana, aviões de combate ofereciam proteção.

De repente, pequenas silhuetas negras apareceram por baixo dos aviões — a tão esperada Brigada de Paraquedistas? Os paraquedas se abriram e começaram a flutuar lentamente. As baterias antiaéreas abriram todo o seu poder de fogo, mas, na maioria dos casos, as explosões não atingiam a altura necessária.

Agora eu estava vendo que as formas negras não eram tropas de paraquedistas, mas os suprimentos que havia muito nos eram prometidos. Os outros, dando-se conta disso também, começaram a pular de alegria, abraçando-se, aplaudindo e gritando "Bravo!". Agora sabíamos que a nossa luta não era tão solitária quanto parecera nas seis últimas semanas, pois tínhamos aliados naquele nosso momento de dificuldade.

TERÇA-FEIRA, 19 DE SETEMBRO

O bombardeio de artilharia cessou, mas agora somos constantemente castigados por livre-atiradores. É impossível chegar ao Salão Alto ou ao "Forno de

Tijolos", pois a nossa trincheira está sob constante fogo das SS ucranianas, que se encontram no salão da linha de montagem. Elas estão por trás de nós, e o incessante ronco dos tanques em movimento chega aos nossos ouvidos pela esquerda e pela frente. Além disso, os lança-granadas, morteiros e tanques começaram a alvejar a nossa trincheira, o Salão Alto e o "Forno de Tijolos".

Ficamos agachados no fundo da trincheira, imobilizados e atingidos por pedaços de bombas e granadas que explodem, mas milagrosamente sem nenhuma baixa. Há pouco, contudo, de repente me dei conta de que não estava exatamente no mais seguro dos lugares. E então, movido pelo instinto, eu me desloquei cerca de dois metros para a direita, e assim que deixei a posição anterior caíram nela pedaços bem grandes de metal. A Providência, certamente, está de olho em mim!

Pouco depois, um cabo levantou a cabeça acima da trincheira, para ver se os tanques estavam vindo nos atacar, e imediatamente foi atingido por uma bala de um fuzil ucraniano. Abri seu uniforme e sua camisa, mas só conseguia ver o buraco de entrada em suas costas. Os selvagens estão atirando com balas de fragmentação!

Assim que a noite cair, esperamos bater em retirada sob a proteção da escuridão para o Salão Alto e o Centro de Saúde.

Enterro de um soldado do Exército da Pátria.

329 • 15 ANOS: 1944 - O LEVANTE DE VARSÓVIA

Soldados alemães passam pelo corpo de um soldado do Exército da Pátria.

QUARTA-FEIRA, 20 DE SETEMBRO

Hoje, no início da manhã, fomos mais uma vez saudados por um tiro de morteiro que caiu bem em frente à casamata improvisada onde "Slawek" e "Thur" estavam de plantão. Parte do explosivo caiu na casamata, atingindo "Thur" no coração. O rapaz, de 17 anos, sofreu dois ferimentos graves e morreu instantaneamente, esguichando sangue no amigo ao lado. "Slawek", felizmente, não foi ferido.

"Thur" estivera de plantão comigo 48 horas antes de morrer. Nós havíamos conversado muito, e ele me dissera que tinha a sensação de que seria morto e sentia muito por não poder voltar a ver sua mãe. Eu disse que era bobagem. Mas ele estava certo. Seu último desejo era ser enterrado nos jardins de Zoliborz, entre árvores e flores. Ele detestava a ideia de ser enterrado embaixo de ruínas.

QUINTA-FEIRA, 21 DE SETEMBRO

O desejo de "Thur" foi atendido; hoje, ele foi enterrado com honras militares num pequeno cemitério no meio dos jardins. O coronel "Zywiciel", o tenente "Szeliga" e um padre, além do nosso destacamento, participaram da cerimônia de sepultamento.

SEGUNDA-FEIRA, 25 DE SETEMBRO

Fomos mandados para a Praça Wilson, com o intuito de repousar. Finalmente, fomos rendidos pelos outros pelotões da nossa companhia, e estamos ansiosos por esse descanso, mas minha extrema fadiga novamente provocou febre alta.

TERÇA-FEIRA, 26 DE SETEMBRO

Durante uma trégua nos combates, fui cambaleando por uma rua irreconhecível até um hospital de campanha improvisado. Um médico me examinou e me mandou para a Rua Felinski, onde fui direto para a cama.

QUARTA-FEIRA, 27 DE SETEMBRO

Minha febre não cede. Estou muito deprimido, pois enquanto todos os meus amigos combatem, eu me encontro aqui, estirado na cama. Mas estou tão fraco que preciso de ajuda até para me levantar. As dores na barriga, na cabeça e no peito me deixaram completamente exaurido. Marysia veio me visitar ontem à tarde — tinha conseguido um passe do hospital onde trabalha. Eu não estava totalmente consciente, de modo que lembro apenas que ela estava aqui e que a sua voz suave e delicada era muito reconfortante.

QUINTA-FEIRA, 28 DE SETEMBRO

Hoje, no início da manhã, os alemães lançaram intenso ataque da direção da Estação Varsóvia-Gdansk. Às nove horas, tomaram a Escola Príncipe Poniatowski com a ajuda de pequenos tanques-robôs cheios de explosivos e controlados a distância por cabos ou rádio. Eles são conhecidos como "Golias". Nossa casa está separada da escola apenas pela Avenida do Exército Polonês e duas outras casas, de modo que, da janela do meu quarto, eu via partes do prédio desmoronando.

Meu pai também está acamado em casa, com febre. Tia Stacha é nosso único esteio, pois os alemães já levaram tia Wanda, e ninguém sabe onde ela está. Mamãe ainda se encontra em Baniocha, e a casa está cheia de estranhos que se refugiaram aqui. Meu quarto se transformou num verdadeiro pandemônio por causa de um lançamento aéreo feito por soviéticos sem paraquedas, que atingiu a casa na noite passada.

As feridas provocadas em meu pai durante a fuga pelos esgotos até agora não cicatrizaram, e eu, ainda fraco, estou com febre muito alta e cuspindo sangue. Papai e eu não podemos mais ficar em casa, por mais doentes que estejamos. De modo que, por volta do meio-dia, nos arrastamos para fora da cama, nos vestimos da melhor maneira que podíamos e saímos.

Passamos pelas trincheiras de comunicação, que estavam sob fogo de artilharia, e circundamos a Igreja de São Stanislaw Kostka para chegar à Praça Wilson — ou antes, a suas ruínas, pois só havia montes de escombros em muitos lugares onde anteriormente se encontravam prédios. Nessas imediações, eu me despedi do meu pai, sem saber se voltaria a vê-lo.

Golias (tanques-robôs alemães).

333 • 15 ANOS: 1944 – O LEVANTE DE VARSÓVIA

Fui até o prédio onde a nossa companhia estava aquartelada, e uma terrível cena se desenrolou bem diante de meus olhos. Entre as ruínas da Colônia Habitacional da Cooperativa de Varsóvia, corpos de mulheres e crianças jaziam em posições grotescas dentro de crateras abertas pelas bombas. Outros corpos estavam pendurados nas varandas. Até as árvores de um verde luxuriante de Zoliborz tinham sido arrancadas e estavam misturadas aos mortos.

Depois de procurar entre os escombros e nos porões, finalmente encontrei uma das enfermeiras da nossa companhia. Ela me levou a um porão onde já havia alguns feridos. "Wilk" era um deles, convalescendo, juntamente com outro cadete ferido e uma linda garota, uma enfermeira que tinha sido alvejada nas pernas. Passei ali o resto do dia, debaixo de incessante fogo de artilharia.

—◦◦◦—

O Exército Vermelho esperava em silêncio em Praga (…)
prometendo diariamente mandar ajuda e
nos dizendo para continuar lutando.

—◦◦◦—

SEXTA-FEIRA, 29 DE SETEMBRO

Os alemães, agora, avançam em alta velocidade. Esta noite, tomaram a Igreja de São Stanislaw Kostka e ganharam terreno numa das calçadas da Rua Krasinski. De uma janela do nosso porão, podíamos ver facilmente tanques percorrendo o bulevar. E então, depois de tomarem posição em frente ao prédio de apartamentos onde nos encontrávamos, eles começaram a destruí-lo metodicamente.

Como o inimigo estava tão perto, decidimos que seria melhor nos juntarmos à nossa companhia, e então saímos do porão sob a proteção da noite, engatinhando sobre os escombros.

Percebi que eu não estava mais gripado. Todo o bairro de Zoliborz queimava, e as chamas iluminavam as ruas, aquecendo o ar ao nosso redor.

Por todo esse tempo, o Exército Vermelho esperava em silêncio em Praga, do outro lado do Vístula, prometendo diariamente mandar ajuda e nos dizendo para continuarmos lutando. Nem uma só companhia atravessou o rio.

Até que os alemães atacaram com tanques de tamanho normal e também Golias. Todas as comunicações entre as nossas unidades foram cortadas, e, agora, cada destacamento estava completamente por conta própria. No fim da tarde, os alemães tinham penetrado a zona sul de Zoliborz, na direção da Praça Wilson e da Rua Krasinski. O fogo de artilharia só cessou ao anoitecer.

Esta noite, ficamos sabendo que o general Bor-Komorowski informou a Londres que a nossa situação é desesperadora, e que será inevitável a capitulação se não forem recebidas imediatamente grandes quantidades de armas.

Ao mesmo tempo, ele enviou uma mensagem ao coronel "Zywiciel" para que continue lutando, ainda que por mais um dia apenas.

Durante a noite, eu me juntei aos meus amigos, ajudando-os a defender nosso prédio dos fortes ataques do inimigo. Fiquei por trás da janela no bunker do porão, tão fraco que mal conseguia permanecer de pé — muito menos continuar disparando —, mas, de vez em quando, eu escalava as ruínas da escada e lançava granadas contra os atacantes alemães.

Varsóvia em chamas.

*Os Comandos eram
sempre os primeiros
a atacar e os últimos a partir.
Era a nossa missão.*

SÁBADO, 30 DE SETEMBRO – MANHÃ

Hoje é sábado. Às nove da manhã, o inimigo conseguiu botar fogo no segundo e no terceiro andares do nosso prédio. Tivemos de permanecer em nossos postos, surdos por causa das explosões, os olhos ardendo com toda a fumaça.

Era tanta escuridão que nenhum de nós sabia o que estava acontecendo, e os gemidos dos feridos nos deixavam cada vez mais deprimidos. A essa altura, estava perfeitamente claro que era impossível continuar defendendo Zoliborz, e pouco depois das dez horas o coronel "Zywiciel" ordenou que as companhias se retirassem na direção do Vístula. Deveríamos atravessar o rio à noite para nos juntar aos russos.

Nossa companhia, que a essa altura estava reduzida a menos da metade do contingente original, seria mais uma vez a última a deixar sua posição. Os Comandos eram sempre os primeiros a atacar e os últimos a partir. Era a nossa missão. Mas, ao meio-dia, chegou a ordem do tenente "Szeliga", e, sob a proteção da fumaça, começamos a bater em retirada. Rastejando pelas casas destruídas, chegamos a um prédio na Rua Mickiewicz. Os remanescentes da nossa divisão se juntaram ali, enquanto os alemães finalmente se viam no controle de quase todo Zoliborz.

As fileiras de tanques posicionados na Praça Wilson e alinhados ao longo da Rua Slowacki dispararam uma saraivada de bombas contra nós. Os alemães tinham deslocado toda uma divisão blindada para uma área do tamanho de um 3x4. O prédio do Corpo de Bombeiros foi feito em pedacinhos por um ataque dos tanques-robôs Golias.

336 • A COR DA CORAGEM – CAPÍTULO 6

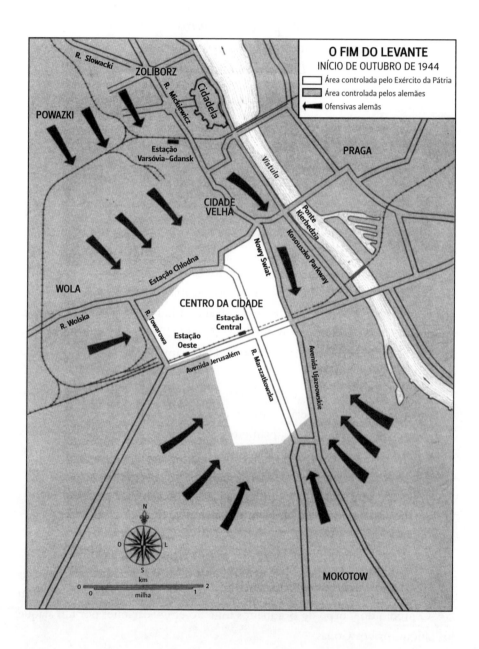

SÁBADO, 30 DE SETEMBRO – TARDE

Esperávamos ficar aqui até o cair da noite, e então, depois de atravessar as posições alemãs pelo rio, chegar aos barcos russos que supostamente estariam nos esperando.

Os tanques estavam causando enormes danos, e eu recebi ordem de atirar neles com a minha bazuca antitanque PIAT. A essa altura, praticamente já estava além das minhas forças simplesmente levantá-la; a febre tinha me deixado tão fraco que eu caía de poucos em poucos metros. Preparar a PIAT para entrar em ação me obrigava a deitar de costas para puxar a sua mola.

Soldados alemães avançam pelas ruas devastadas de Varsóvia.

Eu tomei posição nas ruínas em frente a um grande tanque Tiger, e meu primeiro projétil atingiu sua esteira direita, imobilizando-o. Vi que o gigantesco canhão se voltava devagar, finalmente apontando direto para mim. Eu sabia que dessa vez teria de acertá-lo. Meu segundo disparo abriu um enorme buraco no centro, e o tanque começou a cuspir chamas. A escotilha se abriu e a tripulação, de uniforme negro, começou a pular. O primeiro homem foi derrubado pelo fogo das nossas metralhadoras. O segundo foi morto quando tentava sair pela escotilha. Ao tombar, ele se agarrou à porta aberta da escotilha, fechando-a. Ninguém mais conseguiu sair da armadilha de aço.

Atingi vários tanques enquanto nos deslocávamos pelas ruínas. Para variar, havia grande disponibilidade de projéteis, que me foram entregues um a um. Por fim, eu não conseguia mais puxar a mola da PIAT e desmaiei, completamente exausto.

Tínhamos de encarar um fato que sempre soubéramos, ainda que sem admitir: a certa altura, teríamos de estar preparados para a captura ou a morte.

SÁBADO, 30 DE SETEMBRO – INÍCIO DA NOITE

Quando voltei a mim, a noite já havia chegado. O fogo do inimigo cessara e havia apenas um completo e mortal silêncio. O repentino acontecimento me surpreendeu e me alarmou. O que poderia significar?

Nesse momento, recebemos ordem de nos deslocarmos por uma trincheira de comunicação até um prédio do outro lado da rua. Ocupava os números 34-36 da Rua Mickiewicz, a Casa de Vidro, onde se haviam reunido os remanescentes do nosso grupo de Zoliborz.

Ao chegarmos ao jardim do grande prédio, nos sentamos na grama e ficamos esperando novas ordens, aquecidos pelas chamas que cercavam toda a área.

Enquanto estávamos sentados na grama, lembrei-me de que, não fazia muito tempo, havia passado ali momentos muito felizes, visitando Marysia.

As escadas levando ao apartamento onde Marysia morava não tinham sido atingidas pelo fogo, e, meio atordoado pela febre, subi, mas os quartos tinham sido muito danificados — móveis quebrados, molduras de janelas e vidraças espalhadas pelo chão.

Os buracos nas paredes e no teto me causaram terrível impressão, e as perguntas não saíam da minha cabeça: Onde está Marysia agora? Ainda está viva?

Desci cambaleando as escadas como um doido e encontrei meus alarmados companheiros. Um deles gritou: "Que diabos você está fazendo, vagando por essas ruínas? Ficou maluco?"

Alemães patrulham um subúrbio de Varsóvia destruído nos combates.

Desmoronei nos degraus próximos dos meus companheiros de combate. A situação toda parecia desesperadora. Tínhamos de encarar um fato que sempre soubéramos, ainda que sem admitir: a certa altura, teríamos de estar preparados para a captura ou a morte.

SÁBADO, 30 DE SETEMBRO – NOITE

A notícia chegou como um raio. A mensagem era curta e grossa. Rendição! Essa simples palavra provocou um furioso despejar de maldições de todo lado: "Mentira!", "Impossível!". Ainda assim, todas as companhias receberam ordem de entrar em formação. Foi o que fizemos, ainda sem conseguir acreditar no que estava acontecendo.

O tenente "Szeliga" se postou diante da nossa companhia. Eu tive de me esforçar muito para me manter em posição de sentido e me concentrar enquanto ele pegava um papel no bolso do peito e começava a ler em voz alta as ordens do coronel "Zywiciel":

Soldados!

Quero lhes agradecer, meus caros companheiros,
por tudo que conseguiram nesses dois meses de combates
contra o inimigo, pelo seu empenho,
seu sofrimento e sua coragem.
Orgulho-me de ter tido a
honra de comandar soldados como vocês.
Continuem assim no futuro e mostrem ao mundo o que é o
soldado polonês, capaz de sacrificar tudo por seu país.

Soldados!

Há uma hora, cumprindo ordens do comandante supremo
das Forças Armadas, general Bor-Komorowski, assinei o
documento de rendição do nosso grupo...
Estamos nos rendendo à Wehrmacht como exército regular,
e seremos tratados de acordo com a Convenção de Genebra.
Agradeço-lhes mais uma vez por tudo.
Que Deus esteja com vocês!

—◦◦◦—

Todos nós fizemos um derradeiro esforço e marchamos num passo regular e cadenciado, como se estivéssemos numa parada, com os fuzis nos ombros. Tínhamos de lembrar aos alemães que tipo de soldados haviam combatido nos dois últimos meses.

—◦◦◦—

SÁBADO, 30 DE SETEMBRO – MEIA-NOITE

Depois disso, tudo correu como um pesadelo. Sem sequer nos dar conta realmente, começamos a entrar em formação militar. Já era quase meia-noite quando demos início à nossa lenta marcha subindo a colina, da Casa de Vidro até a Praça Wilson, passando pela Rua Mickiewicz.

Todos nós fizemos um derradeiro esforço e marchamos num passo regular e cadenciado, como se estivéssemos numa parada, com os fuzis nos ombros. Tínhamos de lembrar aos alemães que tipo de soldados haviam combatido nos dois últimos meses.

Com os oficiais nos nossos flancos, avançamos em direção à Praça Wilson, solidamente demarcada por tanques, onde os alemães nos esperavam. Quando estávamos a cerca de 10 metros de um portão dando para o pátio de um grande prédio, veio o comando: "Kompania, stój!" (Companhia, alto!) Nosso comandante trocou algumas palavras em alemão com o oficial no comando. E, então, entramos no pátio.

Prédio industrial destruído.

Eu não tinha mais nada a entregar.

Um calafrio de terror me sacudiu ao ver os rostos e uniformes do odiado inimigo a tão curta distância. Os alemães imediatamente nos cercaram e confiscaram nossas armas leves, binóculos, e tudo mais. Em seguida, marchamos pelo pátio em formação de companhia; passando pelos tanques posicionados na entrada para a Rua Slowacki, nos vimos no centro da Praça Wilson, iluminada pelas labaredas de Zoliborz em chamas. Ali, tivemos de entregar o restante das nossas armas.

Eu não tinha mais nada a entregar.

DOMINGO, 1º DE OUTUBRO

Os alemães nos dividiram em dois grupos — um, formado por oficiais e cadetes e o outro, por graduados e praças. Em seguida, nos conduziram pelas ruínas e cinzas do outrora belo Zoliborz, na direção do Cemitério Powazki. Em Powazki, os alemães nos puseram em estrebarias militares e nos deixaram trancados ali durante a noite.

Praticamente incapaz de me mover, eu rezava de forma vergonhosa por um fim rápido; mas não seria assim — era apenas mais um começo.

SEGUNDA-FEIRA, 2 DE OUTUBRO

Às dez da manhã, chegou um furgão cheio de homens da Gestapo com casacos de couro. Como não podiam nos tocar, pois estamos sob a "guarda" da Divisão Panzer das SS da Baixa Saxônia, eles tinham de se contentar em ficar olhando para nós. Nós nos olhávamos como animais selvagens. No final das contas, eu estaria vendo a Gestapo pela última vez. Meu corpo era sacudido por tremores febris, e diante dos meus olhos passavam a Rua Czarniecki; Pawiak; Aleja Szucha; Krasinski, Slowacki, Zeromski, Suzina, e um caleidoscópio de outros lugares conhecidos que se haviam transformado em campos de batalha e bulevares de guerra.

343 • 15 ANOS: 1944 – O LEVANTE DE VARSÓVIA

Soldados do Exército da Pátria capturados.

Ao meio-dia, fomos levados de caminhão para um campo em Pruszkow, perto de Varsóvia. A caminho, passamos pelo cemitério judaico, margeando os escombros queimados do Gueto.

Minha febre piorava rapidamente, e agora eu tinha uma tosse estressante. Praticamente incapaz de me mover, eu rezava de forma vergonhosa por um fim rápido; mas não seria assim — era apenas mais um começo.

Marcha para o cativeiro.

Em Pruszkow, fomos deixados num salão frio e úmido, mas, por estar tão doente, fui transferido para uma sala menor, onde os oficiais cuidaram de mim. Eu mal tinha consciência do que estava acontecendo.

QUINTA-FEIRA, 5 DE OUTUBRO - MANHÃ

Alguns dos nossos soldados do Centro da cidade foram trazidos para Pruszkow esta manhã, e, aparentemente, nossa capitulação agora está concluída. Eles trouxeram alguns exemplares do último *Boletim Informativo* do Exército da Pátria, e um dos nossos oficiais me acordou e o leu para mim:

Boletim Informativo do Exército da Pátria
4 de outubro de 1944
Derradeira Edição (102/310)

A batalha terminou (...) mas a derrota é a derrota de uma cidade, de uma etapa na nossa luta pela liberdade. Não é a derrota da nossa Nação, dos nossos planos e ideais históricos. Do sangue derramado, das dificuldades e sacrifícios comuns, do sofrimento dos corpos e almas surgirá uma nova Polônia — livre, forte e grande.

Com essa fé, viveremos em perambulações forçadas e sem teto ou em campos de prisioneiros, exatamente como vivemos com ela em nosso trabalho e em nossas batalhas. Essa fé é o mais real e mais alto testamento escrito com o sangue dos milhares de heróis e vítimas do Levante.

Prisioneiros de guerra poloneses são levados num trem de gado para um campo alemão.

QUINTA-FEIRA, 5 DE OUTUBRO – TARDE

No fim da tarde do quarto dia, fomos amontoados como animais num trem de gado, provavelmente um dos que foram usados para levar tantos de nós para Auschwitz, Majdanek e Treblinka. Devia caber uns 60 em cada vagão. A garoa fria do fim do outono aumentava a melancolia de que eu não conseguia me livrar, e a essa altura eu tremia sem parar.

Antes da partida do trem, tivemos de ouvir uma arenga do comandante da mesma divisão Panzer da Baixa Saxônia contra a qual havíamos combatido em Zoliborz. De pé nos degraus do trem em seu uniforme negro de combate, o comandante nos cumprimentou por nossa coragem e a firme resistência que havíamos oposto. Disse que se orgulhava pelo fato de a sua divisão ter tido a oportunidade de lutar contra soldados tão corajosos. Depois que se foi, fomos todos empurrados para dentro, e o trem lentamente deixou a estação.

QUINTA-FEIRA, 5 DE OUTUBRO – INÍCIO DA NOITE

A viagem foi insuportável. Depois de sermos amontoados num vagão de madeira para transporte de gado, as pesadas portas de correr de um dos lados foram fechadas e trancadas por fora. Ficamos no escuro, quebrado apenas pela débil luz que se filtrava por uma pequena fresta.

Não havia espaço para sentarmos todos ao mesmo tempo, e, de qualquer maneira, as pranchas de madeira que formavam o piso do vagão eram muito duras, frias e desconfortáveis.

Ainda fraco da febre, eu não conseguia ficar de pé sozinho, e, enquanto o trem sacolejava aos solavancos pelos trilhos, eu ficava caindo sobre meus companheiros. Eles bondosamente abriam espaço para que eu pudesse me sentar com as costas contra a lateral do vagão.

A certa altura naquela noite, o trem parou num estremecimento e ouvimos ruídos e conversas do lado de fora. Houve, então, um barulho forte da porta de correr sendo destrancada e do atrito causado ao ser aberta alguns centímetros. Finalmente, um guarda alemão armado enfiou pela abertura algumas canecas de café e alguns biscoitos. Em resposta a nossas muitas perguntas, disse-nos apenas que estávamos num lugar chamado Skierniewice e que os alimentos tinham sido requisitados para nós junto à população local. Acrescentou que era melhor nos apressarmos e acabarmos de uma vez, pois logo estaríamos prosseguindo. A porta se fechou. Tentei comer, mas não consegui, e mal pude bebericar um pouco de café.

E, de fato, pouco depois o ferrolho foi trancado de novo, e seguimos viagem.

A parada e o pequeno lanche aparentemente nos estimularam a sair do torpor no qual a maioria de nós havia caído ao sermos empurrados para dentro do trem. Eu não entrei na conversa, nem queria realmente ouvir; queria apenas ficar sentado ali com os meus pensamentos e os meus medos. Mas não podia deixar de ouvir pedaços da conversa — especulações quanto ao nosso destino, por quanto tempo ficaríamos lá, e assim por diante. Ninguém ousava levantar a questão de saber o que poderia acontecer com os nossos companheiros e famílias em Varsóvia, mas, inevitavelmente, a conversa se encaminhava para o tema da fuga.

Sabíamos que o trem estava fortemente guardado, e o discurso de despedida do comandante da divisão Panzer — apesar de todos os elogios pela nossa coragem em combate — deixara bem claro que qualquer um que tentasse fugir seria imediatamente fuzilado.

Sabíamos apenas que não iríamos para um campo civil como Auschwitz, mas que avançávamos em direção oeste — provavelmente para a própria Alemanha — rumo a um campo militar.

Logo a conversa cessou, e o vagão ficou novamente silencioso enquanto caíamos num sono intermitente e inquieto.

*Eu era de longe o soldado mais jovem no nosso vagão,
e estava separado da maior parte da minha companhia,
de modo que me sentia realmente muito só.*

SEXTA-FEIRA, 6 DE OUTUBRO

Quando um fraco raio de luz diurna já entrava pela fresta, as pessoas despertaram e tentaram espreguiçar os membros apertados e enrijecidos. Mas eu não encontrava energia para me movimentar, e fiquei aconchegado contra a lateral do vagão. Alguns companheiros se alternavam observando pela abertura para ver por quais cidades passávamos e tentar adivinhar para onde éramos levados. Quando o trem, de fato, passava por algum lugar habitado, agitávamos desafiadoramente as nossas braçadeiras vermelhas e brancas pela janela.

Além do aperto e do desconforto, do medo e da fome, outro aspecto humilhante da nossa jornada para o cativeiro tinha de ser encarado. Como já estávamos no vagão havia mais de 12 horas, sem possibilidade de sair, nem mesmo quando paramos em Skierniewice, tínhamos de nos aliviar no canto do vagão. O fedor logo se tornou insuportável. Aquele vagão de gado era uma Pawiak sobre rodas.

Devo confessar que estava tão doente que mal sabia ou me importava com o que acontecia ao meu redor. De vez em quando, contudo, um dos companheiros sentava ao meu lado e tentava me animar conversando. Eu era de longe o soldado mais jovem no nosso vagão, e estava separado da maior parte da minha companhia, de modo que me sentia realmente muito só.

Ao anoitecer, o trem começou uma série de manobras de desvio, e os que observavam da janela disseram que, aparentemente, estávamos saindo da linha principal para uma secundária. Especulavam que isso fora feito para permitir a passagem de um trem militar. Devia haver um tráfego militar muito pesado, pois ficamos ali por várias horas.

Ao cair da noite, achamos que estávamos para prosseguir, mas, de repente, ouvimos o lamento de uma sirene de ataque aéreo e, pouco depois, explosões de bombas e fogo antiaéreo. Comemoramos, pois isso significava que os Aliados estavam fazendo um ataque aéreo! Significava também, claro, que tínhamos parado numa cidade importante, provavelmente Berlim, e que, portanto, já estávamos bem dentro de território inimigo — a Alemanha.

Essa ideia nos deixou muito desanimados, e a proximidade do bombardeio agravava ainda mais o nosso medo e impotência. Felizmente, não fomos atingidos, mas, pela comoção lá fora, os alemães deviam estar passando maus bocados.

Prisioneiros aliados vivendo debaixo de uma tenda num campo de prisioneiros alemão.

SÁBADO, 7 DE OUTUBRO

No início da manhã, o trem voltou a se movimentar, e teve início mais um dia de fome e desconforto. Eu estava completamente prostrado, e a essa altura tão doente que nem sequer conseguia falar.

DOMINGO, 8 DE OUTUBRO

Meus amigos me despertaram cedo esta manhã para dizer que iríamos deixar o trem — qualquer que fosse o nosso destino, já havíamos chegado. Quando a porta lateral do vagão finalmente foi aberta, a luz da manhã era terrivelmente ofuscante depois daqueles dias de escuridão, mas o ar fresco, incrivelmente bem-vindo. Quando saímos do trem, debaixo de fina garoa e céu encoberto, minha primeira impressão foi de uma floresta verdejante se estendendo até onde a vista alcançava. Eu vi também que havia, na estação, uma tabuleta com um nome — Alten Grabow —, que, no entanto, nada significava para mim.

Os alemães, então, nos organizaram em grupos e nos fizeram caminhar por quase um quilômetro até um enorme campo cercado de arame, com enormes portões duplos. Não caminhei exatamente, mal conseguindo tropeçar com a ajuda de dois amigos.

—☙☙—

Eu logo recebi o meu número no campo
—prisioneiro de guerra 45517.

—☙☙—

Ficamos esperando na chuva enquanto ele, aparentemente, decidiam o que fazer conosco. Perguntei a alguém onde estavam os nossos oficiais, e um outro homem (que falava alemão fluentemente) disse ter ouvido os alemães se referindo a outro campo que fora reservado para os oficiais. Ele também disse que os alojamentos do campo — Stalag XI-A — estavam cheios, e que teríamos de dormir em tendas. E, com efeito, pouco depois éramos postos para erguer gigantescas tendas no terreno entre os alojamentos e a cerca. Uns 150 homens eram incumbidos de cada uma delas.

Não tínhamos camas de espécie alguma, obviamente, e assim tivemos de dormir na terra — embora até isso fosse confortável depois do piso de madeira do vagão de gado.

Nessa noite, contudo, choveu muito, e tivemos de levantar e cavar canais ao redor da tenda para permitir o escoamento da água. Na manhã seguinte, eu estava de novo tão fraco que nem conseguia me levantar, o que significava também que não comia, pois só recebia comida quem se levantasse e entrasse na fila perto da cozinha. A essa altura, eu realmente não me importava mais, ali prostrado no chão molhado esperando que tudo acabasse. Meus amigos contrabandeavam comida para mim sempre que podiam, embora, se fossem apanhados, seriam fuzilados.

Passei vários dias assim, até que um amigo que falava inglês trouxe do campo um paramédico britânico para me examinar. Até então eu não me dera conta de que o Stalag XI-A abrigava prisioneiros de guerra de inúmeras nacionalidades. Descobri também que era um grande campo, com dezenas de milhares de homens. Apesar do tamanho, contudo, a administração era muito eficiente. Os alemães mantinham registros detalhados de cada prisioneiro, e logo recebi o meu número no campo — prisioneiro de guerra 45517.

O médico finalmente voltou e disse que conseguira que eu fosse enviado para o hospital do campo, juntamente com vários colegas que também estavam doentes. Mas me advertiu que o hospital ficava a mais de três quilômetros, e eu teria de ir a pé.

SÁBADO, 14 DE OUTUBRO

Não sei quanto tempo levamos para chegar ao hospital, ou, na verdade, *como* conseguimos chegar. Assim como tantos outros, eu me arrastava feito um velho bêbado, caindo com frequência e a cada vez me convencendo de que nunca mais conseguiria levantar. Mas o fato é que nós chegamos ao Gross Lübars Lazarett (Hospital Militar de Gross Lübars).

DOMINGO, 15 DE OUTUBRO

O hospital não passava de um conjunto de barracões precários de madeira com camas de tábuas. Aqueles destinados a soldados poloneses já estavam lotados de feridos, mas, no fim das contas, eles encontraram espaço para nós num dos barracões italianos. O espaço era imundo e as camas, infestadas de percevejos dos asquerosos colchões de palha. Ainda assim era um lugar para se deitar, e não o chão, e, pelo menos, tínhamos cada um seu fino cobertor.

Eu ardia em febre num minuto e tremia de frio no seguinte, e agora, ao tossir, cuspia sangue. Muitos outros homens da ala estavam na mesma condição. Ironicamente, só podíamos conversar com os italianos num alemão capenga, a única língua que tínhamos em comum. Descobri que não havia enfermeiras destacadas para o *Lazarett*, embora toda manhã viesse um médico fazer a "ronda". Na verdade, estávamos em quarentena, cada barracão isolado por uma cerca de arame e sem acesso aos demais.

E, de fato, um médico apareceu na manhã seguinte, examinando cuidadosamente cada um de nós. No meu caso, recomendou repouso absoluto e boa alimentação como melhor tratamento para a minha doença. Realmente uma farsa, pois a dolorosa agonia da fome não nos deixava por um só instante!

DOMINGO, 22 DE OUTUBRO

Os dias passavam muito lentamente, e nós ficávamos cada vez mais apáticos. A comida dava apenas para nos manter vivos.

Às sete horas da manhã, recebíamos um pouco de um líquido terrivelmente amargo, nem café nem chá. Ao meio-dia, mais ou menos uma porção e meia de uma sopa de nabo sem sal, sem gordura nem batatas; finalmente, ao anoitecer, um pedaço de pão preto pesando mais ou menos meio quilo e uma colherada de geleia de beterraba. Essa dieta magra, juntamente com a minha doença, me mantinham na cama.

QUARTA-FEIRA, 1º DE NOVEMBRO

O tempo se arrasta, e, às vezes, é difícil distinguir um dia do outro. Fico estendido na cama, mais fraco que nunca, e absolutamente convencido de que não vou sair vivo daqui. Minha debilidade física a essa altura já não é maior que a minha depressão.

SEXTA-FEIRA, 3 DE NOVEMBRO

Meu ânimo melhorou, pois, hoje, algumas enfermeiras do nosso batalhão descobriram onde eu estava e vieram me ver. Agradou-me em especial ver entre elas as gêmeas Danka e Basia. Elas trabalham na cozinha do campo. Agora que sabem onde estou, dizem que podem cuidar de mim e vão tentar trazer rações adicionais. O simples fato de vê-las e poder falar com elas é maravilhoso, claro, pois ninguém, além do médico, vem aqui.

Danka — 1945.

---

*As camas não ficam vazias por muito tempo;
os mortos logo são substituídos
por doentes ou feridos.*

SÁBADO, 4 DE NOVEMBRO

Parece que todo dia morre alguém. Mas não há ninguém para levar os corpos, de modo que simplesmente temos de cobrir os rostos com um cobertor e aguardar a volta do médico. Ele, então, providencia a vinda de outros prisioneiros para remover os corpos. Ninguém diz para onde são levados, e nenhum de nós tem coragem de perguntar.

As camas não ficam vazias por muito tempo; os mortos logo são substituídos por doentes ou feridos.

DOMINGO, 5 DE NOVEMBRO

Hoje é um dia muito especial. Escrevi a primeira carta à minha família. Os alemães têm papel especial até para isso — um formulário de carta em duas partes, especialmente impresso para prisioneiros de guerra militares. O prisioneiro escreve na primeira parte do formulário, deixando a segunda em branco para a resposta, e as duas formam uma espécie de envelope ao serem dobradas. Não posso ser muito franco no que digo, naturalmente, pois sabemos que as cartas têm de passar pelo censor do campo.

Sei que não adianta escrever para ninguém na Rua Felinski, pois tenho certeza de que, a essa altura, a casa sequer continua de pé, muito menos com alguém morando nela. Só Deus sabe onde papai está — provavelmente em algum campo, se ainda está vivo —, de modo que tenho escrito para mamãe em Baniocha. Presumo que ela esteja lá com a minha irmã.

5 de novembro de 1944

Querida mamãe:

Estou bem de saúde, inteiro, num campo de prisioneiros de guerra. A última vez que estive com papai e tia Stacha foi há mais de um mês, em casa, na Rua Felinski. Todo mundo em casa estava inteiro e com saúde. Desde então, não tive mais notícias. Ao escrever esta carta, não tenho certeza se ela chegará ao destino, mas talvez Deus o permita. Talvez ela chegue às suas mãos antes do seu aniversário, levando meus cumprimentos e meus beijos. Como estão você, Wanda e todo mundo? Só imagino o que vocês não passaram, sem notícias nossas por tanto tempo. Por isso é que quero tanto que esta carta chegue às suas mãos. Se recebê-la, por favor me escreva dizendo o que está acontecendo em casa e diga os nomes dos parentes que eu tenho na Cracóvia ou no Reich, para que eu possa mandar-lhes os tíquetes dos pacotes de comida. Talvez tia Petecka ou o tio da Silésia.

Passei os meses de agosto e setembro em Zoliborz. Escrevi à Cruz Vermelha pedindo notícias de tia Stacha e papai. Espero que todos nós, com a ajuda de Deus, venhamos a nos encontrar.

Beijos,
Julek

Rezo para que a carta consiga chegar a eles, pois então ficarão sabendo que ainda estou vivo e onde me encontro.

QUARTA-FEIRA, 15 DE NOVEMBRO

Outra surpresa agradável hoje: recebemos mais alguns pacotes da Cruz Vermelha. Os primeiros chegaram por volta do fim de outubro, mas cada um deles tinha de ser compartilhado entre 16 homens, de modo que recebemos cada um apenas uma colherada de geleia ou leite em pó. Agora, entretanto, cada pacote precisa ser compartilhado apenas entre quatro homens. E ainda assim, são tão pequenos que comemos tudo de uma vez só, e ficamos de novo com fome no dia seguinte. De qualquer maneira, esses pacotes nos alegram imensamente, assim como o som dos bombardeiros Aliados passando à noite por cima do campo, a caminho do interior da Alemanha. Nosso único medo é que, um dia, os Aliados tenham de decidir jogar bombas no nosso campo, pois corre o boato de que existe uma grande fábrica subterrânea de munições em Alten Grabow, de modo que o campo não é apenas um lugar para manter prisioneiros, mas também uma camuflagem e uma cobertura para a fabricação de armas.

SEGUNDA-FEIRA, 20 DE NOVEMBRO

Continuam chegando mais e mais prisioneiros de várias nacionalidades ao hospital. Mas a maioria deles não foi ferida em combate — eles vêm para cá para se recuperar de ferimentos sofridos no trabalho forçado nas minas e pedreiras próximas. Alguns foram espancados por não trabalharem com o afinco exigido pelos guardas alemães.

TERÇA-FEIRA, 21 DE NOVEMBRO

Hoje, um desses feridos veio conversar comigo. Escocês, ele tinha conhecido outros poloneses quando o nosso exército treinava na Escócia, e queria me falar da sua casa. Trazia consigo fotografias amassadas da família, que me mostrou todo orgulhoso várias vezes.

Conversando numa estranha mistura de inglês, polonês e alemão, ele me disse que os prisioneiros do campo principal usados no trabalho forçado tinham de trabalhar até 12 horas por dia, muito embora também só recebessem rações miseráveis. Em geral, duas semanas assim bastavam para deixá-los bastante debilitados, e muitos estavam gravemente feridos; os guardas espancavam os demais por não trabalharem velozmente. Fossem feridos ou espancados, eram mandados para o *Lazarett*, onde a maioria morria.

QUINTA-FEIRA, 23 DE NOVEMBRO

Hoje, tentei encontrar meu amigo escocês, já que, ontem à noite, ele não tornou a me visitar. Fiquei sabendo que ele morreu ontem de manhã dos espancamentos sofridos na mina. Estou de novo muito deprimido. Os dias e as noites se arrastam, marcados apenas por nossas magras refeições e a encenação das visitas do médico. Ainda não recebi resposta da minha família, e a minha única perspectiva parece ser uma morte lenta, na melhor das hipóteses em algum hospital.

SÁBADO, 25 DE NOVEMBRO

Os prisioneiros italianos, alguns deles oficiais, têm tentado me animar, me ensinando italiano, e me estimulam diariamente a me levantar, em vez de ficar aqui deitado feito um bobo. Gosto especialmente de uma canção que me ensinaram, mas, hoje, o padre veio me pedir que não a cantasse alto, pois a letra é realmente muito suja!

TERÇA-FEIRA, 28 DE NOVEMBRO

Embora o *Lazarett* esteja oficialmente isolado, outros prisioneiros começaram a vir nos visitar. Talvez tenham sabido pelas gêmeas como nos sentimos solitários. Eles nos animam e nos dão muito assunto para conversar mais tarde, contando histórias das diferentes nacionalidades no campo. Parece que cada contingente reage de maneira diferente à vida no campo.

Os britânicos são amistosos, mas bem tímidos e reservados. Jogam muito futebol. Os sikhs e ghurkas que vêm nos visitar tentam me ensinar a jogar uíste, e eu lhes ensino polonês.

Os holandeses parecem se dar bem com todo mundo, mas, como os demais prisioneiros, ignoram os franceses, que deram um jeito de se livrar do trabalho forçado colaborando abertamente com os alemães.

As tropas coloniais e os americanos são os únicos soldados não europeus aqui. Por mais divertidas que essas histórias sejam, o mais divertido de tudo são as nossas tentativas de nos comunicarmos uns com os outros em nossas misturas de várias línguas, associadas à mímica e a pequenos rabiscos em pedaços de papel.

QUARTA-FEIRA, 29 DE NOVEMBRO

Eu me senti tão melhor hoje que decidi ir até a cozinha do campo para encontrar as gêmeas. Por incrível que pareça, ninguém me deteve quando saí do hospital, mas logo me dei conta do quanto ainda estava fraco, pois comecei a sentir tontura antes da metade do caminho. Precisei me sentar e descansar um bom tempo até me sentir suficientemente bem para a viagem de volta, e ainda assim uma das garotas caminhou comigo.

SEXTA-FEIRA, 1º DE DEZEMBRO

Hoje, o mundo parece muito mais iluminado. Recebi uma carta escrita pelo meu pai. Minha carta para mamãe chegou no dia 15 de novembro — dois dias depois do aniversário dela. Eles tinham recebido notícias verbais minhas no próprio dia 13 de novembro, pelo pai de um amigo meu aqui. Sua carta tinha chegado antes da minha à família, de modo que, infelizmente, meus pais ficaram sabendo que eu estava doente. E eu tomara todo o cuidado de não tocar no assunto na carta para eles! Depois de procurar se informar ansiosamente sobre a minha saúde, papai me mandou notícias da família:

16 de novembro de 1944

Querido Julek:

Ficamos emocionados com suas notícias, recebidas inicialmente do Sr. Hoppe, e dois dias depois sua carta chegou. Da próxima vez, mande notícias detalhadas sobre seu estado de saúde, pois estamos preocupados. Continuamos todos aqui juntos e com saúde, mamãe com Wanda, tia Stacha, os Kipa e eu. Escreva logo para o tio Wladek e o tio Stefan, cujo endereço é Grodziec, perto de Bendsburg, 65, Grubenstrasse 1. Você continua recebendo os pacotes? Vovô Hala também está em Baniocha; tia Wanda e Mary, provavelmente, estão na Alemanha; nenhuma notícia de tia Zosia e seu marido. Em Komorow (Klonowa, 16), encontrei os Chojnacki, mas nenhuma notícia de Lolek e sua mulher. Não está precisando de roupas de frio? As primeiras notícias suas chegaram no aniversário de mamãe. Nós todos o abraçamos apertado e mandamos bênçãos, certos de que, em breve, o encontraremos.

Seus pais

TERÇA-FEIRA, 5 DE DEZEMBRO

Danka e Basia vieram hoje e trouxeram notícias de Marysia; ela está vivendo com a mãe numa cidadezinha no centro da Polônia. Imediatamente, escrevi uma longa carta para ela, mas não sei se um dia lhe chegará às mãos. Também escrevi ao meu tio Wladek e a tia Tosia em Londres. Por fim, fiquei sabendo que a pobre tia Wanda e a Sra. Bernardynska (minha professora de história) estão em Ravensbrück.

SEXTA-FEIRA, 15 DE DEZEMBRO

Está fazendo muito frio. Felizmente, os últimos pacotes da Cruz Vermelha mandados da Grã-Bretanha continham roupas além de alimentos. Agora eu tenho um uniforme de combate bem quente, um suéter e um cobertor decente. As gêmeas estão costurando uma pequena bandeira polonesa feita em casa no meu casquete, e eu ainda uso as botas militares que calçava no momento da rendição. Mas fico pensando quanto tempo elas ainda vão aguentar. Ainda assim, é mesmo um luxo ter roupas limpas — talvez tenhamos uma trégua na catação de piolhos.

Nossas possibilidades de banho ainda se limitam a apenas duas torneiras de água fria, de modo que não somos exatamente as pessoas mais limpas. Felizmente, todos nós estamos igualmente sujos e fedorentos, e assim só os visitantes realmente se sentem mal!

*Os alemães não conseguiram nos
desumanizar o bastante a ponto de ficarmos
insensíveis ao sofrimento.*

SÁBADO, 23 DE DEZEMBRO

O Natal está chegando, e temos economizado comida para um jantar de véspera de Natal que pretendíamos compartilhar com as garotas. Hoje, porém apenas dois dias antes do Natal, os alemães as levaram para outro campo.

Espancadas e amontoadas pelos alemães, as garotas tiveram de esperar no frio e na neve um trem que as levou para um campo especial para mulheres do Exército da Pátria. Algumas estavam gravemente feridas e foram deixadas em macas na neve durante várias horas. Apesar de tudo que temos visto e passado, ainda assim isso nos pareceu incrivelmente cruel.

A partida delas é extremamente dolorosa de descrever. Até alguns dos mais velhos e experientes soldados choraram ao se despedir delas. Depois que se foram, mergulhamos em silêncio, e todo mundo se deu conta do quanto tinham feito por nós e do quanto significavam. Ao mesmo tempo, não posso deixar de me alegrar pelo fato de ainda termos tais sentimentos — os alemães não conseguiram nos desumanizar o bastante a ponto de ficarmos insensíveis ao sofrimento.

DOMINGO, 24 DE DEZEMBRO

Estou, então, passando a véspera de Natal com as minhas lembranças, pensando na mesa em torno da qual a minha família estará reunida para o jantar tradicional e tentando imaginar quais de nós continuaremos vivos. Sei que já estarão vazias as cadeiras do tio Norbert, a minha e a da tia Wanda.

SEGUNDA-FEIRA, 25 DE DEZEMBRO — NATAL

O contingente holandês montou hoje uma peça amadorística e um show de talentos, e nos convidou, na tentativa de nos animar. Mas é difícil não ficar desanimado — eu nem pude me despedir das gêmeas, e parece que perdi minha última ligação com a minha casa. Recebi mais duas cartas dos meus pais, mas nada mudou por lá, e, de qualquer maneira, eles não podem dizer mesmo muita coisa numa página só.

EXTRAS DIGITAIS

Levante de Varsóvia, 1944:
EXÉRCITO DA
RESISTÊNCIA POLONESA

TRANSMISSÃO RADIOFÔNICA

Trechos
24 de agosto de 1944

www.polww2.com/Radio1944

Levante de Varsóvia, 1944:

RENDIÇÃO DOS POLONESES

www.polww2.com/Surrender1944

Extras Digitais são vídeos curtos produzidos a partir de filmes históricos originais e material de áudio para acompanhar *A cor da coragem*. Esses vídeos podem ser acessados on-line: para assisti-los, escaneie os códigos QR ou digite a URL que aparece sob cada imagem.

361 • 15 ANOS: 1944 – O LEVANTE DE VARSÓVIA

www.polww2.com/Propaganda1944

Levante de Varsóvia, 1944:
PROPAGANDA ALEMÃ

www.polww2.com/American1944

Levante de Varsóvia, 1944:
NOTICIÁRIO NORTE-AMERICANO

16 anos

1945

Prisioneiro de guerra dos alemães; fuga para a liberdade

A libertação agora é uma possibilidade real.

Voos para a liberdade.

SEGUNDA-FEIRA, 1º DE JANEIRO

Ano-novo. Os belgas marcaram este dia montando uma peça, o que nos ajudou a tirar a guerra do pensamento por algum tempo. Também me ajudou a parar de pensar no meu estômago, revolto por eu ter engolido gananciosamente todo o meu pacote de alimentos de Natal de uma só vez.

Minhas idas frequentes à latrina eram não só desagradáveis, mas muito embaraçosas. E agora estou com outro problema. Surpreendentemente, os alemães não confiscaram nossos poucos objetos pessoais restantes quando chegamos ao campo, e, na ocasião, eu trazia comigo um maço de velhas cédulas de zlotys sem valor, que desde então venho usando como papel higiênico. E agora ele está acabando rapidamente!

Acho que agora até os alemães reconhecem
que perderam a guerra.

QUARTA-FEIRA, 3 DE JANEIRO

Como o Exército Vermelho ocupou o restante da Polônia, agora parei completamente de receber cartas de casa. Além disso, o campo está ficando superlotado, mas as notícias trazidas pelos prisioneiros que chegam são boas. Os Aliados estão chegando cada vez mais perto, o que deixa os guardas cada vez mais nervosos. Começamos a provocá-los, brincando que seria melhor que eles se juntassem a nós como prisioneiros, em vez de ficar esperando os russos. Acho que agora até os alemães reconhecem que perderam a guerra.

QUARTA-FEIRA, 10 DE JANEIRO

A minha saúde realmente começou a melhorar, apesar de tudo, e o médico me disse que logo poderei deixar o hospital. Mas preciso fingir que ainda estou muito doente, pois sei o que significaria agora ser mandado para o campo principal e obrigado a executar trabalhos forçados.

SEGUNDA-FEIRA, 15 DE JANEIRO

Não se sabe por que os alemães decidiram demolir o nosso *Lazarett*, e todos os pacientes, inclusive eu, foram transferidos para outro hospital, em Alten Grabow. Os barracões aqui são muito melhores, mas a comida é a mesma em todo lugar.

Hospital de prisioneiros de guerra dos alemães.

SÁBADO, 20 DE JANEIRO

Consegui fingir que ainda estava doente até segunda-feira, mas finalmente estou de volta ao campo principal. Cerca de 400 prisioneiros do Exército da Pátria estão alojados num barracão, e praticamente não há espaço para nada. Não há beliches de verdade, e temos de dormir em tábuas colocadas poucos centímetros acima do piso, do qual emana uma umidade que penetra nosso corpo. Não há aquecimento, e a umidade sobe pelas paredes até nos dias secos.

Em tais condições e sem disponibilidade real de instalações de banho e lavanderia, há insetos por toda parte. Como os outros, estou cheio de piolhos e com erupções cutâneas coçando pelo corpo todo.

Sabendo o que acontecerá se eu for mandado trabalhar, discuti o assunto com meus companheiros. Eles sugeriram que eu dissesse aos oficiais do campo que, ao dar baixa do hospital, fui classificado como "D.U." (incapacitado para o trabalho), embora, na verdade, o médico alemão me tivesse dito o contrário. Em virtude da grande desordem que agora prevalece na administração do campo, meu plano deu certo, e hoje fui informado de que serei mandado de volta à seção hospitalar. Meus companheiros ficaram felizes por mim, mas estou com pena de me separar deles.

DOMINGO, 28 DE JANEIRO

Embora a febre tenha passado e meus pulmões melhorado, eu não estava fingindo completamente quando aleguei me sentir doente demais para trabalhar. Além das erupções que coçam absurdamente, e que agora se espalharam por todo o corpo, estou com muita dificuldade de comer qualquer coisa que não seja sopa e outros líquidos. Minhas gengivas recuaram e meus dentes estão tão moles que receio que caiam a qualquer momento. Certamente, não posso mastigar a substância parecendo barro que eles nos dão como se fosse pão, pelo menos sem antes empapá-la completamente.

Prisioneiro de guerra americano com um pacote da Cruz Vermelha.

TERÇA-FEIRA, 6 DE FEVEREIRO

Embora o envio de correspondência de e para a Polônia esteja suspenso, as coisas ainda chegam do Reich, e hoje recebi um pacote de alimentos do meu tio Stefan. Ele vive numa região da Silésia que pertencia à Polônia antes de ser anexada ao Terceiro Reich em setembro de 1939. Abri o pacote com grande expectativa, com água na boca. Arranquei a última camada de papel, e lá estava: um belo e enorme salsichão, mas completamente coberto de bolor branco e verde!

Minha decepção foi tão grande que saí correndo para o lado de fora e joguei aquela porcaria fedorenta por cima da cerca. Para meu nojo total, três serventes russos que estavam passando imediatamente se atracaram com a coisa e começaram a disputá-la como cães, arrancando pedaços e engolindo-os. Meu estômago revirou, e eu saí correndo para a latrina.

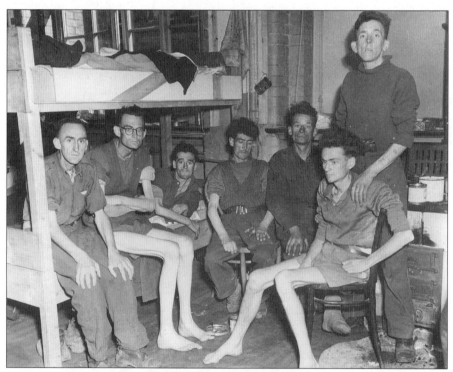

Prisioneiros de guerra britânicos.

QUARTA-FEIRA, 21 DE FEVEREIRO

Começamos a ter alguma esperança, pois as notícias que nos chegam são muito boas. Fomos informados dos combates no Reno e perto de Berlim. As notícias melhoram a cada dia, e os novos prisioneiros americanos e italianos que chegam ao nosso campo preveem um final rápido. O bombardeio contra a Alemanha não cessa há seis meses e se torna mais intenso a cada semana.

Na cidade próxima, Magdeburg, nem uma única casa ficou de pé depois dos ataques aéreos da RAF. Bem feito para eles. Assim são vingadas Londres, Varsóvia e outras cidades!

Ao se aproximar o fim, nosso tratamento mudou bastante, e agora que o Exército americano está estacionado por trás do Elba, os guardas tentam fazer amizade conosco.

Como chegou um grupo de russos feridos, eles tiveram de nos transferir do hospital para dar lugar a eles, e fomos mandados de volta para as estrebarias de Alten Grabow, que são um verdadeiro pesadelo para nós. Como as estrebarias também estão cheias, fomos acomodados no chão nu dos palheiros. Tenho um lugar bem debaixo de um buraco no telhado, através do qual — quando chove — uma corrente de água se derrama sobre mim, me acordando. Mas agora, com a esperança de um final rápido para tudo isso, é muito mais fácil para nós enfrentar o frio e a fome.

—◦◦◦—

Meu aniversário de 16 anos,
e o melhor presente que eu poderia receber é o
barulho distante, mas já agora constante,
da artilharia, com o avanço dos americanos.

—◦◦◦—

Até a situação alimentar começou a melhorar, pois, em troca de alguns cigarros, é possível sair do campo e barganhar — sempre com cigarros — na aldeia.

Naturalmente, todas essas atividades são estritamente extraoficiais, mas na aldeia, em troca de cigarros, é possível conseguir artigos, como batatas, feijão e açúcar. Não temos mais recebido pão em nossa ração diária, mas eles começaram a nos dar os horríveis biscoitos chamados *Knochenbrot*.

Passamos o tempo todo ouvindo o rugido da artilharia no front e conversando com os nossos guardas alemães. E dizemos sempre que eles estarão muito melhor quando forem nossos prisioneiros!

Dia da libertação num campo de prisioneiros de guerra na Alemanha.

SÁBADO, 3 DE MARÇO

Meu aniversário de 16 anos, e o melhor presente que eu poderia receber é o barulho distante, mas já agora constante, da artilharia, com o avanço dos americanos.

—∽∾∽—

Os guardas alemães estão tão ansiosos por fazer amizade conosco que quase nem precisam ser subornados para nos deixar sair do campo e ir à aldeia.

—∽∾∽—

DOMINGO, 1º DE ABRIL

No fim de março, finalmente começamos a ter esperança realmente concreta, especialmente ao ficarmos sabendo que os americanos haviam chegado ao Elba. Alguns até diziam que a Alemanha tinha se rendido, mas não era verdade. De certa forma, a espera agora é mais desanimadora que nunca; nossa libertação já é uma possibilidade real, e, no entanto, não temos a menor ideia de quando chegará.

SÁBADO, 14 DE ABRIL

Os guardas alemães estão tão ansiosos por fazer amizade conosco que quase nem precisam ser subornados para nos deixar sair do campo e ir à aldeia. Basta um maço de cigarros. Parei na primeira casa com que me deparei, e uma alemã de meia-idade veio à porta. Mais um maço de cigarros, consegui um pedaço de pão, e então, vendo meu uniforme de combate, ela perguntou se eu era britânico. Quando eu disse que era polonês e de Varsóvia, ela gritou "Oh, meu Deus, você matou o meu filho!", e bateu a porta na minha cara.

Subitamente perdendo a coragem, mas segurando firme meu precioso pedaço de pão, saí correndo o mais rápido possível de volta para o campo.

QUINTA-FEIRA, 3 DE MAIO

E, então, chegou o Três de Maio, a data nacional polonesa, e portanto um dia que, mesmo nas atuais circunstâncias, era especial para mim. E esse Três de Maio tornou-se mais especial que todos os outros.

372 • A COR DA CORAGEM – CAPÍTULO 7

Caminhões da Cruz Vermelha americana chegaram ao campo pela manhã para recolher prisioneiros de guerra americanos, britânicos, belgas e holandeses. As demais nacionalidades deveriam ficar no campo e aguardar a libertação pelo Exército Vermelho. Quando vi os uniformes dos soldados e oficiais americanos atirando alimentos e cigarros para nós por cima do arame farpado, tentei sair do campo, mas os portões ainda estavam fechados, tendo ao lado guardas alemães e membros da polícia interna do campo — formada por todas as nacionalidades. Eles tinham ordens de nos manter dentro do campo até a libertação final.

Enquanto eu estava por trás do portão, o caos e a multidão eram tão grandes que consegui me esgueirar por baixo do braço de um policial e abri caminho até os caminhões e os americanos.

Depois de duas horas observando os caminhões serem ocupados por soldados americanos e britânicos, de repente, senti uma necessidade premente de ir com eles. Seria um enorme risco, pois nos tinham dito que seríamos levados no dia seguinte, e, deixando o campo, eu ficaria sem amigos e à mercê de estranhos.

Mas, depois de tantos dias, meses e anos, eu estava com tanta fome de liberdade que decidi arriscar. Caminhões e caminhões marcados com grandes estrelas brancas começaram a deixar o campo, aclamados pelos que ficavam para trás. Olhando ao redor, vi um americano, que eu conhecia do campo, sentado num dos caminhões. Ele sabia algumas frases meio capengas de polonês, e tínhamos feito amizade. Ele me viu e fez sinal para que eu pulasse no caminhão em movimento. Sem mais espera, num segundo eu já tinha pulado, com a ajuda das mãos fortes e amigas dos ianques. Todo o meu futuro, a minha vida e a minha busca por liberdade agora dependiam dessa decisão.

À medida que o caminhão se afastava, ganhando velocidade, acenei com meu boné para os meus amigos e companheiros, ainda de pé por trás da cerca de arame do campo. Assim, exatamente dois meses depois do meu aniversário de 16 anos, deixei o Stalag XI-A e o cativeiro do Terceiro Reich.*

—⟶⟵—

---

* Fiquei sabendo mais tarde que, quando o Exército Vermelho chegou ao campo na manhã seguinte, eles prenderam os meus companheiros de armas do Exército da Pátria — que passaram de prisioneiros do nosso inimigo, a Alemanha, a prisioneiros do nosso suposto aliado, a União Soviética. Até hoje não entendo por que a Wehrmacht permitiu que os americanos liberassem prisioneiros de guerra ocidentais no dia 3 de maio, embora estivéssemos em território controlado pela Alemanha e a guerra ainda não tivesse acabado.

Eu era um combatente; e assim — mais um combate,
O melhor e o último!
Eu detestaria que a morte vedasse meus olhos,
e se omitisse,
*Me ordenando passar de fininho.**

Robert Browning

---

* *I was ever a fighter; so — one fight more, The best and the last! / I would hate that death bandaged my eyes, and forbore, / And bade me creep past.*

[Epílogo]

Na infância, eu adorava os filmes de Hollywood: as guerras entre caubóis e índios, as cinematográficas perseguições automobilísticas de policiais e ladrões em alta velocidade pelos cânions dos arranha-céus de Chicago, o jazz, e todo aquele glamour. Para uma criança polonesa, a América era muito distante, outro planeta. Durante a Segunda Guerra Mundial, eu estava tão envolvido nos combates de rua contra os alemães — e nas emoções e preocupações de um adolescente — que muito pouca consciência tinha do esforço militar dos Estados Unidos contra a Alemanha e o Japão. A primeira vez que pude ver o poderio da América foi quando mais de 100 bombardeiros do tipo Fortaleza Voadora passaram reluzindo ao sol do meio-dia sobre a nossa cidade em chamas, numa destemida tentativa de nos ajudar. Jamais esquecerei a alegria e o alívio desse momento.

No fim da guerra, surgiu uma oportunidade que mudou a minha vida: uma passagem só de ida para a América. Cheguei a Boston com cinco dólares no bolso, e logo descobri que a vida na América não era fácil como nos filmes. Durante anos, tive de trabalhar muito, muito, muito duro: comecei como ajudante de cozinha num Howard Johnson's, depois garçom do hotel, reparador de telhados com piche quente. Enfrentei as privações conhecidas de milhões de imigrantes que chegam a essas terras. Não era a vida das classes abastadas polonesas na qual eu havia nascido, e tive de desenvolver uma ética do trabalho que me serviu muito bem pelo resto da vida.

Eu amo a América e me orgulho de fazer parte dos seus cidadãos. Amo a democracia americana, que oferece oportunidades a quem quer que se habilite a trabalhar com afinco. Amo a liberdade em cada aspecto da vida americana: da escolha de um emprego ao lugar e à maneira como se vive, se cultua e se brinca. Como arquiteto, prefiro conceber belos prédios do que escrever. Mas devo tanto à América que senti que deveria publicar esta história.

A guerra é um horror inconcebível, mas também está cheia de feitos heroicos. Tentei apagar os pesadelos e as más lembranças, inspirando-me nos grandes sacrifícios que presenciei, atos de amor raramente encontrados em tempos de paz. Com o tempo, as minhas experiências da época da guerra fortaleceram a minha determinação de apreciar a beleza e a importância da vida, e decidi levar uma vida e uma carreira criativas, e não destrutivas. Levei o legado inspirador da minha juventude para a América, onde desfrutei de oportunidades únicas e me tornei um bem-sucedido arquiteto. Em nenhum outro lugar do mundo, eu teria sido capaz de desenvolver plenamente o meu potencial.

Houve apenas um Levante de Varsóvia, em 1944, e, no entanto, ele abrangia uma infinidade de acontecimentos que mudaram a história: a repressão brutal por parte dos alemães; a total destruição de uma cidade bela e histórica; o assassinato de 200 mil civis em apenas dois meses; a desonesta e perversa hipocrisia de Stálin; o fatídico silêncio de Roosevelt e Churchill; a ausência de apoio aliado adequado; a vã tentativa de impedir a ocupação soviética da Polônia e o combate mortal de rapazes e moças contra os males do fascismo e do comunismo.

A luta pela liberdade não termina com a vitória ou a derrota em batalhas individuais, pois é eterna. Não leva muito tempo para transformar pessoas que amam a liberdade em escravos, numa ditadura totalitária. Eu vi com horror os meus compatriotas na Polônia serem transformados de seres livres em escravos — primeiro, pelos alemães, e, cinco anos depois, durante 45 anos, pelos russos. O que me convence de que nunca haverá esforço, nem resistência, nem lágrimas o bastante para defender a liberdade.

Julian Kulski

O autor — novembro de 1945 (aos 16 anos).

Cemitério Powazki, Grupo Zywiciel.

[Posfácio]

Os Comandos da IX Companhia atuaram durante algum tempo antes do Levante de Varsóvia em 1944, com pequenas unidades que participaram de várias batalhas importantes. Mas, desde o primeiro dia do Levante, a companhia começou a atuar plenamente como unidade independente. Sem a menor dúvida, essa companhia era a melhor unidade da Divisão de Zoliborz. Mostrava-se mais eficaz, sobretudo, em seus ataques diretos de surpresa ao inimigo. Usada em ações especiais, a companhia era a primeira a atacar e a última a bater em retirada.

Dividida em três pelotões, toda a companhia nunca passou de mais de 150 integrantes. Sessenta por cento de seu contingente eram adolescentes, e 15 a 20%, garotas. Essas participavam de todas as atividades — serviam na seção de sinalização, como enfermeiras, cozinheiras, mensageiras e combatentes da linha de frente. Por exemplo, uma garota de 17 anos estava incumbida do serviço alimentar, enquanto outra ainda mais jovem se encarregava do suprimento de munição e armas e da manutenção. Todas essas moças eram muito corajosas, muito além de todas as expectativas, e seu comportamento e heroísmo inspiravam seus companheiros de armas.

A companhia era inteiramente formada por voluntários de todas as áreas da sociedade. Um dos pelotões tinha muitos integrantes da classe alta de Zoliborz, enquanto outro era quase inteiramente constituído de voluntários da zona mais pobre do bairro de Powazki. Mas todos os combatentes eram altamente motivados e dispostos a contribuir da melhor maneira possível.

Os soldados, de fato, recebiam algum treinamento em pequenos grupos no interior da Resistência, basicamente sobre teoria de combate e uso de armas e explosivos. No primeiro dia do Levante, contudo, viram-se diante do fato de que a única maneira de sobreviver era aprender muito rápido ou, então, pagar caro.

Missões heroicas foram desempenhadas; houve derramamento de sangue e sofrimento, mas, surpreendentemente, poucas lágrimas.

O livro de Julian Kulski conta a verdade, ao mesmo tempo trazendo uma mensagem de desesperada importância: *é difícil alcançar a liberdade, porém, mais ainda é preservá-la.*

O autor era um dos mais jovens entre os combatentes. Teve sorte, sobreviveu. Mas eu fui o que mais sorte teve. Não só sobrevivi, como tive o privilégio de vê-los vencer...

Capitão Mieczyslaw Morawski ("Szeliga")
Comandante da IX Companhia de Comandos,
Levante de Varsóvia, 1944

[APÊNDICE 1]

Família, amigos e líderes poloneses

Forneço aqui o nome completo daqueles que tanto significaram para mim na provação da guerra, para honrá-los e para que não caiam anônimos no limbo do esquecimento.

A família

Papai — Julian Spitoslaw Kulski: Sobreviveu à guerra; ficou na Polônia e entrou para a luta clandestina contra o regime comunista no pós-guerra. Não tornei a ver minha mãe nem ele até 1960, mas os dois viriam a passar vários anos comigo nos Estados Unidos.

Mamãe — Eugenia Helena Kulska (nascida Solecka): Sobreviveu à guerra; ficou na Polônia. Não tornei a ver meu pai nem ela até 1960, mas os dois viriam a passar vários anos comigo nos Estados Unidos.

Irmã — Wanda Krystyna Kulska: Sobreviveu à guerra; ficou na Polônia, casou-se e constituiu família.

Tio Norbert — Norbert Barlicki (padrinho): Morreu em Auschwitz, em 1941.

Tia Stacha — Stanislawa Barlicka (nascida Kulska), separada de tio Norbert: Sobreviveu à guerra; ficou na Polônia, não tornou a se casar.

Tio Juzek — Jozef Solecki (primo de mamãe): Deportado para a Sibéria pelos soviéticos com toda a família; somente os filhos não morreram.

Tia Zosia — Zofia Solecka (irmã de mamãe): Sobreviveu à guerra; ficou na Polônia, casou-se e constituiu família.

Tia Wanda — Wanda Wyczolkowska (madrinha): Deportada para o campo de concentração de Buchenwald depois do Levante de Varsóvia (1944); foi espancada tão violentamente que perdeu a voz. Sobreviveu à guerra; viria a emigrar para os Estados Unidos.

Meus amigos

Basia — Barbara Kolodziejska, enfermeira do Exército da Pátria (gêmea de Danka): Sobreviveu à guerra; voltou para a Polônia; tornou-se atriz de teatro, casou-se e constituiu família.

"Bratek" — Jan Rocki, companheiro nos Comandos e bombeiro: Sobreviveu à guerra; permaneceu na Polônia; viria a escrever um livro sobre a IX Companhia de Comandos.

Danka — Danuta Kolodziejska, enfermeira do Exército da Pátria (gêmea de Basia): Sobreviveu à guerra; viveu na Inglaterra e se tornou uma renomada psiquiatra; casou-se com um aristocrata irlandês e com ele constituiu família; emigrou para a Nova Zelândia.

"Longinus" — Jan Wasowski, companheiro nos Comandos: Sobreviveu à guerra; voltou para a Polônia.

Ludwik — Ludwik Berger, líder do Movimento Juvenil da Resistência armada em Zoliborz (mestre de escotismo): Morto pelos alemães em 1943.

Marysia — Maria Krzywicka (namorada): Sobreviveu à guerra; ficou na Polônia; fez carreira como dentista, casou-se e constituiu família.

383 • APÊNDICE 1

Ola — Aleksandra Sokal, mensageira da Resistência (irmã de Stefa): Suicidou-se após tortura alemã em 1943.

Stefa — Stefania Sokal (irmã de Ola): Mandada para Auschwitz; sobreviveu, mas morreu pouco depois do fim da guerra.

"Thur" — Janusz Kicinski, companheiro nos Comandos: Morto em combate durante o Levante de Varsóvia (1944).

"Wilk" — Jan Domaniewski, companheiro nos Comandos: Sobreviveu à guerra; voltou para a Polônia; fez carreira como médico, casou-se e constituiu família.

Zula — Suzanna Chomicka (namorada): Acredita-se que morreu no Holocausto, talvez no Gueto de Varsóvia ou num dos campos da morte.

Líderes poloneses do período da guerra

Norbert Barlicki — Político; um dos organizadores do Movimento da Resistência em Auschwitz: Ver anteriormente.

Adam Czerniakow — Presidente do Conselho Judaico e "prefeito" do Gueto de Varsóvia: Suicidou-se em julho de 1942, para não cumprir ordens dos alemães de arrebanhar milhares de judeus para serem transportados para os campos da morte.

Tadeusz Komorowski ("Bor") — General comandante em chefe do Exército da Pátria (AK), 1943-1944: Sobreviveu à guerra; emigrou para a Inglaterra; desempenhou importante papel na comunidade de exilados poloneses, tendo assumido por breve período o cargo de primeiro-ministro do governo polonês no exílio.

Julian Spitoslaw Kulski — Vice-prefeito de Varsóvia (1935-1939); prefeito de Varsóvia (1939-1944): Ver anteriormente.

Mieczyslaw Morawski ("Szeliga") — Capitão e comandante da IX Companhia de Comandos: Sobreviveu à guerra; emigrou para os Estados Unidos.

384 • EPÍLOGO

Mieczyslaw Niedzielski ("Zywiciel") — Coronel e comandante de unidades do Exército da Pátria em Zoliborz: Sobreviveu à guerra; emigrou para os Estados Unidos.

Stefan Rowecki ("Grot") — General e comandante em chefe da União para a Resistência Armada (ZWZ) e do Exército da Pátria (AK), 1939-1943: Capturado pelos alemães em junho de 1943; acredita-se que foi executado em agosto de 1944.

Stefan Starzynski — Prefeito de Varsóvia (1934-1939): Comandou a defesa civil de Varsóvia durante o Cerco de setembro de 1939; detido pelos alemães em outubro de 1939; acredita-se que foi executado em Varsóvia, em dezembro de 1939.

[APÊNDICE 2]

Ocupantes alemães

Forneço aqui uma lista dos alemães que ocuparam posições de poder na Polônia durante os anos de guerra, e que impuseram um reinado de terror e brutalidade sem equivalente na história moderna, para que seus nomes permaneçam infames para sempre.

Ludwig Fischer (SA-Gruppenführer) — Governador do distrito de Varsóvia, 1939-1945: Condenado à morte depois da guerra pelo Supremo Tribunal Nacional Polonês de Crimes de Guerra; enforcado em 1947.

Hans Frank — Governador-geral da Polônia Ocupada, 1939-1945: Condenado à morte depois da guerra pelo Tribunal Militar Internacional de Nuremberg; enforcado em 1946.

Friedrich-Wilhelm Krüger (SS-Obergruppenführer) — Chefe das SS e da polícia no Governo Geral da Polônia Ocupada, 1939-1943: Suicidou-se no fim da guerra.

Franz Kutschera (SS-Brigadeführer) — Chefe das SS e da polícia no distrito de Varsóvia, outubro de 1943-fevereiro de 1944: Condenado à morte pelo Tribunal da Resistência Polonesa; executado por Comandos poloneses em Varsóvia em 1º de fevereiro de 1944.

Jürgen Stroop (SS-Brigadeführer) — Chefe das SS e da polícia no distrito de Varsóvia, abril-setembro de 1943; comandante em chefe das forças alemãs durante o Levante do Gueto de Varsóvia, 1943: Condenado à morte pelo Tribunal Militar Americano em Dachau por ter ordenado a "eliminação" de prisioneiros de guerra americanos, e pela Corte Penal Distrital de Varsóvia pelo extermínio do Gueto de Varsóvia e outros crimes; enforcado em 1952.

Erich von dem Bach (SS-Obergruppenführer) — Chefe das Forças Alemãs de Contrainsurgência no teatro europeu; comandante em chefe das Forças Alemãs no Levante de Varsóvia, 1944: Em troca de depoimentos contra antigos superiores nos Processos de Nuremberg, nunca foi julgado por crimes de guerra; condenado por outros crimes, morreu na prisão, em 1972.

Uma exceção

Ludwig Leist (SA-Brigadeführer) — Stadthauptmann da Varsóvia Ocupada, 1940-1944, incumbido da administração da cidade polonesa: Segundo o Supremo Tribunal Nacional Polonês de Crimes de Guerra, Leist, apesar de nazista, não era um criminoso de guerra. Ser humano íntegro, salvou a vida de muitos poloneses e judeus durante a bestial ocupação alemã de Varsóvia. Seu erro foi entrar para o Partido Nazista, uma organização criminosa; foi condenado pelo tribunal a oito anos de prisão.

Ludwig Leist (no centro) e Ludwig Fischer (à direita).

[Horizonte histórico]

A Polônia na Segunda Guerra Mundial
Resumo

Em *A cor da coragem*, vemos um *close-up* de Varsóvia, na Segunda Guerra Mundial, pelos olhos de uma criança. Mas essa faceta brilhantemente iluminada do conflito existe no contexto mais amplo do papel da Polônia como um dos Aliados na guerra. Para apresentar o contexto dos acontecimentos relatados neste livro, segue abaixo um resumo de alguns dos pontos altos da violenta e complexa saga da Polônia na Segunda Guerra Mundial.

Início da guerra; dois inimigos

A Segunda Guerra Mundial tem início no dia 1º de setembro de 1939, com a invasão da Polônia pela Alemanha. No dia 3 de setembro, a Grã-Bretanha e a França honram o compromisso assumido em seu tratado com a Polônia e declaram guerra à Alemanha.

Nos cinco anos anteriores, a Alemanha, sob a liderança de seu novo Führer, o dirigente nazista Adolf Hitler, havia reconstruído suas forças militares, em violação do Tratado de Versalhes, que pôs fim à Primeira Guerra Mundial. Passo a passo, sem dar um só tiro, a Alemanha ampliou seu controle de territórios vizinhos — remilitarizando a Renânia, tomando a Áustria, a Tchecoslováquia e parte da Lituânia — enquanto a Grã-Bretanha e a França hesitavam com inúteis medidas diplomáticas. Os alemães também deram início à sua virulenta política antissemita — entre outras coisas, aprovaram, em 1935, as Leis de Nuremberg, definindo quem era "judeu"; gradualmente, privaram os judeus de vários direitos e propriedades; e, em novembro de 1938, promoveram uma violenta noite de ataques aos judeus alemães, que ficou conhecida como a infame Noite dos Cristais.

Em 1939, Hitler exigiu, como seu novo alvo, o porto báltico de Danzig (Gdansk), no Norte da Polônia, que tinha sido declarada "cidade livre" pelo Tratado de Versalhes. Essa anexação teria comprometido o acesso da Polônia ao mar.

A Polônia disse "Não" — tornando-se, assim, o primeiro país a enfrentar a Alemanha nazista.

A Polônia também foi o único Aliado invadido e ocupado pelos dois inimigos durante a guerra: a Alemanha pelo Oeste, e, a 17 de setembro de 1939, a União Soviética pelo Leste. Esses dois inimigos dividiram o país entre si, com base num protocolo secreto do Pacto Ribbentrop-Molotov, firmado por ambos na semana anterior à invasão da Polônia pela Alemanha.

Hitler não se contentou com a Polônia. Na primavera seguinte, em rápido avanço entre abril e junho de 1940, os alemães conquistaram a Dinamarca, a Noruega, Luxemburgo, a Holanda, a Bélgica e a França. No fim de junho de 1940, a maior parte da Europa Ocidental e Central era controlada pela Alemanha. A Grã-Bretanha era, a essa altura, o único país Aliado não ocupado por um inimigo — mas, dentro de poucas semanas, os britânicos estavam lutando pela sobrevivência frente aos alemães na Batalha da Grã-Bretanha.

O governo polonês no exílio; o Estado da Resistência

Sem apoio militar dos aliados britânico e francês, a Polônia foi derrotada e dominada pelos dois inimigos em apenas um mês. Mas o governo da Polônia jamais se rendeu.

No fim de setembro de 1939, dirigentes do governo polonês, que tinham deixado Varsóvia durante os combates, ficaram confinados na Romênia. Rapidamente, transferiram o poder para um governo polonês no exílio em Paris. O general Wladyslaw Sikorski foi designado primeiro-ministro e comandante em chefe. Depois da rendição da França, em junho de 1940, o governo polonês no exílio transferiu-se para Londres. Simultaneamente, na Polônia ocupada, as funções civis e militares do governo passaram à clandestinidade, sendo criado o maior movimento de resistência não comunista na Europa ocupada.

A Resistência polonesa estava subordinada ao governo no exílio. A comunicação entre os dois era difícil e perigosa — os corajosos mensageiros e operadores de rádio eram implacavelmente caçados pelos alemães, e muitos foram

391 • HORIZONTE HISTÓRICO

O primeiro-ministro e comandante em chefe Wladyslaw Sikorski (no centro), o presidente Wladyslaw Raczkiewicz (à esquerda) e outros dirigentes do novo governo no exílio, Paris, 1º de outubro de 1939.

Alguns dos "turistas de Sikorski": este grupo de cadetes da Força Aérea polonesa, comandado por seu instrutor e futuro comandante da Esquadrilha 303, Witold Urbanowicz (no centro, à frente, com o cachecol xadrez), chegou à França em 1940 como uma unidade completa.

capturados, torturados e executados. No início de fevereiro de 1941, o governo no exílio deu início ao lançamento aéreo de suprimentos e paraquedistas (em sua maioria Comandos poloneses especialmente treinados na Grã-Bretanha) em território da Polônia ocupada — graças a voos noturnos secretos sobre territórios ocupados pelos alemães que eram extremamente arriscados tanto para as tripulações aéreas quanto para as equipes de solo.

O governo no exílio designou um representante para agir em seu nome na Polônia ocupada. Esse plenipotenciário, ou delegado governamental, chefiava a *Delegatura*, legislatura *na sombra* no interior da Polônia ocupada, que governava em estreita colaboração com o braço militar da Resistência polonesa.

As atividades militares da Resistência acabaram sendo integradas no Armia Krajowa (Exército da Pátria, ou AK), que atuava como braço do Exército polonês. No seu auge, o AK contava cerca de 300 mil homens, mulheres e crianças; na mira da Gestapo e das SS, o tempo médio de vida de um soldado do AK era estimado em três a quatro meses, mas nunca faltavam voluntários à organização.

Deportações soviéticas e o Segundo Corpo polonês

No início de 1940, os soviéticos, então no controle do Leste da Polônia, realizaram uma maciça operação de deportação de cerca de 1,5 milhão de civis poloneses — homens, mulheres e crianças de todas as idades —, transportados em vagões de gado para campos de trabalhos forçados nas planícies geladas da Sibéria e em outras regiões da União Soviética. Além disso, os soviéticos tinham capturado, aproximadamente, 200 mil soldados poloneses, feitos prisioneiros de guerra durante a campanha de setembro de 1939. Uma grande quantidade de civis e prisioneiros de guerra morreu nas brutais condições impostas pelos soviéticos — há quem considere que até 50% desses poloneses não sobreviveram.

Em junho de 1941, Hitler voltou-se contra o seu aliado anterior, Josef Stálin, e invadiu a União Soviética. Como parte do preço para se juntar aos Aliados no combate aos alemães, a União Soviética restabeleceu relações diplomáticas com a Polônia, libertou a maioria dos civis e prisioneiros de guerra poloneses que haviam sobrevivido e concordou com a formação de um exército polonês em seu território. Embora tecnicamente a União Soviética e a Polônia agora combatessem do mesmo lado, era uma aliança desconfortável: os poloneses tinham perfeita consciência de que Stálin cobiçava o território polonês.

Famintos e com a saúde abalada, com pouco ou nenhum dinheiro nem posses, os poloneses libertados aderiram em massa ao novo exército polonês, formado sob o comando do general Wladyslaw Anders, ele próprio recém-libertado pelos soviéticos da Prisão de Lubyanka, em Moscou. Esses sobreviventes poloneses formaram o núcleo do Segundo Corpo polonês, que logo seria conduzido por Anders para fora da União Soviética, para ser treinado pelos britânicos no Oriente Médio.

As forças polonesas na Europa

Enquanto a Resistência polonesa combatia o inimigo no interior das fronteiras, fora do país a Polônia participava com os seus homens da quarta maior força militar aliada no teatro europeu. Na verdade, no mais terrível ano da Segunda Guerra Mundial — da rendição francesa em junho de 1940 à invasão alemã da União Soviética em junho de 1941 —, a Polônia foi o principal aliado da Grã-Bretanha.[*]

Enquanto o Estado da Resistência e o governo no exílio eram organizados no outono de 1939, dezenas de milhares de soldados e pilotos poloneses fugiram e conseguiram chegar à França para dar prosseguimento ao combate; esses chamados "turistas de Sikorski" viajaram, em sua maioria, em trajes civis ou uniformes poloneses sem as insígnias, tomando desvios pelo Oriente Médio e várias outras rotas clandestinas, esquivando-se à Gestapo alemã e escapando da detenção em países neutros.

O general francês Philippe Pétain, vendo a I Divisão de Granadeiros poloneses dizimar quatro divisões alemãs na Batalha da França, teria comentado com o general Sikorski que, "se houvesse dez divisões polonesas, a vitória estaria garantida".[**]

Quando a França se rendeu semanas depois, os poloneses mais uma vez fugiram, dessa vez para a Grã-Bretanha.

---

[*] Os Estados Unidos só entraram na guerra em 8 de dezembro de 1941, no dia seguinte ao ataque japonês a Pearl Harbor.

[**] Kochanski, Halik, *The Eagle Unbowed: Poland and the Poles in the Second World War*, Cambridge, MA: Harvard University Press, 2012, p. 215.

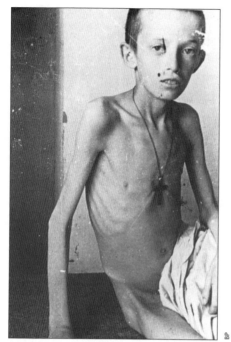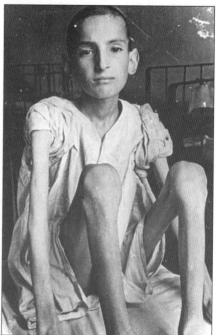

Crianças polonesas recém-libertadas dos campos soviéticos de trabalhos forçados.

O general Wladyslaw Anders e o general Wladyslaw Sikorski em reunião no Cairo, 28 de maio de 1943.

395 • HORIZONTE HISTÓRICO

Pilotos de combate da lendária Esquadrilha 303 polonesa.

A mascote Misia da Esquadrilha 303 e os resultados obtidos:
178 aviões inimigos abatidos até 3 de julho de 1942.

Na dura Batalha da Grã-Bretanha, no verão de 1940, exímios pilotos de combate poloneses voaram com a Real Força Aérea — a Esquadrilha 303 polonesa foi a que apresentou melhores resultados entre as aliadas durante toda a batalha, derrubando o triplo dos alvos das esquadrilhas da Real Força Aérea, com apenas um terço de baixas, e se tornando uma grande favorita do público britânico. A Força Aérea polonesa, fosse em seus comandos de caça ou de bombardeio, continuou a se destacar durante toda a guerra.

Os soldados poloneses da Grã-Bretanha foram reorganizados no Primeiro Corpo polonês. Estacionado na Escócia, o Primeiro Corpo foi incumbido da defesa do seu litoral. Também treinava unidades táticas para mobilização com outras forças aliadas. Entre essas unidades estavam a 1ª Divisão Blindada, que desempenhou papel-chave no cerco ao Bolsão da Falésia, e a 1ª Brigada Independente de Paraquedistas, que participou intensamente da Batalha de Arnhem.

Quando a França se rendeu à Alemanha em junho de 1940, a Brigada Independente de Fuzileiros dos Cárpatos polonesa, baseada na Síria, desafiou seu comandante em chefe francês e fugiu para a Palestina britânica por ordem do general Sikorski. A brigada combateu no Cerco de Tobruk, no Norte da África, e mais tarde seria integrada ao Segundo Corpo polonês, sob o comando do general Anders. O Segundo Corpo combateu com destaque na campanha italiana — foi ele que finalmente tomou Monte Cassino, em maio de 1944, depois de três tentativas anteriores fracassadas de outras forças aliadas.

Os navios e marinheiros da Marinha polonesa que escaparam da captura na campanha de setembro de 1939 fugiram para a Grã-Bretanha, onde rapidamente foram integrados às operações da Real Marinha. A Marinha polonesa combateu em todas as fases da guerra — efetuando escolta de comboios, transporte de tropas e missões de combate em muitos mares. No Mediterrâneo, dois submarinos poloneses ficaram conhecidos pelos britânicos como "os terríveis gêmeos", por seu extraordinário desempenho no afundamento de embarcações inimigas.

Operações de inteligência; atrocidades alemãs

Além das operações de sabotagem e do treinamento para a libertação final, a Resistência polonesa forneceu valiosos elementos de inteligência aos outros aliados durante toda a guerra — inclusive capturando e enviando para a Grã-Bretanha os componentes do novo foguete alemão V-2. Semanas antes do início da guerra, a Polônia tinha fornecido à Grã-Bretanha e à França o segredo do funcionamento da Enigma, a máquina alemã de escrita cifrada, que os poloneses tinham decifrado anos antes — o fato de os britânicos terem se tornado capazes de decodificar códigos da Enigma foi um dos segredos mais bem guardados da guerra.

Em suas memórias, Lorde Alanbrooke, marechal de campo britânico, chefe do Estado-Maior Imperial, afirma: *"Sempre achei Sikorski excepcionalmente bem informado sobre o que acontecia na Europa Central. Sua organização de espionagem e contatos com os grupos da Resistência em Varsóvia era excelente."*[*]

As informações de inteligência fornecidas pelos poloneses não eram de natureza exclusivamente militar. Relatos sobre atrocidades cometidas pelos alemães contra civis na Polônia ocupada, inclusive o tratamento particularmente hediondo dos judeus, não demoraram a chegar ao governo no exílio. Repetidas vezes — em publicações, na correspondência diplomática, em informes dos meios de comunicação e em reuniões públicas e privadas, com comprovação documental e fotográfica — o governo polonês no exílio levou essas questões ao conhecimento dos outros aliados, além de líderes judeus tanto na Grã-Bretanha quanto nos Estados Unidos.

---

[*] Danchev, Alex e Daniel Todman, eds., *War Diaries, 1939-1945: Field Marshall Lord Alanbrooke*, Berkeley e Los Angeles: University of California Press, 2001, p. 161; itálicos no original.

A Brigada Independente de Fuzileiros dos Cárpatos embarca para Tobruk.

Em operação no Mediterrâneo, o submarino ORP *Sokol* (Falcão) era um dos "terríveis gêmeos" — a tradicional bandeira britânica *Jolly Roger*, com a caveira indicando iminente ataque de piratas (século XVIII), presenteada ao *Sokol* pelo general Sikorski, registra o seu extraordinário desempenho no afundamento de navios inimigos.

399 • HORIZONTE HISTÓRICO

A última inspeção de tropas polonesas pelo general Sikorski,
Gibraltar, 4 de julho de 1943.

O caixão com o corpo do general Sikorski, resgatado dos destroços do avião que caiu
ao largo de Gibraltar, exposto nos jardins do Palácio de Kensington,
em Londres, 14 de julho de 1943.

Além disso, em janeiro de 1942, o general Sikorski presidiu uma conferência dos governos Aliados em Londres para tratar da questão dos crimes de guerra — o que abriu caminho para os julgamentos de Nuremberg no pós-guerra, mas não resultou em qualquer iniciativa imediata dos Aliados. No fim de 1942 e em 1943, o mensageiro polonês Jan Karski apresentou pessoalmente um relato aos principais líderes Aliados e judeus em Londres e nos Estados Unidos, entre eles o presidente Roosevelt e o presidente da Corte Suprema americana, Felix Frankfurter, descrevendo o extermínio de judeus pelos alemães e outras atrocidades.

Para os que viviam na Grã-Bretanha e nos Estados Unidos, as atrocidades relatadas pelos poloneses eram tão monstruosas que os informes eram recebidos com ceticismo e descrença.

Na Polônia ocupada — onde, sob as brutais leis alemãs, ajudar um judeu era passível de pena de morte —, o Estado da Resistência criou um comitê clandestino com nome em código de Zegota, gerido conjuntamente por judeus e não judeus, e que, com grande risco pessoal, ajudou milhares de judeus, inclusive resgatando mais de 2.500 crianças do Gueto de Varsóvia.

Morte do general Sikorski; descoberta de Katyn

O general Sikorski comandou a nação polonesa do outono de 1939 até a sua morte prematura, a 4 de julho de 1943, quando, voltando de uma visita de inspeção ao Norte da África, o avião em que viajava caiu ao levantar voo de Gibraltar. Na época, a investigação da Real Força Aérea não pôde determinar os motivos da queda, dando origem a várias teorias de sabotagem e conspiração que ainda hoje persistem.

Sikorski era o dirigente de maior prestígio entre os poloneses exilados, e estabeleceu um bom relacionamento pessoal com os demais líderes Aliados. Após a sua morte, não havia um sucessor de peso suficiente para impor o mesmo respeito entre os demais Aliados.

A morte de Sikorski ocorreu num momento particularmente difícil para a Polônia. O general Stefan "Grot" Rowecki, chefe da Resistência militar desde a sua criação, no fim de 1939, tinha sido detido em Varsóvia pela Gestapo dias antes, a 30 de junho de 1943.

Dois meses e meio antes, em meados de abril de 1943, os alemães tinham anunciado a descoberta de valas comuns na Floresta de Katyn, com os corpos de milhares de oficiais poloneses — ainda uniformizados e executados a tiros por trás, na cabeça. Os alemães acusaram os soviéticos pela atrocidade; os soviéticos acusaram os alemães.

Sikorski pedira uma investigação da Cruz Vermelha Internacional. Stálin usou isso como desculpa para romper relações diplomáticas com o governo polonês no exílio, e começou a trabalhar no sentido de levar uma facção comunista fantoche ao poder na Polônia.

O fim da guerra

A Segunda Guerra Mundial terminou na Europa no dia 8 de maio de 1945, com a rendição incondicional da Alemanha aos Aliados — um dia que se revelaria mais amargo que doce para os milhões de poloneses que tinham lutado tão arduamente pela causa da liberdade e sofrido tanto durante seis anos. No fim da guerra, a Polônia não estava livre. Pelo contrário, sem qualquer consulta e contra a sua vontade, foi atribuída pelos Aliados, os Estados Unidos e a Grã-Bretanha, à esfera soviética de influência.

Para controlar a Polônia depois da guerra, Stálin recorreu a uma dupla estratégia de terror físico e propaganda sofisticada. Perseguiu agressivamente antigos membros da Resistência polonesa, do governo no exílio e aqueles poloneses que tinham servido com as forças Aliadas e poderiam resistir ao domínio comunista. Ao mesmo tempo, montou uma abrangente campanha de propaganda, tanto na Polônia quanto internacionalmente, para marginalizar e desacreditar os poloneses que tinham lutado pela liberdade. Essa campanha incluía a eliminação e a distorção de fatos e também mentiras deslavadas. Os resultados dessa estratégia repercutem até hoje, ajudando a entender por que o papel da Polônia como um dos nossos Aliados durante a guerra é hoje praticamente desconhecido no Ocidente.

Num sentido muito concreto, a Segunda Guerra Mundial só terminaria para a Polônia quando o movimento Solidariedade, liderado por Lech Walesa, finalmente provocou a queda do comunismo em 1989 — 50 anos depois do início da guerra.

Aquila Polonica Publishing

Valas comuns com milhares de corpos de oficiais poloneses, ainda uniformizados, são descobertas pelos alemães na Floresta de Katyn. Quase a metade do corpo de oficiais polonês foi exterminada nesse massacre — somente em 1990, a antiga União Soviética finalmente reconheceria a sua responsabilidade.

Stálin, Roosevelt e Churchill na Conferência de Teerã em 1943 — na qual a Polônia não foi representada nem consultada.

[QUESTÕES PARA DEBATE]

1. Quando tem início o relato de *A cor da coragem*, o autor, Julian Kulski, era um escoteiro de 10 anos de idade que morava com os pais. Como ele mudou a sua atitude inicial em relação à guerra à medida que ela se prolongava? Em que altura ele começou a assumir responsabilidades de adulto?

2. Qual o papel da experiência como escoteiro nas vivências de Kulski durante a guerra?

3. O que motivou os atos de Kulski ao longo da guerra — patriotismo, autodefesa, honra pessoal, orgulho nacional, tradição ou mais? Como você acha que teria reagido numa situação semelhante de guerra?

4. Durante a Ocupação, os alemães se valeram de poderio físico e de propaganda para controlar e manipular o povo de Varsóvia e cercear as atividades de resistência. Quais as diferentes maneiras como essas duas técnicas básicas eram aplicadas?

5. Hitler fez um discurso em Berlim no dia 6 de outubro de 1939. O pai de Kulski repetiu suas últimas palavras: "O destino decidirá quem está com a razão." Foi assim de fato? Quem estava "com a razão" no fim das contas?

6. Por que foi importante para a mãe de Kulski que o primeiro Natal da família durante a guerra fosse uma comemoração tradicional, apesar de tudo? Você concorda com ela ou com a reação inicial de Julian, de que aquilo era "uma tolice"?

406 • QUESTÕES PARA DEBATE

7. Como a vida da mãe dele foi alterada pela guerra?

8. O primeiro ato de sabotagem do menino Kulski aos 11 anos consistiu em arrancar cinco ou seis placas de sinalização. Qual a importância desse ato? Que riscos ele correu?

9. No dia 22 de novembro de 1939, Kulski disse: "Comecei a me dar conta de que os alemães não vão tratar todos os poloneses da mesma maneira." A que ele se referia? Qual o impacto disso em Kulski?

10. Repetidas vezes, Kulski se mostrou perplexo com o fato de "os alemães acreditarem realmente na própria propaganda". Você acha que acreditavam? Como isso se evidenciou?

11. Qual a atitude dos alemães em relação aos judeus? De que maneira ela diferia da atitude de Kulski?

12. O que mais lhe chama a atenção nas observações de Kulski sobre a criação do Gueto de Varsóvia pelos alemães e, na sua expressão, o "Muro Vermelho" que o isolava? Que interações Kulski veio a ter posteriormente com o Gueto?

13. Por que era importante para o pai de Julian salvar as estátuas dos monumentos da cidade, ou, se não fosse possível, obter os moldes originais?

14. Por que Varsóvia ficou "profundamente comovida" com um grande cartaz afixado no dia 23 de abril de 1943?

15. Ao ser libertado da Penitenciária Pawiak, Kulski foi transportado num furgão com três belas moças de cabeça erguida, e cuja tranquila dignidade chamou sua atenção. Como elas podiam manter uma atitude tão digna frente ao que as aguardava?

16. Que papel as mulheres desempenharam na Ocupação, no Exército da Pátria e durante o Levante de Varsóvia? Você ficou surpreso ao tomar conhecimento do alcance de suas atividades?

407 • QUESTÕES PARA DEBATE

17. No "bonde", Kulski viu um homem e uma mulher que tinham sido cruelmente torturados pela Gestapo. Ele se perguntou se seria tão corajoso quanto "essas pessoas que, por seu país ou sua fé, estavam sofrendo e suportando torturas e morte de forma tão corajosa". Você considera heroico o comportamento dessas pessoas? Existem muitos tipos de heroísmo. Que exemplos você encontrou no livro?

18. Valia realmente a pena correr o risco, quando Kulski obrigou o organista da igreja a tocar o hino patriótico polonês proibido no dia 3 de maio de 1944? Por que ou por que não?

19. O pai de Kulski, vice-prefeito de Varsóvia, ao ter início a guerra, tornou-se prefeito pelo resto do conflito, quando o prefeito Stefan Starzynski foi detido pela Gestapo em 27 de outubro de 1939. O pai de Kulski queria ocupar esse cargo? Por que não renunciou? Quais os desafios, responsabilidades e pressões que o seu pai enfrentou no desempenho do cargo durante a guerra?

20. Como a relação de Kulski com o pai evoluiu ao longo do tempo?

21. Aviões soviéticos lançaram suprimentos para os soldados do Levante, mas sem paraquedas, de modo que, em sua maioria, eles foram danificados e se tornaram imprestáveis. Por que Kulski escreveu "O restante é suficiente para nos manter vivos e combatendo. O que basta para os propósitos dos soviéticos e a sua propaganda"?

22. A certa altura do Levante de Varsóvia, Kulski, então com 15 anos, escreveu: "O campo da morte me causou profunda impressão." Que incidente causou esse comentário? Que outros incidentes de sua vivência na guerra também parecem ter causado impressão particularmente forte em Kulski? Como essas experiências o afetaram? Quais incidentes causaram impressão particularmente forte em você?

23. O Levante de Varsóvia fez sentido? Deveria mesmo ter ocorrido? Por que ou por que não?

408 • QUESTÕES PARA DEBATE

24. Que papel esse diário desempenhou, afinal, para Kulski?

25. Na epígrafe, Kulski perguntou: "Qual é a cor da coragem?" Na conclusão, afirmou: "Afinal, o que fica para um homem, além da sua honra... e da coragem de viver por ela?" Você concorda ou não? Por quê? Se discorda, qual seria a sua conclusão?

26. Este livro mudou a sua visão da Polônia na Segunda Guerra Mundial? Em caso de resposta positiva, de que maneira?

[Biografia do autor]

Julian E. Kulski, nascido em 1929, em Varsóvia, Polônia, é descendente de um rabino-chefe de Varsóvia no século XIX, Dov Beer Meisels, e de um rei da Polônia no século XVIII, Stanislaw Leszczynski.

Depois da guerra, Kulski estudou arquitetura na Inglaterra e nos Estados Unidos, bacharelando-se em 1953 e concluindo seu mestrado em 1955 pela Universidade de Yale, e vindo a concluir o PhD em planejamento urbano em 1966, pelo Instituto de Tecnologia de Varsóvia. Ele é Fellow do American Institute of Architects (FAIA) — honraria concedida a menos de 2% dos arquitetos americanos — e membro do American Institute of Certified Planners (AICP).

Hoje, parcialmente afastado depois de uma ilustre carreira na arquitetura, Kulski dirigiu os programas de planejamento urbano e regional da Notre-Dame University e da George Washington University, e mais tarde criou o primeiro programa de planejamento urbano da Howard University. Durante 20 anos, trabalhou como consultor do Banco Mundial, viajando pelo mundo e criando prédios em 29 países em desenvolvimento.

Kulski escreveu vários livros, publicou mais de 100 artigos em publicações profissionais e produziu um premiado documentário sobre a Segunda Guerra Mundial, intitulado *Legacy of the White Eagle* [O legado da Águia Branca]. Com frequência, dá conferências para públicos que vão da idade colegial à adulta.

Membro do comitê diretor da Fundação Kosciuszko, Kulski recebeu várias condecorações do governo polonês, entre elas a prestigiosa Cruz do Heroísmo, a Cruz de Comandante com Estrela da Ordem do Mérito, a Cruz de Prata do Mérito com Espadas, a Cruz do Exército Nacional, a Medalha do Exército Polonês (quatro vezes) e a Cruz do Levante de Varsóvia.

Kulski vive com a esposa em Washington, D.C.

O autor, Julian Kulski — 2009

[Créditos das Fotografias]

AAN: Archiwum Akt Nowych (Arquivo Central de Registros Históricos), Varsóvia

BA: Bundesarchiv

BN: Biblioteka Narodowa (Biblioteca Nacional), Varsóvia

BP: Biblioteka Polska w Londynie (Biblioteca Polonesa em Londres)

EW: Ewa Wojciak

GAH: Grinberg Asset Holdings, LLC

HI: Hoover Institution

HMCW: Historical Museum of the City of Warsaw

JHIW: Jewish Historical Institute, Varsóvia

JK: Julian Kulski

MK: Morag Kinnison

NAC: Narodowe Archiwum Cyfrowe (Arquivo Digital Nacional), Varsóvia

NARA: The United States National Archives and Records Administration

PC: Przypkowski Collection

RW/SKB: Richard Widerynski, cortesia de Sylwester "Kris" Braun

SB: Stefan Baluk

SM: Stefan Mucha

USHMM: The United States Holocaust Memorial Museum, Washington, D.C.

USA: United States Department of the Army Photographic Library

WM&RG: Wojtek Matusiak & Robert Gretzyngier

ZW: Zygmunt Walkowski

412 • CRÉDITOS DAS FOTOGRAFIAS

Quando USHMM for seguida de barra e de nova legenda, o crédito completo inclui a seguinte informação: "GS" — Yad Vashem Photo Archives/fotógrafo Heinrich Joest, cortesia de Guenther Schwarberg; "HJ" — fotógrafo Heinrich Joest, cortesia de Guenther Schwarberg; "IPN" — cortesia do Instytut Pamieci Narodowej (Instituto da Memória Nacional), Varsóvia; "JK" — cortesia de Jan Kostanski; "LG" — cortesia de Louis Gonda; "LP" — cortesia de Leopold Page Collection; "NARA" — cortesia de United States National Archives and Records Administration; "RS" — fotógrafo Willy Georg, cortesia de Rafael Scharf; "YV" — Yad Vashem Photo Archives/YIVO Institute for Jewish Research, cortesia de Leopold Page Collection.

Fim.